KB079427

포스트 차이나, 아세안을 가다

(아세안 문화의 이해와 비즈니스 진출)

포스트 차이나, 아세안을 가다

(아세안 문화의 이해와 비즈니스 진출)

디아스포라

목차

제1장
동남아의 이해: 정치/경제/사회/문화

제2장
우리 기업의 동남아 진출

서론

　이 책은 우리나라 기업의 동남아_{아세안} 진출 정책과 전략에 대한 내용을 담고 있다. 일반적으로 우리나라 기업의 아세안 진출 정책이나 전략에 대한 자료들은 현지의 시장 상황이나 우리나라 산업 및 기업의 경쟁력, 글로벌 시장 등의 현황을 제시하고 분석하는 방법을 택한다. 이 때문에 이들 도서는 대부분 경제학이나 경영학 전문가들이 읽고 활용하는 목적으로 사용되고 대체로 표준화된 각종 경제지표를 제시하면서, 비교우위 및 경쟁력 등의 단어를 사용하여 진출 전략을 설명하고 있다.

　이러한 분석은 연구자가 경제 현상을 분석하는 데 매우 유용한 방법론이다. 현상을 가치중립적인 입장에서 접근하여 보다 과학적인 방법에 기초한 현황이 가능하고 분석 해결법을 제시할 수 있다. 실제로 이 방법은 우리나라 기업들의 해외진출 전략 수립에 많이 사용되어 왔다. 국내 유명 경제연구소의 보고서가 대체로 이 방법론에 기초하여 작성되어 왔다.

　그러나 이 방법론은 일정한 한계를 갖고 있다. 제조업을 중심으로 생산원가가 확실하고 이를 통한 분석이 가능한 경우 매우 유용한 결과를 제시하지만, 사람과 사람이 대면한 서비스 산업의 진출 가능성을 설명할 때에는 그렇지 않을 수 있기 때문이다. 예를 들어, 서로 문화가 다를 경우에 발

6

생하는 각종 문제나 어려움에 대한 분석은 이루어질 수 없다. 예를 들어, 상호간의 음식문화 차이를 완전히 이해하지 않고 해당국의 식품산업에 진출하는 것은 매우 어렵다. 또한 문화적 차이에서 오는 저축성향의 차이를 이해하지 않고서는 금융시장 진출에 성공할 수 없다. 또한 개인과 개인 간의 관계 및 개인과 집단 간의 전통적인 관계를 이해하지 않고서는 외국인이 현지 기업을 운영하기 쉽지 않다.

이 책은 기존 분석의 한계를 극복해 보려는 시도다. 우리나라 기업들이 동남아에서 비즈니스를 수행하는 과정에서 나오는 각종 문제점과 해결방안을 기존의 경제지표 위주의 각종 분석과 함께 정치, 사회, 문화 관련 사항을 제시하고 이와 경제와의 관계를 설명하려고 하였다.

이러한 시도는 사실 연구책임자인 이충열 교수의 경험에서 나온 것이다. 필자는 일찍이 거시 및 금융 산업을 연구한 후 동남아 금융시장과 기관 연구에 매진하면서 기술적인 경제이론 및 금융이론 도입으로 이들 금융시장의 현상을 쉽게 설명하기 어렵다는 것을 이해하였다. 또한 현지의 문화 및 사회에 대한 충분한 이해를 하지 못하고서는 이들 지역에 우리나라 산업이 진출하는 것이 매우 힘들다는 것도 인지하였다.

이에 따라 필자는 경제현상 분석에 경제학자뿐만 아니라 사회학자 및 인류학자 등과 같이 협력하기로 하였다. 아세안 지역의 비즈니스 진출과 성공에 대한 연구에 현지 문화와 역사에 대한 연구를 포함하게 된 것이다. 한국기업의 현지 사업 현황 및 경쟁력 분석에서 단순히 경제적인 지표뿐만 아니라 각종 문화적인 사항을 추가하였다.

본 연구는 모두 2편 8장으로 구성된다. 1편은 동남아의 정치와 문화 등에 대한 설명으로 1장에서 동남아의 정치, 경제, 사회 문화에 대한 전반적인 설명을 한 후, 2장에서 문화적 특성, 3장에서 이슬람 문화 및 경제, 4장에서 한류에 대하여 설명한다. 2편은 우리 기업의 동남아 진출 관련 내용이다. 5장, 6장, 7장은 각각 동남아에 진출한 제조업, 서비스 및 금융업에 대한 설명이고, 마지막 8장은 동남아에서의 마케팅 관련 내용을 소개한다.

우리 연구가 앞에서 설명한 본 연구 목적을 충분히 달성하였다고 볼 수는 없다. 비록 아세안 사회나 문화 분석에 인류학자나 사회학자가 참여했지만, 경쟁력 분석이나 진출 전략 분석에 이들의 연구 결과나 주장이 확실하게 포함되어 있지 않기 때문이다. 또한 이들과의 협력도 매우 효과적이라고 단언하기도 힘들다. 다만 이러한 시도가 이제 시작되었고, 이는 향후 이 분야 발전에 크게 기여할 것이라는 생각은 이 연구에 참여한 모든 저자가 갖고 있다. 앞으로 보다 많은 학제 간 연구가 이루어지면서 이러한 부분은 더욱 개선할 수 있을 것이라 생각한다.

2017년 7월 31일
이충열

제1장

동남아의 이해
정치/경제/사회/문화

이충열

현 고려대학교 세종캠퍼스 공공정책대학 경제통계학부 교수 및
공공정책대학장.

1. 아세안의 형성

아세안ASEAN, Association of Southeast Asian Nations, 동남아 국가연합은 베트남, 브
루나이, 인도네시아, 라오스, 말레이시아, 미얀마, 필리핀, 싱가포르, 캄
보디아, 태국 등 동남아시아 10개국으로 구성되는 국제 협력체를 의미한
다. 아세안은 태국, 말레이시아, 인도네시아, 필리핀, 싱가포르 등 동남아
5개국 외교장관들의 1967년 8월 ASEAN 창립선언 혹은 방콕선언Bangkok
Declaration과 함께 시작된 후 베트남, 브루나이, 라오스, 미얀마, 캄보디아
가 추가되어 10개국으로 확대되었다.

지리적으로 아세안은 베트남, 라오스, 미얀마, 캄보디아, 싱가포르, 태
국 등 동남아시아의 인도차이나 반도를 중심으로 한 반도부 국가와 브루
나이, 인도네시아 및 필리핀의 도서부 국가 및 반도와 대륙에 모두 걸쳐
있는 말레이시아를 포함한다.

한편 동남아시아는 아시아 대륙의 동남쪽을 의미하는 지리적 개념으로 인도차이나 반도와 주변의 섬들을 포함한 지역을 의미한다. 북으로는 중국, 남으로는 오스트레일리아와 접하고, 동으로는 태평양, 서로는 벵골만과 인도양을 접하는 지역으로 인도차이나 반도와 그 남쪽과 동쪽의 섬들을 포함하고 있다. 동남아시아에 포함되는 국가는 아세안 10개국과 동티모르이다.[1] 이렇게 동남아시아와 아세안에 포함되는 국가는 동티모르를 제외하고는 동일하기 때문에 많은 경우 서로 혼용하여 사용되고 있다.

지리적으로 동남아시아는 동아시아와 서아시아, 오스트레일리아 등 대륙과 태평양·인도양 등 양대 양의 접점을 차지하기 때문에 동서 교통의 요충지에 위치한다. 때문에 역사적으로 민족 이동이나 외세 침투의 주요 통로가 되었고 다양한 문화가 꽃피운 지역이었다.

아세안은 2016년 말 약 6.3억 명의 인구를 포함하고 있으며, 전체 GDP는 2015년 2조 4,319.7억 달러로 우리나라 GDP의 약 1.8배에 해당된다. 아세안의 1인당 GDP는 3,867달러로 싱가포르와 브루나이를 제외하고는 대부분 개발도상국 GDP에 머물러 있다.

아세안은 1967년 창립될 때 정치안보적인 성격이 강하였다. 당시 창립 주도 국가들은 월남전이 격화되어 인도차이나 반도에 대한 공산화 시도가 지속되고, 동남아 국가들간의 영토 분쟁 문제가 발생함에 따라 이를 해결하기 위한 정치 안보적인 협력체의 필요성을 크게 인식하였기 때문이다.[2]

1990년대 들어 아세안은 경제협력체로서의 성격을 보다 강하게 보이기 시작하였다. 공산주의의 몰락과 냉전체제의 종식으로 동남아시아 지역 내에서 지역 안보 문제가 상당 부분 해결되었고, 중국의 개혁과 개방에 따라 아세안 국가들의 국제 경쟁력 약화 문제를 고려하기 시작하였으며, 우르과이 라운드UR, NAFTA의 탄생으로 지역 경제 협력이 본격화되었기 때문이다.

가. 아세안의 정치·사회·문화적인 특징

(1) 아세안의 다양성

아세안 국가들은 기본적으로 국토 면적이나 인구 등의 지정학적 면에서 크게 차이를 보이는 동시에 민족이나 종교 및 정치체제 면에서 매우 다양한 특징을 갖고 있다. 이를 보다 구체적으로 살펴보면 다음과 같다.

첫째, 아세안 국가들은 국토 면적의 크기와 인구 등에서 차이가 크다. 아세안 국가 중 가장 큰 국가인 인도네시아는 그 면적이 1,913,597km²에 달하는 반면, 가장 작은 국가인 브루나이와 싱가포르는 면적이 각각 5,769km²와 719km²에 불과하다. 이렇게 국토 면적에서 크게 차이가 있게 됨에 따라 인구 역시 크게 차이가 난다. 인도네시아의 인구는 255.5백만 명인 반면, 브루나이는 0.4백만 명에 불과하다.

둘째, 아세안 국가들의 민족이 매우 다양하다. 이를 어족으로 분류하면 도서부 전역에 분포하는 말레이족은 오스트로네시아 어족에 속한 반면

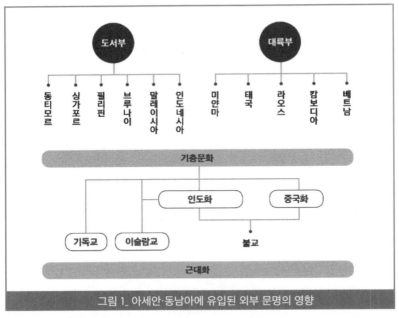

그림 1_ 아세안·동남아에 유입된 외부 문명의 영향

| 주: 한아세인센타의 『동남아 문화예술의 수수께기: 다양성 vs 통일성』에서 재인용.

대륙부 중 베트남의 비엣족, 캄보디아의 크메르족, 태국과 미얀마 산지에 거주하는 몬족 등은 오스트로아시아족에 속한다. 미얀마의 버마족 및 많은 소수 종족들은 중국 티벳어족의 한 갈래인 티벳버마어족에 속하며, 태국의 다수 종족인 타이족과 라오스의 라오족 및 미얀마 동북부의 샨족 등은 따이-까타이어족에 속한다. 마지막으로 베트남과 라오스 북부 산지의 몽족 등은 먀오·야오족에 해당된다. 이들 각국들은 다시 세분된 소수민족들로 구분된다. 예를 들어, 베트남은 공식적으로 54개의 민족 집단으로 구성되며, 미얀마는 135개, 라오스는 47개 등 다양한 소수민족 등을 포함한다. 이는 이들 지역이 열대우림 지역이기 때문에 오랫동안 상호간의 커다란 접촉 없이 독자적인 생활을 영유하였던 결과이다.

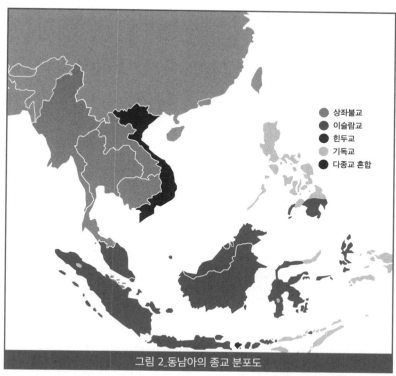

	상좌불교
	이슬람교
	힌두교
	기독교
	다종교 혼합

그림 2_동남아의 종교 분포도

Ⅰ주: 한아세인센타의 『동남아 문화예술의 수수께기: 다양성 vs 통일성』에서 재인용.

표1 아세안 국가들의 기초 통계

	면적(km²)	인구(천명)	다수종교	정치체계
브루나이	5,769	417.2	이슬람	왕정
라오스	236,800	6,902.4	불교(상좌부)	사회주의
말레이시아	330,290	30,485.3	이슬람	입헌군주
미얀마	676,577	52,476.0	불교(상좌부)	대통령제
베트남	330,951	91,713.3	불교(대승)	사회주의
싱가포르	719	5,535.0	-	대통령제
인도네시아	1,913,579	255,461.7	이슬람	대통령제
캄보디아	181,035	15,405.2	불교(상좌부)	입헌군주
필리핀	300,000	101,562.3	가톨릭	대통령제
태국	513,120	68,979.0	불교(상좌부)	입헌군주

Ⅰ자료: ASEAN website http://asean.org/?static_post=selected-key-indicators-2

셋째, 아세안 국가의 종교 역시 매우 다양하다. 먼저 대륙부 아세안 국가에서 라오스, 미얀마, 태국, 캄보디아는 인도에서 들어온 상좌부 불교를 신봉한다. 반면 베트남은 일찍이 중국을 통하여 대승불교 및 도교가 널리 펴진 국가이다. 브루나이, 말레이시아, 인도네시아는 다수의 국민들이 이슬람교를 믿는데, 이는 9세기 이슬람 상인들이 도착하여 전파한 결과이다. 특히 인도네시아는 전체 인구 255.46백만 명 중 무슬림 인구가 87%인 222.3백만 명에 달하여 단일 국가로서 세계에서 이슬람 신도를 가장 많이 보유한 국가이다. 필리핀은 가톨릭 신도가 인구의 대부분을 차지하는 국가로 원래 남부의 민다나오를 중심으로 이슬람교가 전파되었으나, 16세기 스페인 식민지를 겪으면서 대부분의 지역 주민들이 가톨릭 신자가 되었다. 마지막으로 싱가포르는 19세기 영국에 의하여 건설된 도시로 기독교, 불교, 이슬람교, 힌두교 등의 다양한 종교가 공존하는 곳이다.

넷째, 아세안 국가의 정치적인 제도도 매우 다양하다. 먼저 태국, 말레이시아, 브루나이, 캄보디아는 모두 군주제를 채택하여 국왕이 존재하는 나라이다. 다만 군주제가 유지되어 온 방식이나 국왕이 갖고 있는 권력이 나라마다 달라 브루나이는 매우 강력한 왕권을 가진 곳인 반면, 나머지 세 나라는 '국왕은 군림하되 통치하지 않는다'는 원칙을 가진 입헌군주제 국가들이다. 연방국가인 말레이시아는 각 주마다 존재하는 9명의 술탄이 번갈아 가면서 5년 임기의 국왕이 되는 독특한 제도를 운영하고 있다. 미얀마, 필리핀, 인도네시아, 싱가포르 4개국은 대통령제를 유지하는데, 이는 이들 국가가 2차 세계대전 이후 식민지에서 벗어나 자국 정부를 세울 때 대통령제를 채택한 결과이다. 한편 베트남과 라오스는 사회주의 국가로[3] 1975년 공산화혁명 성공 후에 사회주의 국가임을 선포하고 오늘날에 이르고 있다. 라오스는 라오인민혁명당이, 베트남은 공산당이 유일한 정당이다.

(2) 아세안의 공통점

아세안 10개국은 동남아 지역에 위치하면서 자연환경과 사회·문화적인 면에서 여러 공통점을 갖고 있다. 먼저 자연적인 특징을 살펴보면 다음과 같다.

첫째, 아세안은 동남아의 열대 및 아열대 지역에 위치한다. 아세안을 구성하는 지역은 인도차이나 반도와 인도네시아의 자바와 수마트라, 필리핀의 루손, 민다나오 등 서태평양 지역의 섬들이다. 미얀마의 북부 일부 지역을 제외하고는 북위 23.5도 이남에 위치하고, 남위 10도 이북 지역에 국한되어 적도를 중심으로 열대 및 아열대 지역에 위치하는 것으로 볼 수 있다. 대부분의 저지대 지역은 연중 30도를 오가는 높은 기온을 유지하는 가운데, 연중 건기와 우기로 구분되는 기후와 많은 강수량을 갖는다.

둘째, 아세안은 지리적으로 인도차이나 반도와 서태평양의 섬들로 구성된다. 인도차이나 반도는 열대 우림지역으로 가득 찬 가운데 메콩강, 짜야프라야강, 이라와디강 같은 커다란 강이 흐르면서 넓은 평야지대를 형성한다. 한편 필리핀과 인도네시아는 환태평양 화산대의 서쪽 지역으로 화산활동으로 형성된 루손, 민다나오, 자바, 수마트라, 보르네오 등 커다란 섬을 보유하고 있다. 많은 강수량으로 인하여 대부분의 지역은 정글로 이루어져 있다.

이러한 아세안의 자연적인 특징은 아세안의 정치, 경제, 사회 면에서 많은 시사점을 준다.

첫째, 아세안은 쌀농사 지역으로 비교적 풍요로운 지역이었다. 이들 지역은 오래전부터 쌀이 경작된 지역으로 열대 과일이 풍부하다. 특히 주식이 되는 쌀농사가 일 년에 2회 내지 3회가 가능하여 전반적으로 식량을 획득하고 생활을 하는 것에는 큰 문제가 없는 지역들이다. 즉, 사막으로 구성된 아라비아 지역이나 아시아 내륙의 건조지대에 비하여 식량이나 물품이 매우 풍부한 지역이다. 반면 높은 습도와 온도 때문에 제조업이 자생적으로 발전하기에는 어려운 지역이기도 하다.

둘째, 오래전부터 동서양 거래의 교역지대인 개방적인 지역이다. 아세안 지역은 동쪽으로는 중국, 서쪽으로는 인도 및 아라비아, 유럽 지역을 접하는 지역이다. 때문에 서쪽으로부터 인도와 아라비아를 통한 각종 문물이 유입되었고, 동쪽으로부터는 중국의 문물이 도입되어 교차되는 지점이었다. 예를 들어, 지금 아세안 지역의 중요 종교인 상좌부 불교와 이슬람교는 인도를 통하여 유입되었고, 중국으로부터는 실용적인 사상이 도입되었다. 이러한 사상의 교류와 함께 물질적인 교류도 일어나 이 지역은 해양 실크로드의 중심 지역 역할을 하였다. 중세시대 향료의 산지로서 이슬람 상인들이 활동하는 지역이었고, 대항해 시대에는 도자기와 차 등 중국의 생산물들이 유럽으로 이동하는 중계무역 지역이었다. 때문에 이들 지역은 전통적으로 여러 인종이 서로 모여살고 교류하는 곳이었고 상대적으로 개방적인 사회상이 인정받는 곳이었다.

셋째, 태국을 제외한 아세안 국가들은 16세기 대항해 시대 이후 유럽의 식민지를 경험하였다. 최초로 이 지역에 도착한 포르투갈에 의하여 말레이반도의 말라카 왕국이 멸망하고 식민지가 된 후, 스페인, 네덜란드, 영국, 프랑스 등 유럽 국가들은 모두 동남아 지역에 식민지를 건설하였다. 시대에 따라 그 차이가 있으나 대체로 18~19세기를 기준으로 볼 때, 미얀마와 말레이반도는 영국의 식민지가 되었고, 인도네시아는 네덜란드, 베트남, 라오스, 캄보디아는 프랑스의 식민지가 되었다. 한편 도서부의 가장 동쪽에 있는 필리핀은 스페인의 식민지를 경험한 후, 20세기 들어서는 미국의 식민지가 되었다.

넷째, 대부분의 국가들에서 국민의 정치적 자유도가 낮고 민주주의가 정착되지 않았다. 아세안 국가들은 다양한 정치 제도를 채택하고 있지만, 이들 국가의 공통적인 사항은 민주 제도가 성숙되고 정치적인 자유가 크게 보편화되어 있지 않은 가운데 사회가 안정되지 않다는 점이다. 2015년에 발표한 민주주의지수Democracy Index에 따르면 인도네시아가 49위로 세계 167개국 중 유일하게 50위 안에 포함된 국가이고, 이어서 필리핀 54위, 말레이시아 68위, 싱가포르 74위, 태국 98위 등 100위에 포함된 국가들이다. 나머지 캄보디아113위, 미얀마114위, 베트남128위, 브루나이150위, 라오스155위 등이다. 한편 사회 안정도를 알기 위해 사회평화지표global peace index를 살펴보면 전 세계 162개국 중에서 싱가포르 24위, 말레이시아 28위, 라오스 41위, 인도네시아 46위, 베트남 56위, 캄보디아 111위, 태국 126위, 미얀마 130위, 필리핀 141위 등이다. 즉, 싱가포르, 말레이시아, 라오스, 인도네시아 등에서 지표가 높은 반면 캄보디아, 태국, 미얀마, 필리핀 등에서는 매우 불안정한 모습을 보여주고 있다.

한편 부패 인식 지수Corruption Perceptions Index를 살펴보면 싱가포르가 8위로 가장 높고, 말레이시아 54위, 태국 76위, 인도네시아 88위, 필리핀 95위, 베트남 112위, 라오스 139위, 미얀마 147위, 캄보디아 150위를 차지하여 상대적으로 순위가 낮은 국가들로 이루어져 있다.

UN 지속가능네트워크he United Nations Sustainable Development Solutions Network가 매년 발표하는 행복지수에 따르면 싱가포르 22위, 태국 33위, 말레이시아 47위, 인도네시아 79위, 필리핀 82위, 베트남 96위, 라오스 102위, 미얀마 119위, 캄보디아 140위 등이다.

(3) 아세안의 경제적 특성

앞에서 살펴본 바와 같이 아세안 국가들은 정치, 사회, 문화적인 차이 이외에 경제적인 차이도 크다. 먼저 아세안 전체 평균 1인당 소득은 세계 개발도상국의 평균 수준에 해당되지만 이들간의 편차는 매우 크다. 아세안의 가장 고소득 국가인 싱가포르의 1인당 소득은 2015년 52,744달러인 반면 가장 저소득 국가인 미얀마와 캄보디아는 각각 1,198달러와 1,246달러에 불과하다. 또한 국가별 경제규모에서 인구가 255백만 명에 달하는 인도네시아의 GDP는 8,576억 달러인 반면, 인구가 각각 690만과 42만에 불과한 라오스와 브루나이의 GDP는 126.4억 달러와 129.1억 달러에 불과하다.

아세안 각국은 소득수준 및 경제 규모 뿐만 아니라 산업구조 역시 크게 차이를 보인다. 싱가포르는 금융과 서비스업이 매우 강한 반면에 미얀마와 필리핀은 농산물 및 천연자원을 많이 수출한다. 제조업 중에서도 전자산업은 말레이시아가, 자동차 산업은 태국이 강하며, 의류 및 신발 산업은 베트남과 캄보디아가 주류를 이루고 있다.

　이러한 이유로 아세안 각국은 역내에서 상호 경쟁하는 동시에 보완하는 구조를 갖고 있다. 예를 들어, 아세안의 고소득 국가인 싱가포르는 매우 선진화된 국제금융시장을 보유하고 아세안 각국의 투자 중심지 역할을 수행하고 있다. 미국이나 유럽의 투자가들은 아세안 국가에 투자할 때 싱가포르를 경유하여 투자 리스크를 줄일 수 있게 된다. 반면 베트남은 아세안의 주요 제조업 생산기지로서 싱가포르의 투자금을 받아 공장을 세우고 제품을 생산한다. 이와 같이 아세안 역내 생산증가에 기여한 싱가포르와 베트남은 상호 보완하는 경제구조를 갖고 있다.

　반면 아세안 국가들 사이에는 치열한 경쟁도 존재한다. 예를 들어, 세계적인 쌀 수출국인 태국과 베트남은 세계 곡물시장에서 베트남, 캄보디아, 라오스 등 저소득 국가들과 함께 선진국 자본을 유치하기 위한 투자유치 시장에서 치열하게 경쟁하고 있다. 상호간의 부존자원이 비슷하고, 1인당 소득이 비슷한 이들 지역은 노동집약적인 산업구조를 갖고 유사한 제품을 생산하기 때문이다.

　결국 이들을 종합적으로 고려하면 아세안은 경제적인 면으로 볼 때 소득 4,000달러 수준의 개도국이라고 볼 수 있지만 세계 최고 소득 수준의 국가와 최빈국이 모두 포함되는 지역으로 상호 경쟁하고 또한 보완하는 역할을 하는 지역이라고 할 수 있다.

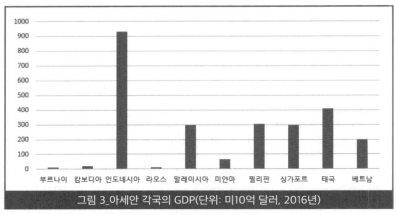

그림 3_아세안 각국의 GDP(단위: 미10억 달러, 2016년)

| 자료: IMF, World Economic Outlook, October, 2015

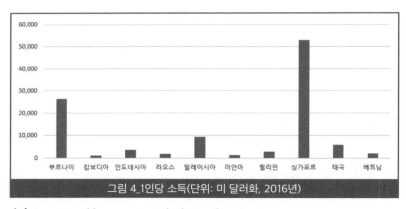

그림 4_1인당 소득(단위: 미 달러화, 2016년)

| 자료: IMF, World Economic Outlook, October, 2015

2. 아세안 경제공동체

가. 아세안 경제공동체란?

아세안 경제공동체는 아세안 공동체의 3개 기둥 중 경제 협력의 구체적인 형태로, 아세안 10개국이 경제적인 측면에서 상호경쟁하는 동시에 미래를 위하여 상호 협력할 수 있는 방안을 제시한 것이다.

아세안 경제공동체의 시작은 1976년에 시작된 아세안 공업프로젝트 ASEAN Industrial Projects: AIP에 뿌리를 두고, 이후 1977년 특혜무역협정 PTA 추진, 1992년 아세안 자유무역지대 AFTA의 창설 추진 결정, 1996년부터 아세안 공업협력 AICO 제도 추진 등을 통하여 보다 구체화되었다.

당시 아세안의 경제 협력은 각국의 강한 실천의지가 없는 가운데 실시되어 상대적으로 협력은 소극적인 형태에 불과하였다.[4] 이에 아세안은 아세안 경제 공동체라는 보다 구체적인 형태의 경제협력체를 정의하여 보다 적극적으로 이를 추진하기 시작하였다.

아세안 국가 간 보다 구체적인 형태의 경제협력은 1997년 12월 쿠알라룸푸르에서 개최한 제2차 비공식 아세안 정상회의에서 '아세안 비전 2020'이 채택되면서 시작하였다. '아세안 비전 2020'은 아세안이 2020년에 달성해야 하는 정치, 경제, 사회적 통합 모습을 개괄적으로 보여주는 것이다. 경제통합을 역동적인 개발 Dynamic Development 파트너십으로 표현하여, 아세안 자유무역지대 형성, 중소기업 발전, 금융자유화, 과학 발전, 에너지 확보, 식량안보 문제 해결, 인프라 개발, 인적자원 개발, 광업부문 아세안 협력 강화 등의 과제들을 제시하였다.[5]

아세안은 2003년 10월 인도네시아 발리에서 선언한 '아세안 협력선언 Ⅱ'에서 2020년에 달성할 아세안 공동체 ASEAN Community의 모습을 보다 구체화 하였다. 아세안 공동체 ASEAN Community를 아세안 정치안보

공동체 ASEAN Political-Security Community, 아세안 경제공동체 ASEAN Economic Community, 아세안 사회문화공동체 ASEAN Socio-Cultural Community Blueprint 의 3개 축으로 구성하고, 이들의 구체적인 형태를 묘사하였기 때문이다.

아세안 경제공동체가 어떠한 분야에서 어떠한 형태로 각국 경제간 협력이 이루어져야 하는 것은 2007년 '아세안 경제공동체 청사진 이후 청사진'에 보다 자세하게 설명하였다. 이 청사진은 아세안의 협력구조를 (1) 단일 시장과 단일 생산기반, (2) 경쟁력을 갖춘 경제블록, (3) 균등한 경제발전, (4) 글로벌 경제에 통합 등 4개의 부분으로 구분하고, 이 부분별 경제통합 형태를 제시하였다.

이때 단일기반과 생산기반 부분은 상품 및 서비스, 투자의 자유로운 이동, 자본의 보다 더 자유로운 freer 이동, 숙련 인력의 자유로운 이동을 의미하여, 구체적인 항목으로는 관세 인하, 아세안 단일 창구 ASEAN Single Window 구축을 통한 거래비용 감소, 서비스 자유화 추진 및 아세아 투자협정 추진 등의 과제를 선정하였다. 경쟁력을 갖춘 경제블록은 경쟁 정책, 소비자 보호, 지적재산권, 사회기반시설 개량, 조세제도, e-commerce 등의 분야에서 새롭게 시스템을 구축하거나 기존의 시스템을 개선하는 것을 의미하였다. 균등한 경제 개발은 아세안 국가 내 발전 격차 해소를 위하여 '아세안 통합이니셔티브 IAI'를 추진하되 중소기업 발전을 위한 각종 정책 추진을 목표로 하였다. 아세안 통합이니셔티브는 아세안 내의 격차를 축소하고 지역 경쟁력을 제고시키기 위하여 교육, 기술개발, 노동자 훈련을 중점적으로 추진하는 계획이었다. 글로벌 경제와의 통합은 아세안 국가들이 전체적으로 세계 경제와의 협력 및 교류를 더욱더 적극적으로 추진하거나 세계 생산 공급망Supply chain에 참여하는 것을 의미하였다. 이는 아세안이 한국과 중국 혹은 미국이나 중동 국가 등과 같은 역외 국가들과 새롭게 투자협정을 체결하고 직접투자를 유치하는 것이나, 타 지역과 자유무역협정을 추진하는 것 등을 모두 포함하였다.

표 2 아세안 경제공동체의 4대 축

목표	단일 시장과 생산기반	경쟁력을 갖춘 경제블록	균등한 경제발전	글로벌 경제와의 통합
정책	• 상품의 자유로운 이동 • 서비스의 자유로운 이동 • 투자의 자유로운 이동 • 자본의 보다 더 자유로운 이동 • 숙련 인력의 자유로운 이동	• 경쟁정책 • 소비자보호 • 지적재산권 • 사회기반시설 개량 • 조세 • e-commerce	• 중소기업 발전 • ASEAN 통합 이니셔티브	• 역외경제 관계에 대한 일관적인 접근 • 세계공급망에 참여 제고

┃자료 : ASEAN, 2007. ASEAN Economic Community Blueprint, November 2007

실질적 경제통합 운영 원리의 예

아세안이 경제공동체를 형성하여 상호 협력하려는 가장 큰 이유는 아세안 국가들이 규모의 경제 효과와 분업의 효과 및 각종 거래비용 절감효과를 누리기 위해서이다. 규모의 경제 효과는 기업의 규모가 커질수록 상품 생산의 평균비용, 즉 단가가 떨어지게 된다는 이론으로 이미 많은 국가에서 그 효과가 발생한다는 것이 증명된 사실이다. 예를 들어, 어느 기업이 100개의 자동차를 생산할 때보다 100만 개의 자동차를 생산할 경우

개당 생산비용은 더 줄어든다는 이론이다. 이렇게 되는 이유 중 가장 대표적인 것이 바로 분업의 효과이다. 한 명의 노동자가 자동차 생산에 필요한 공정을 혼자서 모두 다 하는 것보다, 각 공정을 여러 사람이 나누어서 할 경우 보다 효율적으로 생산할 수 있기 때문이다. 한편 거래비용 절감효과는 상품이 지역이나 나라를 이동할 경우 발생하는 각종 비용이 자유무역 및 경제공동체를 형성할 경우 줄어들 수 있다는 이론이다.

이제 이러한 경제적인 효과를 아세안의 예를 사용하여 살펴보자. 먼저 단일시장과 생산기반은 아세안 10개국 내의 제품 생산 및 소비를 하나의 국가에서 이루어지는 것처럼 하겠다는 것을 의미한다. 이는 상품무역, 서비스무역, 자본과 투자, 인력 이동의 자유화를 의미한다.

상품무역 자유화의 효과는 인도차이나 반도 한가운데 위치한 라오스 북부와 남부의 소비자 쌀 구입 패턴 변화를 통하여 알 수 있다. 원래 라오스는 국가 전체적으로 생산량과 수요량이 비슷하기 때문에 수급상에서 큰 문제를 갖고 있지 않다. 그러나 라오스의 북부는 산악지역이고, 남부는 평야지대로 구성되어 대부분의 쌀이 남부에서 생산되기 때문에 지역별 수급은 큰 차이를 보인다. 더욱이 라오스 남부와 북부는 500~1,000km 이상 떨어져 있는 가운데 도로와 수송 수단이 낙후되어서, 남부 지방에서는 쌀이 싸고 북부 지방에서는 상대적으로 매우 비싼 상황이었다.

1970년대 사회주의 혁명 이후 라오스는 상당 부분 고립된 경제를 유지하면서 사회주의 국가인 중국, 베트남, 소련 등과 무역을 하였다. 그러나 중국이나 베트남과의 국경이 험준한 산악지역으로 되어 있었고, 도로가 발달되어 있지 않았으며, 소련과의 거리도 멀었기 때문에 무역 규모는 매우 작았다. 때문에 이러한 쌀 가격구조는 상당 기간 유지되었다.

그러나 1990년대부터 주변국인 태국과의 관계가 개선되고, 1997년 아세안 가입과 함께 본격적인 라오스의 경제개방이 시작되며, 라오스도 아세안의 일원으로 경제공동체 구축에 참여하면서 라오스 북부와 남부지역의 쌀 거래 및 소비 패턴이 크게 바뀌게 되었다.

북쪽 지역은 주변국인 태국으로부터 필요한 쌀을 쉽게 수입할 수 있고, 남쪽 지역은 잉여 생산된 쌀을 캄보디아나 태국에 쉽게 수출할 수 있게 된 것이다. 결국 전체적으로는 자급자족하지만 지역별 수급 차이가 컸던 라오스의 쌀 시장의 구조적인 문제가 주변국과의 무역으로 쉽게 해결된 것이다.

또 다른 예로 베트남 남부의 호지민씨티와 북부 하노이간의 의류 거래를 고려해 볼 수 있다. 남부 호치민씨티의 소비자가 하노이에서 생산된 의류를 구입할 경우를 고려하자. 이때 하노이에서 생산된 의류는 남부 호치민씨티까지 약 1,700km를 이동하여야 하기 때문에 생산 이후 소비자의 손에 들어가기까지 기차로 2일, 자동차로는 3일 이상의 시간이 걸리고 각종 추가 비용이 발생한다.

그러나 호치민씨티의 소비자가 이웃 국가인 캄보디아의 프놈펜에서 생산된 의류를 구입할 경우 이 문제는 보다 쉽게 해결될 수 있다. 두 도시간의 거리가 250km에 불과하기 때문에 생산 직후 상품을 구입할 수 있고 운송료와 창고료의 비용도 줄어들어 상품가격도 싸진다.

　또 하나의 예로 역내 서로 다른 국가들이 보유하는 기술과 원자재가 협력하는 경우를 고려하자. 태국은 2016년 현재 상당한 수준의 공업화가 진행되어 1인당 소득 6,000달러 수준에 도달한 반면, 주변국인 캄보디아는 농업기반 사회로 1인당 소득이 1,700달러 수준에 그치고 있다. 따라서 이두 국가가 보유한 자원과 기술 수준은 서로 커다란 차이를 보인다.

　농업중심 국가인 캄보디아는 현재 파인애플이나 바나나, 잭푸르츠와 같은 열대과일을 많이 생산하고 있다. 캄보디아의 농부들은 이를 국내 시장에 판매하여 소득을 얻는다. 그런데 이곳에서 약 5천 킬로미터 떨어진 한국이나 일본의 소비자들은 매우 비싼 값을 내고 이 과일을 사 먹는다. 이 과일이 신선한 상태로 한국이나 일본에 도착하려면 냉동 이동시설을 사용하여야 하는데 이 비용이 비싸기 때문이다.

　이러한 문제점을 해결하기 위하여 일부 동남아 식품회사들은 열대 과일을 건조한 스낵을 만들어 판다. 이 스낵은 사실 한국의 슈퍼마켓에서도 팔리는 것으로 맥주 안주로도 좋은 식품이다. 그런데 캄보디아는 아직까지 이러한 건조 및 포장 기술을 보유하지 못하기 때문에 과일 가공 스낵을 만들 수 없다. 이 경우 캄보디아에서 생산된 과일이 이웃 국가인 태국의 과일 건조 공장을 거치면서 보다 부가가치가 높은 상품으로 변환된다. 캄보디아의 농부는 과일을 판매해서 좋고, 태국의 건조 공장은 값싼 캄보디아로부터 과일을 공급받아서 좋다. 또한 한국과 일본의 소비자들은 값싸게 열대과일 스낵을 먹어서 좋은 것이다. 물론 캄보디아에도 과일가공공장이 세워진다면 캄보디아의 농부가 갖게 되는 소득이 더 커지겠지만 이는 보다 장기적으로 해결될 문제이다. 역내 새로운 상품 공급 체인이 발생하고 국제 경쟁력이 강한 상품이 탄생하는 것이다.

이는 아세안 경제공동체의 탄생으로 태국의 자본과 기술이 캄보디아의 원자재가 결합할 경우 새로운 부가가치 상품의 창출이 가능하다는 것을 보여주는 예이다. 사실상 이러한 현상이 캄보디아뿐만 아니라 미얀마 및 라오스에 적용될 경우 인도차이나 반도에 있는 아세안 5개국이 모두 다 이득을 얻을 수 있는 구조가 되는 것이다.

또 다른 예로 자본 및 투자자유화를 들 수 있다. 싱가포르의 평범한 회사원이 월급을 저축하여 금융기관에 예금하는 경우를 고려하자. 2016년 말 현재 잉여자금이 많은 싱가포르의 은행 이자율은 연리 0.35%인 반면, 싱가포르에서 다리 하나 건너 있는 말레이시아와 싱가포르 해협 건너에 있는 인도네시아는 만성적인 투자 및 자금 부족을 겪어서 각각 3.5% 및 6%의 이자를 제공한다.

만약 싱가포르와 말레이시아, 인도네시아의 금융시장이 서로 개방되어 있지 않으면 이 싱가포르의 회사원은 0.35%의 이자율에 만족하여야 한다. 그러나 이들 국가의 금융시장이 상호 개방되어 있으면 싱가포르의 회사원은 보다 높은 이자율을 제공하는 인도네시아의 은행에 예금할 수 있게 된다. 반면, 인도네시아의 은행은 자국 내 기업에 제공할 수 있는 자금을 획득하는 것이므로 대출 증가를 통하여 자국 생산 증가에 기여할 수 있게 된다. 결국 싱가포르의 회사원도, 인도네시아의 은행도 서로 이득을 보는 사태가 발생하게 되는 것이다. 물론 각국의 통화가 서로 다르기 때문에 환율변동 리스크는 고려하여야 하는 문제가 있지만 단순하게 이 문제는 크지 않다고 가정하자.

이 밖에 아세안 경제공동체는 서비스무역 자유화나 인력 이동의 자유화 및 농수산/식품/임업 협력의 자유화 등을 포함한다. 이는 아세안 역내 국가들이 각 부문에서 국경을 넘어 협력하는 형태로, 규모의 경제 효과를 누려 보다 효율적으로 생산하고 소비하는 지역이 되려는 시도이다. 물론 아세안의 기업들은 기존의 국내 경쟁체계에서 벗어나 아세안 역내 경쟁체계에 돌입하기 때문에 보다 치열한 환경에서 살아남아야 하는 문제에 직면하고, 이를 해결하는 과제를 갖게 된다.

결론적으로 아세안 경제공동체 구축은 아세안 국가들이 기존의 국가 틀에서 벗어나 지역 내에서 경제 협력을 보다 확대하려는 시도이다. 이 과정에서 아세안 역내 기업의 경쟁은 더욱 치열해지고 아세안 기업의 생산성이 개선되어 타 지역에 대한 경쟁력을 강화하게 되는 것이다.

나. 아세안 경제공동체 탄생의 배경

아세안이 2000년대 들어 급격하게 경제통합 혹은 경제공동체 구축을 적극적으로 추진한 이유는 다음과 같다.

첫째, 아세안 역내에 정치적인 충돌이나 불안이 크게 해소되면서 각국은 경제 활성화에 보다 집중할 수 있게 되었다. 태국을 제외한 모든 아세안 국가들은 짧게는 100년, 길게는 400년 동안 유럽의 식민지를 거쳤고, 1945년 2차 세계대전을 마치면서 새롭게 독립한 국가들이다. 이들은 지금까지 새롭게 현대 국가의 틀을 다지는 동시에 냉전시대, 자유주의 국가와 공산주의 국가간의 이데올로기 싸움의 최전선에 있었다. 때문에 각국 정부는 국가의 안위와 정치적인 안정을 최우선으로 삼고 독립 이후 최근까지 버텨왔다.

당시 이데올로기 싸움의 가장 대표적인 것이 1960~70년대에 벌어진 베트남 전쟁이다. 이 기간 동안 베트남은 남북으로 갈라져 치열한 전쟁을 벌였고, 상호간에 엄청난 인적, 물적 피해를 보았다. 1989년 독일의 베를린 장벽이 무너지고 공산주의가 붕괴되면서 이러한 이데올로기 싸움은 막을 내렸고, 이들 국가들은 경제 부흥을 통한 국가발전을 보다 적극적으로 추진하게 된다. 베트남과 라오스가 시장경제를 도입하였고, 캄보디아와 미얀마도 경제 활성화 정책을 추진하면서 아세안은 기존의 6개국에서 10개국으로 확대된다. 이렇게 역내 국가들이 아세안에 모두 가입하고 정치, 안보 면에서 불안이 없어지면서 이들은 경제 활성화를 최우선 정책 과제로 선정하고 추진한 것이다.

둘째, 중국의 부상이다. 1990년대 이후 중국은 개혁과 개방을 꾸준히 추진하여 2016년 현재 미국에 이어 세계 2위의 경제대국이 되었다. 이렇게 중국이 세계시장에서 부상하면서 아세안 국가들은 중국에 정치·경제적으로 많은 위협을 느꼈고, 경제협력을 통하여 이를 극복하는 방법을 채택하였다. 이들은 중국이 13억 인구의 거대한 대륙으로서 규모의 경제 효과를 적극적으로 활용한다는 점을 이해하고 아세안 각국은 경제 규모가 너무나도 작다는 것을 인정하였다. 그리고 아세안 역내 국가들이 중국과 경쟁에서 살아남기 위하여 상호 협력이 필수 불가결하다는 점을 이해하게 되었다.

셋째, 유럽 경제통합의 효과를 직접 보게 되었다. 유럽연합은 1950년대 이후 지속적으로 경제통합을 추진하여, 급기야 1999년에는 유로화를 도입하여 사용하는 수준에 이르렀다. 최초 일부 국가의 경제협력에서 시작된 유럽이 통화 통합까지 이루는 것을 목격한 아세안 국가들은 역내 경제통합이 각국 발전에 기여할 것이라는 확신을 갖게 되었고, 현실적으로 아세안 경제공동체의 탄생을 추진하게 된 것이다. 실제로 아세안 각국들은 경제통합을 추진하는 과정에서 유럽의 경험을 연구하고 그 차이점을 살펴보고 있는 실정이다.

넷째, 1997년에 닥친 동아시아 경제위기이다. 동아시아 금융위기는 아세안 국가들의 정치인 및 일반인에게 매우 커다란 영향을 주었다. 1997년 7월 태국 바트화의 폭락으로 시작된 금융위기는 말레이시아와 인도네시아 및 필리핀으로 전염되면서 역내 금융위기로 발전하였다. 과거 아세안 각국의 국민들은 자국의 금융시장이 주변 국가에 크게 영향을 받지 않는다고 생각하였다. 그러나 1997년 발생한 금융위기가 주변국으로 매우 빠르게 전염되었고 그 효과도 매우 크게 확대됨에 따라 이들 국가들은 상호 협력의 필요성을 크게 인식하게 되었다. 이들에게 금융위기 전염효과는 매우 충격적인 현상이었다. 이를 극복하거나 예방하기 위해서는 자신들의 금융시장뿐만 아니라 주변국의 금융시장 역시 안정되어야 하고 역내 국가들이 공동으로 협력하여야 한다는 사실을 이해하게 된 것이다. 이에 따라 아세안 각국 정부들은 다양한 형태로 상호 협력하게 되었고 이는 경제공동체 구축으로 발전하였다.

결국 이러한 여러 현상이 복합적으로 작용하면서 2000년대 들어 아세안 국가들은 경제공동체 탄생에 매우 적극적으로 참여하게 되었고, 2015년 경제공동체 탄생을 선언하게 된 것이다.

다. 아세안 경제공동체 구축의 주요 사례

(1) 직접적인 효과

2015년 말 동남아시아 6억 4천만 명으로 구성되는 아세안 경제공동체가 탄생했다. 상품거래 활성화를 시작으로 각종 서비스 거래 활성화로 이어지는 경제공동체의 탄생은 이 지역 경제에 커다란 영향을 주기 시작하였다. 현재 많은 경제학자들이 현재까지의 진행 상황에 기초하여 2015년에 이룩한 아세안 경제공동체는 2008년에 발표한 '청사진'이 제시한 수준까지 도달하지 못하였다. 예를 들어, 아세안이 2015년까지 아세안 역내 통관시스템을 전산화하고 표준화하여 네트워크로 연결하기로 하였던 아세안 싱글윈도우가 일부 국가들간의 파일럿 프로젝트만을 시작했을 뿐, 아직도 시행되지 못하고 있다. 일부 국가들이 자국 내 통관시스템을 전산화를 완성하지 못하였고, 이미 자국 내 시스템을 완성한 국가들끼리도 협력에 적극적이지 않았기 때문이다. 각종 제도 역시 통일화되지 않아 실제 비즈니스에 종사하는 사람들은 여러 가지 일을 이중, 삼중으로 하고 있다.

아세안 국가들끼리의 관세율 인하는 매우 대표적인 성공사례라고 할
수 있다. 이 기간 동안 아세안 국가들간의 상품 수출입 시 관세율이 크게
하락하였고, 상호무역도 크게 증가했기 때문이다. 아세안 국가-아세안
국가의 역내 관세율은 아세안 공동체 탄생이 발표되었던 2003년, 아세안
6국가들은 1.51%, CLMV 국가들은 6.64%, 전체 평균 2.99%를 보여 주었
지만, 〈그림 5〉에서와 같이 2010년부터 아세안 6국가들 사이에는 거의 폐
지되었고, CLMV 국가에 적용되는 관세률도 2014년에는 0.54%로 크게
하락하였다.

또한 아세안 내의 주요국 증권시장이 서로 연결되어 역내 투자가들이
주변국의 주식을 사고 팔수 있는 시스템이 구축되었다. 또한 역내 주변국
에 대한 송금시스템도 크게 개선되었고, 소매결제시스템 통합에 대한 이
야기도 나오고 있다.

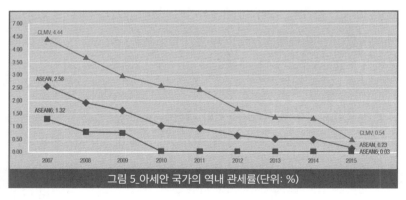

그림 5_아세안 국가의 역내 관세률(단위: %)

|자료 : ASEAN, ASEAN Economic Community Chartbook 2015, July, 2016

(2) 간접적인 성과

매년 수천 건의 각종 회의가 소집되어 다양한 방면에서 아세안의 경제 관련 협력이 증진되고 있다. 특히 미얀마가 개방되고, 라오스나 캄보디아 같은 저소득 국가의 경제 발전이 촉진된 것도 사실 아세안 경제공동체 구축 과정에서 나온 간접적인 성과라고 설명할 수 있다.

메콩 개발과 같이 여러 국가가 참여하는 프로젝트가 적극적으로 추진 되는 것 역시 아세안 경제공동체 구축과 관계가 깊다고 할 수 있다. 상호 신뢰와 협력에 기반하여 이러한 대형 프로젝트가 추진될 수 있기 때문이다. 결국 이러한 점을 종합할 때, 아세안 경제공동체 구상은 아세안 역내 무역 및 서비스 교류를 활성화시키고 상호 협력 증진에 기여한 것으로 인정된다. 이러한 노력은 아세안의 무역 및 경제성장률 추이와 미래 예측치에 잘 나타난다.

(3) 공통적인 제도 구축

아세안이 경제공동체를 구축하는 것은 이들 국가들이 각종 제도를 통일화하는 것을 의미한다. 아세안 10개국이 서로 다른 역사적인 배경과 다양한 사회 구조 하에서 발전한 각종 제도를 통일하는 것은 쉽지 않은 일로 이는 매우 다양한 범위에서 실시되었다. 따라서 이를 모두 살펴보는 것은 어렵기 때문에 이 장에서는 소비자보호 제도 구축과 아세안 싱글윈도우 구축 사례를 통하여 살펴보기로 한다.

아세안 경제공동체 청사진에서 아세안은 2015년까지 아세안의 통관 시스템을 싱글윈도우 시스템으로 구축하는 방안을 제시하였다. 이는 아세안 각국이 전자통관 시스템인 싱글윈도우 시스템을 구축한 후, 이를 다시 연결하여 구축하는 시스템으로 계획되었고 2015년 경제공동체 선언

과 함께 시작될 예정이었다. 당시 아세안은 싱글윈도우 도입을 위하여 아
세안 싱글윈도우 구축위원회ASEAN Single Window Steering Committee를 결성
하고, 기술 분야 작업반Working Group on Technical Matters과 규제 분야 작업
반Working Group on Legal and Regulatory Matters을 두고 계속 협의를 진행하였다.

그러나 아세안 싱글윈도우 시스템 구축은 2016년 말 현재 완성되지 않
고 구축되는 과정에 있다. 이는 새로운 제도의 구축뿐 아니라 정보화 시스
템 구축 및 법률 제정 등 매우 종합적인 사항이 필요한데 당시 이에 대한
충분한 분석이 이루어지지 않고 계획이 수립되었기 때문이다.[6]

한편 아세안은 아세안 소비자보호 프레임워크와 각국의 소비자보호 문
제 해결을 위하여 2007년 8월 아세안 소비자보호 위원회ASEAN Committee on
Consumer Protection, ACCP를 창설하고, 공동의 노력으로 이를 추진하였다.

당시 아세안은 아세안 소비자보호 위원회 산하에 3개의 작업반working
group을 두고 국가 간 소비자 보호문제 해결을 위한 협력체 구축을 추진하
였다.[7] 그러나 캄보디아, 라오스, 베트남 등 아세안 내 후발개도국에서는
소비자보호 관련 법률이나 규정이 제대로 만들어져 있지 않고, 일부 구축
되어 있지만 활용도가 매우 낮다고 할 수 있다.

라. 아세안 공동체 구축의 성과

(1) 교역량과 해외직접투자, 경제성장률 증가

〈그림 6〉은 아세안의 전체 교역량 및 세계 교역량 대비 아세안이 차지
하는 비율을 보여 준다. 아세안의 전체 교역량은 경제공동체 건설이 추진

되는 2006년부터 2011년까지 매우 빠르게 증가했고 세계 전체 교역량 대비 비율이 2006년의 5.6%에서 2012년에는 6.8%대에 이른다. 또한 아세안으로의 외국인 직접투자도 매우 크게 증가하였다. 아시안 경제공동체 건설이 추진되면서 아세안 경제에 대한 기대감이 형성되어 외국인들의 아세안에 대한 투자는 매우 빠르게 증가하게 되었다. 〈그림 7〉과 같이 아세안에 대한 직접투자는 2003년에 293억 달러에 불과하였으나, 2014년에는 4배나 증가한 1361.8억 달러를 기록하게 된다. 그리고 최종적으로 이러한 아세안의 무역 증대와 외국인 직접투자증가는 아세안이 높은 경제성장률을 유지하는 데 기여하였다. 〈그림 8〉과 같이 아세안의 연간 경제성장률은 2006년 이후 글로벌 금융위기가 닥친 2009년을 제외하고는 지속해서 5%대를 유지하였는데 〈그림 9〉와 같이 2000년 이후 10여 년에 걸쳐 5% 이상의 높은 경제성장률은 기록한 곳은 아세안과 사하라사막 이남의 아프리카 지역과 중국에 불과하다.

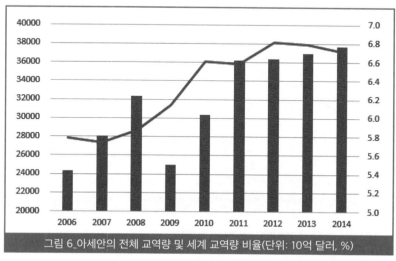

그림 6_아세안의 전체 교역량 및 세계 교역량 비율(단위: 10억 달러, %)

| 자료: ASEAN, ASEAN Statistical Yearbook 2014, July 2015/ IMF, World Economic Outlook database

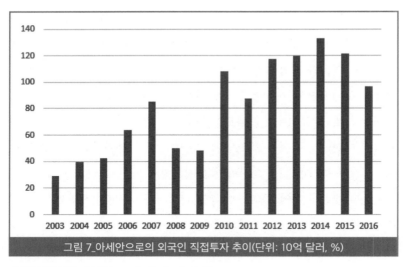

그림 7_아세안으로의 외국인 직접투자 추이(단위: 10억 달러, %)

| 자료: IMF, World Economic Outlook database

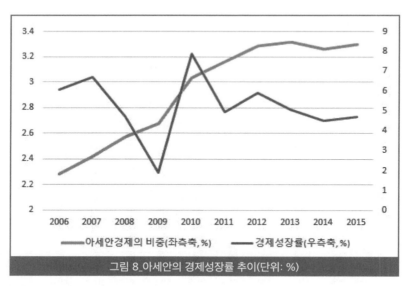

그림 8_아세안의 경제성장률 추이(단위: %)

| 자료: IMF, World Economic Outlook database

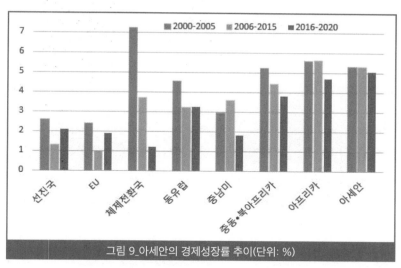

그림 9_아세안의 경제성장률 추이(단위: %)

| 자료: IMF, World Economic Outlook database

(2) 산업구조의 고도화

아세안의 높은 경제성장은 아세안의 산업구조 개선을 통하여 이루어
졌다. 〈그림 10〉와 같이 아세안에서 생산성이 낮은 농업의 비중이 2006년
17%에서 2013년 14%로 하락하였고, 서비스 산업의 비중은 45%에서
49%로 상승하여 보다 생산성이 높은 비농업 분야로의 산업구조 개선이
이루어졌다.

한편 이러한 아세안의 교역증대 및 서비스 거래 활성화 효과는 향후 더
욱더 가속화될 것으로 예상된다. 지금까지 아세안이 이룩한 것이 각종 제
도적인 변화로 인한 것이므로, 시장 참여자들이 이를 활용하려면 일정한
시간이 소요될 것이기 때문이다. 더욱이 앞으로도 이러한 제도개혁이 지
속될 것으로 예상되기 때문에 이러한 효과는 더욱더 활발해질 것이다.
〈그림 9〉의 IMF 예측치에 따르면 2016년-2020년 전 세계 지역별 경제성

장률에서 아세안의 경제성장률이 가장 높은 수준으로 나타나는데 이는 바로 이러한 아세안의 변화를 반영하기 때문이다.

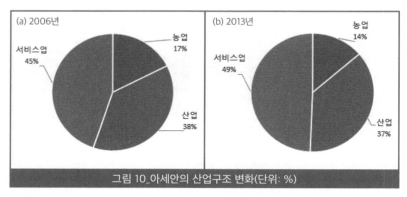

그림 10_아세안의 산업구조 변화(단위: %)

┃자료: ASEAN, ASEAN Statistical Yearbook 2014, July 2015
　　　IMF, World Economic Outlook database, October 2015

마. 아세안 경제공동체 구축의 어려움과 한계

(1) 역내 교역비율의 정체

〈그림 11〉에서 보듯이 아세안의 역내 교역비율은 2010년 이후 계속하여 하락하는 모습을 보이고 있다. 2006년 아세안의 전체 교역에서 역내 교역이 차지하는 비율은 25.1%이었으나 2010년 25.4%를 기록한 후 계속 하락하여 2015년에는 23.9%를 기록하였다. 아세안이 경제공동체를 탄생시키기 위하여 역내 무역을 활성화하려고 노력하였지만, 실제 이는 현실화되지 않았다는 이야기이다. 그리고 이는 이 기간 동안 무역규모가 증가한 것이 아세안 역내 무역보다는 주변국인 한국이나 일본, 중국과의 무역

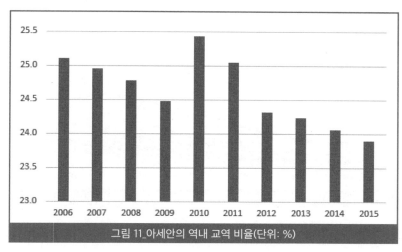

그림 11_아세안의 역내 교역 비율(단위: %)

┃자료: ASEAN, ASEAN Statistical Yearbook 2014, July 2015

이 증가하였기 때문이다. 즉, 비록 아세안이 경제공동체 탄생 과정에서 대
외 개방도가 증가하고 경제 활성화 정책을 추진한 것이 효과는 있었지만,
이것이 아세안 내부의 무역 활성화보다는 주변국과의 무역 활성화에 더
욱 기여하였다는 것이다.

(2) 높은 소득 격차

아세안은 소득격차 해소에도 별 성과를 거두지 못하였다는 주장이 제
기된다. 〈그림 12〉은 아세안 10개국 중 소득상위 2개국인 싱가포르와 부
르나이를 제외한 8개국의 1인당 GDP 추이다. 이를 보면 말레이시아와
태국의 1인당 GDP는 지난 2000년 이후 크게 증가하여 각각 1만 달러 수
준과 5천 달러 수준을 초과하였지만, 아직도 캄보디아, 라오스, 미얀마 등
은 2천 달러 미만의 낮은 소득을 보이고 있다. 더욱이 이 그림에 포함되지
않은 싱가포르의 1인당 소득은 2014년에 5만 6천 달러에 이르러 과연 아

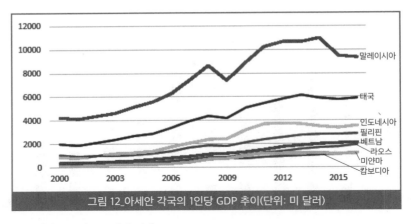

그림 12_아세안 각국의 1인당 GDP 추이(단위: 미 달러)

| 주: 싱가포르 및 브루나이 제외
| 자료: IMF, World Economic Outlook database, 2016

세안 경제공동체 건설이 이 지역의 균등한 발전에 기여하였는가에 대한 논란이 제기된다. 그리고 아세안의 발전이 주로 대기업 중심으로 이루어지고 중소기업의 역할이 줄어들 것이라는 주장도 제기되고 있다. 경제규모가 커짐에 따라 이를 총괄하게 되는 대기업의 역할이 더욱 커질 것이고 상대적으로 지역 민간을 상대하였던 중소기업들은 오히려 역내 대기업과의 경쟁으로 더 어려워질 것이라 예상되기 때문이다.

(3) 아세안 공동체 구축의 어려움

아세안은 경제공동체를 추진할 경우 여러 이점을 갖게 되지만 이러한 경제공동체를 구축하는 것은 말처럼 쉽지 않다. 아세안이 직면한 현실에서 여러 어려운 점이 발생하고, 또한 경제공동체를 구축하는 과정에서 다음과 같은 여러 가지 해결하여야 하는 문제점도 발생하기 때문이다.

첫째, 아세안 국가의 상당수가 저소득 국가라는 점이다. 아세안 경제공동체 구축은 10개국이 하나의 공통된 제도를 구축한다는 것이다. 이때 이러한 공통된 제도를 구축하려면 먼저 기존의 각국 제도를 연구한 후, 이들에게 적합한 이상적인 제도를 디자인하고 이를 단계별로 실천하여야 한다. 현재 아세안 국가의 대부분은 개발도상국이기 때문에 이러한 구축 과정을 실천하기 매우 어려운 실정이다. 이를 실천하려면 관련 분야에 많은 고급인력을 확보하고 관련 예산을 사용하여 추진하여야 하지만, 아세안은 이러한 인적 및 물적 자원을 보유하고 있지 못하기 때문이다. 또한 아세안 경제공동체 건설을 위하여 매우 적절한 계획이 수립되었다고 하더라도 일부 국가들은 이를 실천하기 매우 어려운 실정이다. 각국은 각자 제도를 정비하는 과정에서 많은 인적 및 물적 자원이 필요하나 실제로 이를 보유하지 못한 국가들이 많다.

　예를 들어, 아세안 각국들이 통관을 손쉽게 하기 위하여 각종 관세 관련 시스템을 현대화하기 위해 2000년도 초반에 계획을 수립하였지만 2015년까지 일부 국가들은 이를 실행하지 못하고 있다. 통관시스템 현대화를 위해서 각국 정부는 각종 관련 시스템을 전산화하고, 각 국가의 통관시스템을 상호 연결하는 작업을 추진하여야 하지만, 일부 국가들이 이를 수행할 인적 및 물적 자원을 갖고 있지 못하기 때문이다.

　둘째, 아세안 국가들의 경제구조가 너무도 다르다는 점이다. 〈그림 3〉과 〈그림 4〉에서 아세안 국가들의 1인당 소득이나 전체 경제규모, 산업구조 등이 모두 서로 크게 차이를 보인다. 이렇게 아세안 각국의 경제 규모 및 수준이 크게 차이를 보임에 따라 이들 국가의 경제공동체를 추진하는 과정에서 많은 어려움이 발생한다. 예를 들어, 경제공동체를 추진하려면 각국이 관련 제도를 표준화하고 통합해야 하나 이것이 매우 어렵다. 가장 선진화된 싱가포르 기준으로 제도를 통합하는 것이 이상적이지만 다른 국가들이 싱가포르 수준의 제도를 단기간에 구축하는 것은 불가능하다. 보다 구체적인 예로 싱가포르는 통관시스템을 모두 전산화하여 외국상품이 세관을 통과하는데 시간이 얼마 소요되지 않지만, 일부 국가들은 서류를 통하여 수입품의 세관 통과가 일어나기 때문에 상당한 시간이 걸릴 수 있다.

셋째, 엄청난 소득 개발 격차이다. 아세안 국가들 내에서 노동력 이동을 자유롭게 하는 것이 경제공동체 형성에 매우 중요한 요소인데, 경제력 차이가 크다는 점은 이를 추진하는 데 어려운 점이 된다. 급격한 사회 불안을 초래할 수 있기 때문이다. 예를 들어, 2016년 현재 싱가포르의 1인당 소득 52,960달러는 이웃 국가인 인도네시아의 1인당 소득 3,604달러보다 15배나 많다. 이렇게 소득 격차가 클 경우 양쪽 국가의 노동력 이동을 자유롭게 하기 힘들다.

즉, 인도네시아의 노동자들은 싱가포르 노동자의 임금이 훨씬 높다는 사실을 인식하고 싱가포르 이주를 적극적으로 추진하게 될 것이므로 결국 대류모의 인구 이동을 초래할 수 있다. 이러한 대규모의 인구 이동은 대도시의 주거 문제와 교통 문제 및 범죄 증가 등 다양한 사회문제를 유발할 수 있기에 싱가포르는 이를 원하지 않을 수 있다. 따라서 아세안이 경제공동체 구축에서 단지 '숙련된 노동의 자유화'를 주장하고 이마저도 매우 천천히 추진하는 이유가 되는 것이다.

3. 아세안과 한국

가. 아세안과 한국의 정치적 관계

(1) 개요

동남아 국가들과 한국은 1945년 2차 세계대전 이후 식민지에서 독립한 뒤 지속적으로 관계를 맺어왔다. 이는 크게 국민국가 수립 직후, 냉전시기, 1980년대와 1990년대, 그리고 동아시아 지역 협력기로 나누어 볼 수 있다. 먼저 국민국가 수립 직후 시기 동남아 국가와 한국은 똑같이 식민지배를 받았고 국민국가 건설이라는 과제를 안고 있었던 관계로 서로 협력할 부분이 많았다. 그러나 서로 국내적인 문제와 국민국가 수립의 과제를 수행하는 과정에서 의미 있는 관계를 맺기는 어려웠다.

한국과 동남아 국가 간 본격적인 관계 수립은 냉전이 한창일 시기, 즉 1960~70년대에 이루어졌다. 이 시기 한국은 북한과 국제무대에서 정통성 경쟁 때문에 많은 국가와 수교 관계를 맺게 되었고, 특히 동남아 지역은 북한과 한국이 하나라도 더 많은 수교 관계를 맺기 위해 치열하게 경쟁했던 장이었다.

한편 1980~90년대의 한국과 동남아 관계는 주로 경제 관계를 중심으로 발달했는데, 한국의 경제성장, 동남아 몇몇 국가의 경제성장, 그리고 1990년대 공산권 국가의 개방으로 인해 무역과 투자의 급격한 증가가 있었다. 이후 1997년 경제위기를 맞으며 아세안+3와 EAS 등 동아시아 지역 협력이 시작되었고 동남아 국가와 한국은 처음으로 하나의 지역 정체성으로 묶이게 되었다. 또한 한국과 아세안 사이의 관계가 비약적으로 발전한 것도 이 시기이다.

한국과 아세안은 1989년 부분 대화 관계를 맺은 이후 현재까지 25년째 공식관계를 이어오고 있다. 이 기간은 매우 다양한 방면으로 관계가 형성되었는데 이는 1) 관계형성기1989~1997, 2) 다자 맥락에서 관계 발전기1997~2009, 3) 관계 공고화기2009~현재로 나누어 볼 수 있다. 또한 한-아세안 관계의 이해를 위해서는 세 가지 차원, 즉 ① 아세안의 정치, 경제, 사회적 변화, ② 동아시아 지역협력이라는 맥락이 주는 영향, ③ 한국과 아세안을 둘러싼 국제 정치적, 정치 경제적 변화의 맥락이라는 차원에서 이해하는 것이 필요하다.

(2) 아세안과 한국의 양자적 관계 발전 과정

한국과 아세안 사이의 관계 형성기는 1989년 부분 대화 관계 형성에서 출발하여 1997년 동아시아 지역협력이 시작되는 시기까지의 공식적 관계 맺기 부분을 반영한다. 한국과 아세안은 1989년 부분 대화 관계를 수립하면서 공식적 협력관계를 시작했다. 특히 아세안은 한국과의 공식관계 수립을 위해 부분 대화 관계라는 특수한 지위를 고안해 냈는데, 한국 이전의 모든 대화 상대국은 선진국이었던 반면, 한국은 처음으로 개발도상국으로 아세안과 대화 관계를 수립하였다.

이후 2년만인 1991년 한국과 아세안의 관계는 전면 대화 관계로 격상되었고 한국은 아세안 주도의 다양한 지역협력에 적극적으로 참여하면서 아세안과 협력관계를 공고히 해나갔다. 특히 1990년은 냉전 종식 후 아세안 주도로 지역 다자협력이 태동하던 시기였는데, 그 대표적인 사례로 아세안이 주도하는 아세안 지역포럼ARF이 형성되던 당시 한국은 이에 매우 적극적으로 참여하였다.

1997~2009년은 한국과 아세안 간 관계 심화기에 해당된다. 이는 현재의 한-아세안 협력관계의 중요한 제도적 모습들이 대부분 이 시기에 완성되었기 때문이다. 또한 한-아세안 양자 관계의 발전뿐만 아니라 한-아세안 양자 관계가 동아시아 지역협력이라는 다자의 틀 속에서도 진행되었고, 이 다자 틀의 발전에 따라서 일정한 영향을 받았다.

이 기간 중 한국과 아세안 사이의 공식관계가 꾸준히 증진되었다. 2004년 한국과 아세안은 기존의 대화 관계를 포괄적 협력동반자 관계로 격상하였다. 그에 따라서 포괄적 협력동반자 관계 이행을 위한 실행계획이 발표되었고, 이런 청사진을 따라서 한-아세안 관계는 꾸준히 발전해 왔다. 2009년 포괄적 협력동반자 관계가 전략적 동반자 관계로 한층 더 상향조정되었다. 이러한 포괄적 협력동반자 관계가 한국이 다른 국가와 맺고 있는 공식 관계에서 동맹 다음으로 높은 수준의 관계였다. 아울러 한국은 2004년 포괄적 협력동반자 관계를 아세안과 맺으면서 아세안 우호협력조약ASEAN TAC에 서명을 해 향후 아세안과 한국의 관계를 더욱 공고히 하는 기틀을 놓았다.

한편 한국과 아세안 간 공식관계의 상향 조정과 함께 이 시기를 특징짓는 가장 중요한 발전은 한국과 아세안간의 자유무역협정FTA가 체결되었다는 점이다. 한국과 아세안은 2004년 정상간에 기존의 무역관계를 업그레이드 할 수 있는 자유무역협정을 위해 협상을 개시할 것에 합의하였다. 1년여 협상 이후 2005년에는 기본합의서에 양자가 서명을 하였다.

이후 지속되는 협상 속에 2006년 상품에 관한 FTA가 서명되었고, 2007년에는 상품 무역에 관한 FTA가 발표되고 분쟁해결에 관한 합의가 이루어졌다. 더 나아가 2009년에는 투자와 서비스를 포함한 모든 FTA 부분에 관한 합의가 이루어졌고, 2010년 한-아세안 FTA는 전면적 효력을 발휘하게 되었다. 추가적으로 2009년에는 한-아세안 센터의 설치에 관해서 한국과 아세안 지도자들 간 협의가 이루어졌으며, 1년여 준비를 거쳐 2010년 서울에 한-아세안 센터가 설립되었다.

지금까지 양자 관계에서 마지막 특징적 시기는 양자 관계의 성숙기인 2009년부터 현재까지라고 할 수 있다. 이 시기에는 두 차례에 걸쳐 정상회의가 개최되어 양자 관계가 더욱 발전된 형태로 나타났다.

먼저 2009년 한국은 제주에서 아세안 10개국 정상과 아세안 사무총장이 모이는 제1차 한-아세안 특별정상회의를 개최하였다. 이는 아세안 역외에서 열린 한국과 아세안 10개국 정상간의 첫 정상회의라는 의미를 가졌다. 또한 이 정상회의는 1989년 형성된 한국과 아세안간의 공식관계 수립 20주년을 기념하는 정상회의이기도 하였다. 이 정상회의에서 한국과 아세안 정상들은 기존의 한-아세안 관계 발전에 대해서 평가하고 향후 한-아세안 관계를 위한 비전을 새로 선포했다. 또한 이 정상회의를 계기로 한국은 기존 한국이 아세안에 공여하는 다양한 지원, 즉 공적원조, 동남아 유학생에 대한 장학금 확대, 산업 연수 기회 확대 등에 대한 확대를 약속하였다.

2014년 개최된 두 번째 정상회의는 부산에서 열렸다. 두 번째 정상회의는 2009년 회의에 이어 한-아세안 관계 수립 25주년을 기념하는 정상회의로 의미를 가졌다. 당시 11개국 정상들은 기존 한-아세안 관계 발전을 평가하는 것은 물론 한반도 문제, 지역 안보 문제, 미래 비전, 경제협력과 개발협력, 사회문화 협력 등에 대해서 폭넓은 의견 교환을 나누었다. 또한 한국은 2009년에 확대했던 대 동남아 국가들에 대한 지원을 한층 강화하는 약속을 하였다.

이 시기 한-아세안 사이에는 정상회의 외에도 다양한 실질적 관계 발전의 조치들이 있었다. 2010년 한국과 아세안 사이 사회문화 교류 및 협력의 가교 역할을 할 한-아세안 센터가 개원하여 활동에 들어갔다. 또한 2008년 아세안 헌장이 발표된 이후 아세안 사무국이 국제법적으로 법인격을 갖게 되었고, 아세안과 협력관계에 있는 국가들은 아세안 사무국에 대표부를 설치할 수 있게 되었다. 한국은 2012년 주 아세안 사무국 대한민국 대표부를 개설하고 초대 아세안 대표부 대사를 임명하여 활동에 들어갔다. 이로써 주 아세안 대표부 대사는 한국과 아세안간의 양자협력 관계에서 한국을 대표하게 되었을 뿐만 아니라, 아세안을 중심에 놓고 펼쳐지는 다양한 지역다자 협력을 관장, 조율하는 역할을 맡게 되었다.

나. 아세안과 한국의 경제적 관계

(1) 아세안과 한국의 경제적 관계 개요

아세안과 한국간의 경제 관계는 한국과 아세안이 외교관계를 수립한 1989년 이후 지속적으로 개선되어 왔다. 특히 무역과 투자가 2000년에 들어 급격하게 확대되어 〈그림 13〉와 같이 한국과 아세안간의 무역규모는 2013~2016년 평균 우리나라 전체 무역교역량의 19%를 차지하여 아세안은 중국에 이어 제2위 무역 지역에 해당된다. 또한 같은 기간 동안 우리나라 해외직접투자의 14%를 차지하여 미국의 25%, 중국(홍콩포함) 16%에 이어 3위의 해외투자국이다.

아세안과 우리나라의 이러한 밀접한 경제 관계는 지난 20여 년 간 우리 기업들과 아세안 기업들 간 협력의 결과이다. 〈그림 14〉과 같이 우리나

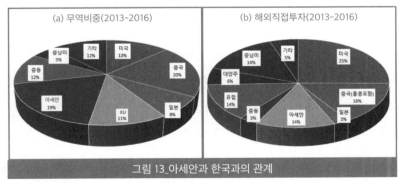

그림 13_아세안과 한국과의 관계

| 자료: IMF, Direction of Trade Statistics, various issues
한국수출입은행, 해외직접투자 통계,
http://keri.koreaexim.go.kr/site/main/index007 한국수출입은행, ODA 통계,
http://keri.koreaexim.go.kr/site/main/index007

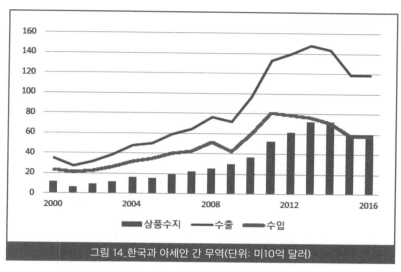

그림 14. 한국과 아세안 간 무역(단위: 미10억 달러)

| 자료: 한국무역협회, 무역통계, http://stat.kita.net/

라와 아세안간의 무역량은 매우 빠르게 증가하였다. 2000년 우리나라의 대 아세안 무역은 수출 345.1억 달러, 수입 231.2억 달러에 불과하였으나 2010년에는 수출과 수입이 각각 966.6억 달러와 597.9억 달러 증가하였고, 2016년에는 1186.6억 달러와 584.5억 달러로 각각 크게 증가하였다. 또한 아세안 지역은 우리나라의 주요 무역 흑자발생 지역이다. 우리나라의 대 아세안 무역은 2000년부터 계속 흑자를 유지하였는데, 그 흑자 규모는 2000년 113.8억 달러에서 2010년에는 91억 달러, 2014년에는 601.5억 달러로 크게 증가하였다.

한편 정부는 아세안이 우리 경제에 중요하다는 사실을 인식하고 아세안과의 경제협력을 매우 적극적으로 추진하였다. 2007년 아세안과 자유무역협정을 체결하여 상호 무역을 촉진하도록 하였고, 싱가포르와 베트남 등 아세안 개별 국가와도 추가적인 자유무역협정을 체결하였다. 또한 매년 우리나라 대통령은 아세안+3 정상회담에 참여하고 2009년과 2014년에는 각국 제주도와 부산에서 한-아세안 특별 정상회담을 개최하여 아세안 국가들의 정상들과 다자적 혹은 양자적인 입장에서 협력을 추진하였다.

아세안과의 경제협력은 크게 생산과 소비 측면으로 구분하여 설명할 수 있다. 먼저 생산자 입장에서 아세안은 국제시장에서 우리의 경쟁자이자 협력자가 된다. 아세안은 값싼 노동력에 기초하여 매우 다양한 상품을 저가에 생산하므로 우리나라의 노동집약적인 상품 생산 기업들에게 매우 커다란 위협이 된다. 또한 농산물 및 해산물 생산자들의 생산성이 높아지고 국제시장에서 생산량이 늘어날 경우 국내 농가와 해산물 생산자들에게 위협의 대상이 된다. 따라서 아세안 경제공동체 탄생은 국내 농가 및 노동 집약적 상품 생산 기업가에 매우 위협적인 요소가 된다.

반면 아세안 경제공동체의 탄생은 우리 기업들에게 협력의 기회도 제공한다. 자본집약적인 상품을 생산하는 국내기업과 노동집약적인 상품을 생산하는 아세안 기업이 글로벌 생산체인을 구축할 수 있기 때문이다. 예를 들어, 우리 기업이 국내에서 생산한 원사를 사용하여 캄보디아나 미얀마 기업들의 옷감과 옷을 만들거나 국내에서 생산된 휴대전화 부품을 사용하여 베트남 공장에서 휴대전화를 조립한 후 제3국에 수출한다면 이는 양지역이 효율적인 글로벌 생산체인을 구축하는 방법이 되는 것이다.

한편으로 아세안은 우리 기업 생산품의 매우 중요한 소비처이다. 6억

4천만 명의 구매력으로 수많은 국산품을 소비하고 있기 때문이다. 수많은 현지인들이 국내에서 생산된 휴대전화기를 사용하고, 다양한 가전제품을 이용하고 있다. 특히 2000년대 이후 한류의 확대로 아세안 내 한국에 대한 이미지가 매우 개선된 것이 국산품의 아세안 진출에 크게 기여하였다. 최근 제조업에 집중되었던 우리나라 기업의 아세안 진출이 식품이나 유통 같은 서비스 업종으로의 진출로 확대되고 있다. 이에 따라 호치민시나 자카르타의 길거리에서 한국 기업의 로고를 쉽게 볼 수 있다는 것이 바로 이러한 한류의 결과이다.

(2) 아세안 경제공동체의 탄생과 한국

아세안 경제공동체의 탄생은 우리에게 위협이 되는 동시에 도약의 기회를 제공한다. 아세안 경제공동체 탄생이 경제 통합을 가속화하여 아세안의 경제성장이 지속된다면 우리나라 제품이나 서비스에 대한 수요는 더욱더 늘어날 것이므로 이는 우리나라 기업에 커다란 기회요인으로 작용할 것이다.

또한 이미 아세안에 진출하여 어느 정도 성과를 보이는 기업들은 추가적인 시장 확보의 기회를 갖게 된다. 기존에는 아세안 특정 국가에 진출한 경우 주변국 시장에 진출하기에 어려움이 많았지만, 이제는 역내에서 이들 국가들 간 진출의 장애요인이 사라지기 때문에 아세안 전체 시장을 상대로 기업 활동을 추진할 수 있게 된다. 예를 들어, 베트남에 현지법인을 설치한 우리 기업은 아세안 역내 다른 국가들로부터 무관세로 편리하게 원료를 수입하여 완제품을 생산할 수 있게 된다.

반면 아세안 역내의 기업들과 우리 기업과의 경쟁은 보다 치열해질 것으로 예상된다. 기존에 아세안의 특정국에서만 활동하던 기업들이 아세안 역내 전체로 기업 활동 범위를 확대하면서 이들의 규모가 커지고 효율적으로 운영될 것이기 때문이다. 예를 들어, 말레이시아의 대형 은행인 메이뱅크Maybank는 아세안 금융시장 통합을 통해 아세안 역내에 보다 많은 현지법인과 지점을 설치하고 대형화할 것이다. 이 경우 우리나라의 금융기관들은 국제시장에서 보다 효율성이 개선된 아세안 은행들을 만나 경쟁해야 한다.

따라서 우리나라 정부와 기업들은 이러한 상황을 인식하고 아세안 경제공동체를 적극적으로 활용하기 위하여 각종 정책을 추진하고 다양한 방법으로 아세안과의 상호 협력을 추진하여야 할 것이다.

(3) 아세안과 한국의 사회·문화적 관계

(가) 인적 교류

앞에서 설명한 바와 같이 한국과 아세안간의 공적 교류는 한국과 아세안 개별 국가와의 외교 관계를 통해 이루어졌다. 공산화로 인해 외교 관계가 한동안 단절된 베트남, 캄보디아, 라오스를 제외할 경우 1984년 브루나이를 마지막으로 한국과 아세안 국가 간 외교 관계가 수립되었다.

1989년 부문별 대화 관계로 시작된 한·아세안 관계는 1993년 완전 대화 상대국 관계, 2004년 포괄적 협력 동반자 관계, 2010년 평화와 번영을 위한 전략적 동반자 관계로 격상되면서 정치·경제, 사회·문화 등 모든 영역에서 한국과 아세안의 교류 기반을 확충함과 동시에 현실에서의 한-아세안 간 교류가 확대된 것이다.

한-아세안간 외교 영역에서의 변화는 민간 영역에서의 변화에 그대로 나타났다. 1970년 14,056명에 불과했던 한국과 아세안 국가 간 상호 방문객 수는 1990년 237,020으로 증가했으며, 2000년 1백만 명을 넘어선 후 2016년 794만명에 도달함으로써, 지난 43년 동안 500배 이상 증가하는 놀라운 기록을 만들었다. 인적 교류의 양적 팽창과 함께 인적 교류의 분야가 형성되고 확대되었다. 특히 1990년대 이후 관광은 한·아세안 간 인적 교류와 특히, 한국에서 아세안 국가로의 이동을 주도하였다.

1990년대 들어 경제활동을 매개로 한 호혜적 교류 역시 증가했으며, 교육과 결혼이 새로운 인적 교류의 영역으로 부상하였다. 한국과 개별 아세안 국가의 인적 교류 상황을 보면, 전통적으로 긴밀한 교류가 진행된 필리핀, 태국, 싱가포르, 인도네시아, 말레이시아에 추가되어 베트남이 새로운 주요 교류 파트너로 대두되었다.

2000년대 들어서도 한국과 아세안 간 인적 교류는 더욱더 확대되었다. 2000년 100만 명에 이르던 아세안 국가로의 한국인 관광객 수는 2006년 300만 명을 넘어섰고 2016년 600여만 명에 도달하였다. 아세안 국가 출신자의 한국 여행도 꾸준히 증가하여 2000년 60만 명에 이르던 관광객 수는 2016년 190만 명으로 증가하였다. 경제활동, 교육, 결혼을 매개로 한 교류 역시 지속적인 확장세를 보였고 이는 한국과 아세안에 체류하는 체류자 수의 증가를 초래하였다.

새로운 교류의 영역인 은퇴 이민, 대중문화, 연구 등의 분야에서 활발한 교류 양상이 전개되었다.

한·아세안 교류에서 상대적으로 뒤처져 있던 아세안 국가들과 한국과의 교류가 증가하여 한국과 캄보디아 및 라오스 사이에서는 1990년대와 비교될 수 없을 정도의 활발한 교류가 이루어졌다.

정부 부문과 민간 부분 모두에서 2000년대는 한-아세안 사회·문화 교류가 완전히 성숙한 단계에 접어들었음을 보여주는 징후가 나타났다. 정부 부문의 경우 교류의 적극성을 한국 측에서 뚜렷하게 찾아볼 수 있어서, 교류 프로그램의 대다수는 한국에서 아세안으로 일방향적 성격을 취하였다. 민간 부문에서는 쌍방향적 교류 양상이 점차적으로 나타나서 관광, 교육, 경제활동, 노동 등의 분야에서 한국인에 의해 촉발된 교류가 아세안 국가 출신자에 의해 호혜적으로 반응되는 모습을 찾을 수 있다.

정부 부문에서 아세안 측의 적극성을 이끌어낼 수 있는 방안이 모색된다면 한-아세안 교류는 보다 균형적이고 상보적인 성격으로 전환될 수 있을 것이며, 이는 사회·문화적 교류를 촉진시키는 결과를 가져올 것이다.

(나) 한류

한편 한국과 아세안 간 사회·문화 교류에서 가장 눈에 띠는 것은 아세안 국가에 퍼진 한류이다. 동남아 어느 지역을 가든 매일 한국 드라마가 TV에서 나오고 많은 동남아 사람들이 한국 가요를 부르고 있다. 이렇게 한국 드라마 및 가요가 유행하면서 한국 문화에 대한 호감이 높아지게 된 것이다.

아세안에 한류가 확산된 원인에는 크게 국내적인 원인과 대외적인 원인이 있다. 국내적인 원인으로는 국내 영화 및 가요의 경쟁력이 높아진 것과 정부의 영상산업 개발 전략 등이 종합적으로 결합된 것이라고 할 수 있다. 또한 문화적 친밀성 또는 아시아적 가치가 동아시아 수용자들로 하여금 한국 대중문화를 쉽게 받아들일 수 있게 했고, 한국 대중문화 콘텐츠가 보여주는 "현대화에 대한 비전" 등이 원인이라고 할 수 있다. 예를 들어 베트남 등 동남아시아 후발 개도국 시청자들은 한국 드라마 시청을 통해 한국을 문화적, 경제적으로 배우고 따라잡아야 할 모델로 인식하게 된 것이다.

반면 대외적인 원인으로는 동남아시아의 우호적 시장 환경 변화를 들 수 있다. 1990년대, 여러 동남아 국가들은 방송 자유화 정책을 채택하였으며, 이는 한국 대중문화 상품의 유입에 있어 우호적인 시장 상황으로 기능하였다. 1990년대 후반기의 아시아 경제 위기에 따라, 동 지역 내 텔레비전 프로그램 바이어들이 상대적 가격 경쟁력을 갖춘 한국 프로그램을 구입하기 시작하게 된 것이다. 한국 영화와 드라마는 당시 침체기를 맞은 홍콩 영화를 대체하기 시작하였다.

여기에는 동아시아에 산재한 중화 문화권의 한류 확산 기능도 포함되었다. 중국, 대만, 홍콩에서 시작된 한류는 기타 아시아권에 산재한 화인華人 지역으로 확산된 것이다. 아시아 화인권 언론은 중국 내 언론의 영향권 아래에 있는데, 이러한 국제 언론정보 질서에 따라 중국의 한류 관련 뉴스는 싱가포르 등 언론에 2차 보도됨으로써 이 지역 수용자들의 관심을 유인하게 된 것이다. 이에 더해, 말레이시아, 인도네시아, 싱가포르, 필리핀 등지에서의 한류는 해당국의 화인 사회에서 시작하여 주류 사회로 확산된 것이다.

마지막으로 정보기술의 발전으로 국내의 최신 음악, 드라마 등이 아세안 국가에 쉽게 유입되는 것이 가능해진 것이다. 예를 들어, 걸 그룹 소녀시대의 최신 뮤직 비디오는 유튜브 사이트를 통해 싱가포르, 필리핀 등 전세계 어디에서나 시청 가능하다. 결국 이러한 한류의 열기 속에서 한국 드라마의 수출액은 1996년 미화 538만 4천 달러에서 2003년 4,210만 달러로, 그리고 2007년에는 1억 5,095만 달러로 대폭 증가하였다.

이러한 한류의 확산은 아세안에 한국 상품의 경쟁력 강화로 이어졌다. 대중문화 상품으로부터 기타 한국 관련 산업으로의 팬들의 애호 대상의 전이가 발생하였다. 대표적인 영역이 관광으로, 한국 드라마의 팬들은 한국 드라마 촬영 장소로의 '순례'를 하고, 좋아하는 스타를 만나거나 ('팬사인회' 등) 스타의 자취가 있는 장소를 찾기 위해 한국을 방문하게 되었다. 이를 통해 관광 수입의 증가가 보고되고 있다. 이미 2004년 한국을 방문한 동아시아 4개국 관광객에 대한 조사 결과, 한류가 한국을 찾은 중요한 원인으로 등장하였다.

또한, 외국인들의 한국어 배우기 열풍 현상이 발생하고 있다. 한류 팬들은 자신들의 한류 사랑을 깊이 있고 세련되게 하기 위해 한국 전통 문화에 심취하고 한국어를 배우곤 한다. 1997년 처음 시행된 한국어 능력시험TOPIK 응시자 수가 당시 4개국의 2,692명에서 2009년 25개국의 18만 9,320명으로 증가하였다이석, 2009. 일본의 경우, 한국어 과목 개설 고등학교 수가 131개 1999년에서 300개 이상 2009년으로 추산되고 있다.

한류 팬들은 드라마에 등장하는 스타들의 패션을 따라한다. 이와 관련 한국산 화장품이 고급 제품으로 인식되고 있으며 절찬리에 판매되고 있다. 드라마, 특히 〈대장금〉의 인기에 힘입어, 싱가포르, 말레이시아, 필리핀 등 지에서 많은 한국 음식점들이 생겨났으며 한국 음식이 유행하게 되었다.

한국 드라마 팬들이 김희선, 이영애 등 한국 여배우를 닮기 위한 성형수 술을 한다는 보도가 있었다. 이후, 한국 여배우들의 미모는 한국 성형의사 들의 성형술 결과라는 인식이 늘며 한국으로 원정 성형을 오는 외국인이 증가하고 있다.

4. 결론

이상에서 살펴본 바와 같이 아세안은 동남아 10개국으로 이루어진 지역 혹은 지역공동체를 의미하면서 많은 공통점과 다양성을 보유하고 있다. 특히 21세기 들어 경제발전이 지속되는 가운데 2015년 아세안 공동체를 추진하면서 그 역할이 강화되고 있다. 비록 유럽공동체에 비하여 그 결속 정도가 낮고 소득 수준도 낮지만 개도국의 협력체로서 지속적으로 발전하고 있다는 점에서 그 의미가 작지 않다고 볼 수 있다. 또한 아세안과 한국의 관계는 1989년 공식적인 외교관계를 수립한 이후 현재까지 정치, 경제, 사회, 문화 면에서 협력 관계가 계속 강화되고 있는 실정이다.

1 동남아시아가 하나의 통일적인 지역 명칭으로 불리기 시작한 것은 제2차 세계대전 때부터 이다. 당시 연합국 측은 대일(對日) 전략상 통일적 대책을 취하기 위한 필요성에서 동남아시 아라는 명칭을 사용하게 된 것으로 지금의 동남아시아 지역과 스리랑카 지역을 포함한 의미 였다.

2 아세안의 설립 목적은 방콕선언 제2조의 7개항에 제시되어 있다. 이때 1항 "아세안의 목적 은 아세안 국가들이 번영하고 평화로운 사회 공동체 달성을 위하여 경제성장, 사회진보 및 문화발전을 상호협력하여 추진한다." 및 2항 "아세안의 목적은 역내 국가 간 법률을 준수하 고, 유엔 헌장의 원칙에 입각하여 역내 평화와 안정을 추구한다"은 아세안 설립 목적의 가 장 중요한 항목으로 알려져 있다. 따라서 아세안의 최초 설립 목적이 정치적인 안정이냐 경 제적인 협력이 우선이냐에 대해서는 논쟁이 이루어질 수 있다. 그러나 설립 당시 동남아시 아의 환경 변화를 고려할 때 정치적인 고려 사항이 보다 컸고 또한 방콕선언의 도입부에 "아세안 외무장관들은 평화와 자유, 사회 정의 및 경제 복지 등의 이상 실현이 국가 간 협력 에 의하여 도달될 수 있다는 사실을 인식하고" 라는 표현이 나오는 점 등을 고려하여 본문 과 같은 해석이 가능하다.(CONSCIOUS that in an increasingly interdependent world, the cherished ideals of peace, freedom,,social justice and economic well-being are best attained by fostering good understanding, good neighbourliness and meaningful cooperation among the countries of the region, ASEAN, The ASEAN Declaration(Bangkok Declaration) Bangkok, 8 August 1967, http://www.asean.org/ news/item/the-asean-declaration-bangkok~declaration)

4 2015년 현재 아세안의 라오스와 베트남 이외에 사회주의 국가들로는 중국, 쿠바, 북한이 있다.

5 이에 대한 자세한 설명은 박번순(2013)을 참조하시오. 박번순(2013)은 아세안의 시작에서 경제협력이 어떻게 진행되어 왔는가를 매우 자세하게 분석하였다.

6 '아세안 비전 2020'은 정상들의 2쪽짜리 선언문에 불과하다. 그러나 이는 향후 아세안 경제 공동체 탄생에 대한 시작이라는 점에서 그 의의가 매우 크다고 할 수 있다.

7 원래 2005년 12월 발표된 Agreement to Establish and Implement the ASEAN Single Window 에 따르면, 아세안 각국의 싱글윈도우 구축은 브루나이, 말레이시아, 인도네시아, 태국, 필리핀, 싱가포르의 6개국을 2008년까지, 라오스, 미얀마, 베트남, 캄보디아 등 4개국 을 2012년까지 구축할 계획이었다. 그러나 추진과정에서 여러 가지 어려움에 직면하자, 이 를 다시 2015년으로 연장하였다. 실제로 2008년까지 싱글윈도우를 달성한 국가는 싱가포르 가 유일하였다.

8 아세안소비자보호위원회는 산하에 (1) Working Group on Rapid Alert System & Information Exchange, (2) Working Group on Cross Border Consumer Redress, (3) Working Group on Capacity Building 등 3개의 위킹그룹을 두고 (a) Development of a notification and information exchange mechanism, (b) Development of a cross border consumer redress website, (c) Development and implementation of a capacity building roadmap에 대한 발전 방안을 연구하고 실제로 구축하고 있다.

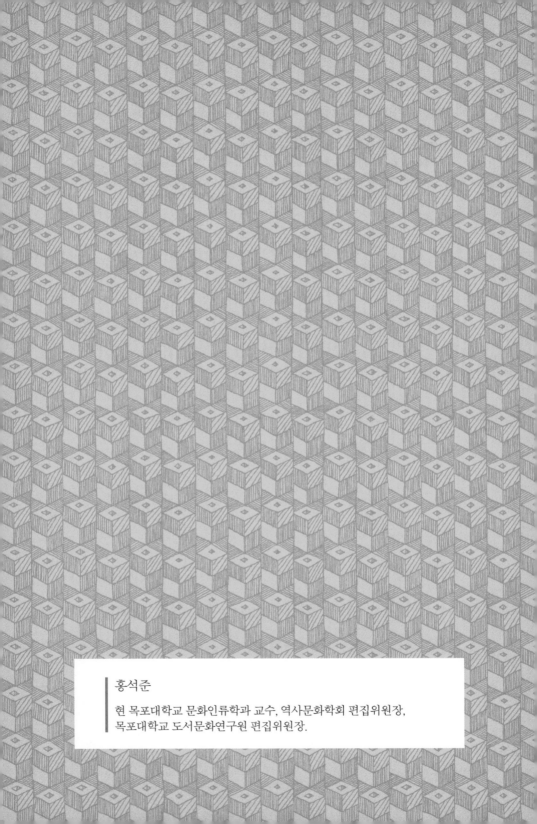

홍석준

현 목포대학교 문화인류학과 교수, 역사문화학회 편집위원장,
목포대학교 도서문화연구원 편집위원장.

제2절
동남아시아 사회 문화의 개요

1. 머리말

동북아시아와 남아시아 사이에 거대한 횡목처럼 놓여 있는 동남아시아는 서양인들의 관심 대상이 되었고 20세기 중엽까지 그들의 식민 지배를 경험했다. 제2차 세계대전 이후 냉전시대에도 이 지역은 세계 정치계의 비상한 관심을 모았고 동서 이데올로기의 각축장이 되었다. 이 지역은 풍부한 천연자원과 농업 생산성으로 오래 전부터 세계 동서 무역의 한 중심축을 이루어왔다. 이처럼 지정학적으로 중요한 동남아시아는 탈냉전시대에 접어들어 아세안을 중심으로 세계 경제와 국제정치에서 적극적인 활동을 펼치고 있다.

이 글에서는 동남아시아 역사를 외부적 시각뿐 아니라 내부적 관점, 그 전체적 구조뿐 아니라 개별적 측면을 종합적으로 분석한다. 20세기 중반까지 오랜 기간 서양인의 식민 지배를 경험한 동남아시아 역사는 그동안 식민사관적 역사 인식의 영향을 받아 전근대사의 경우 종종 인도문화 혹은 중국 문화의 아류로 이해되었으며, 근대사의 경우 서양인들이 주도한 식민지 역사와 동일시 되었다. 이에 비해 여기서는 동남아시아가 인도와 중국으로부터 강한 문화적 영향을 받았지만 나름대로의 독자적인 내재적 문화 전통을 갖고 있다는 것을 강조한다. 동남아시아의 고대사와 근대사에서 외부적 영향에 의해 일어난 다양한 변화들을 중시해야 하지만 동시에 동남아시아 역사에서 내재적 문화 전통에 바탕을 둔 독창성이 지속되었다는 측면에도 주목해야 한다Chong 2008. 또한 동남아시아를 하나의 지역 단위로 보는 관점과 관련된 동남아시아의 문화적 공통성 내지 유사성을 강조해야 하지만, 동시에 개별적 특수성과 지역 및 국가간의 차이에도 주의를 환기시킬 필요가 있다. 동남아시아라는 숲의 전체 모습뿐만 아니라 나무 한 그루 한 그루도 정확히 알아야 할 것이다.

동남아시아의 문화에 대한 관심이 적은 이유는 이 지역의 다양한 언어를 습득해야 하는 기본적인 어려움과 더불어 오리엔탈리즘적인 사고방식이 지배적이었기 때문이다. 서양인들은 유럽 중심적, 동아시아인들은 중국, 한국, 일본을 중심으로 하는 역사 인식이 있었다.

2. 동남아시아 역사와 문화의 일반적 배경

동남아시아 역사와 문화의 일반적 배경을 개괄적으로 살펴보기 위해서는 우선 동남아시아 지역의 크기와 규모에 관한 논의에서부터 이야기를 시작할 필요가 있다. 동남아시아의 현황과 실태를 파악하려는 지역 연구의 문외한이나 초보자들이 지리적으로 이 지역이 얼마나 광대하고 이 지역의 역사가 얼마나 오래되었으며, 그 인구가 얼마나 많은지를 깨닫기 위해선 꽤 많은 시간을 소요할 것이고, 이를 실감하기에는 상당한 어려움이 따를 것으로 예상된다. 인도네시아의 인구는 2014년 7월 기준으로 약 253,609,643명으로 집계되었으며, 세계 4위를 기록하고 있다CIA The World 기준. 베트남의 인구약 93,421,835명, 2014.07 CIA The World 가 세계 13위로, 스페인이나 이집트, 폴란드, 캐나다 등의 국가들보다 인구가 훨씬 더 많다는 사실을 아는 사람은 그리 많지 않다. 하지만 베트남은 동남아시아 국가 중 인도네시아와 함께 인구 3,000만을 넘는 4개국 가운데 하나일 뿐이다. 2016년 현재 동남아시아의 인구가 세계 인구의 10%를 차지하고 있다는 점에서, 이 지역의 인구는 무시할 수 없는 수준이다오스본 1999: 11-12 참고.

하지만 크기 그 자체가 힘을 의미하는 것은 아니며, 이는 과거 다른 나라들이나 지역에서도 그랬던 것처럼 현재의 동남아시아에 있어서도 마찬가지이다. 동남아시아 각국이 대내외적으로 발휘할 수 있는 힘이 어떤 것이든 간에 아직도 동남아시아의 어떠한 나라도 제국주의 시대의 영국과 같은 유럽 세력이나 20세기 후반의 초강대국들과 같은 세계적 국가로 발전하지는 못하고 있다. 바로 여기에 동남아시아 역사와 문화를 연구하는 사람들이 규명해야 할 중요한 의문점이 있다. 지난 2,000년 동안 세계적 국가들이 부침하는 가운데 왜 동남아시아 지역은 그 크기에도 불구하고 아직까지 비교적 작은 역할밖에 하지 못하고 있을까?

이 의문을 보다 명확히 규명하기 위해서는 동남아시아 지역을 연구하는 모든 사람들이 공통적으로 동의할 수밖에 없는 많은 변수들을 고려할 필요가 있다. 더구나 그 해답은 문화적으로 서구의 영향을 강하게 받은 사람들에게 때로는 놀랄 만한 맥락에서 동남아시아를 생각해야 할 필요성을 여실히 제기하고 있다. 여기서 바로 그 크기와 규모의 문제가 새삼 제기되고 있는 것이다오스본 1999: 12.

우리는 전혀 모르거나 조금밖에 알지 못하는 지역을 다룰 때 그 도시나 국가 또는 주민 집단이, 더 많이 알려진 지역이나 주민 집단보다 그 크기가 더 작다고 치부하려는 강한 선입견이 있음을 부정할 수 없다. 같은 이유로 우리는 덜 친숙한 문명이 이룩한 업적을 우리 자신의 사회와 문화 전통의 중요성과 비교하여 과소평가하기 쉬운 것 역시 부인하기 힘들다.

우리는 런던이나 파리가 오늘날 주요 도시로서 그 연원이 로마시대까지 거슬러 올라간다는 것을 알고 있기 때문에 그 도시들은 언제나 크고 중요하다고 생각하는 경향이 있다. 로마시대에 론디니움Londinium은 중요했으며, 아마도 14세기에 파리로 개명된 루테티아Lutetia보다도 더 그랬을 것이다. 그러나 런던이라는 지명에 대한 친숙함 때문에 우리는 로마시대와 이후 노르만 정복시대에 이 도시가 얼마나 작은 존재였는지 직시하기 어려운 것이 사실이다. 노르망디의 윌리엄 공이 1066년 성탄절에 웨스트민스터 사원에서 대관식을 했을 때, 런던은 아직도 영국 왕도로서의 지위를 갖고 있지 못했다. 당시 런던의 인구는 35,000명도 안 되었고 중세의 좁고 복잡한 골목길 안에 거주하고 있었는데, 이는 오늘날 런던의 이미지와는 상당한 거리가 있는 것이다오스본 1999: 13.

같은 시기에 유럽에 알려져 있지 않은 캄보디아에서는 100만 명이 넘는 인구가 한 도시를 중심으로 살고 있었는데, 이 도시는 정교한 건축물과 세련된 관개시설, 그리고 일 년에 삼모작을 하는 농업 생산 능력을 갖추어 당시 유럽의 어느 도시와 견주어도 결코 손색이 없었다. 이곳이 바로 앙코르Ankor로서, 우리는 그 풍부한 비문의 유적으로부터 이곳에 놀라운 유산과 높은 기술 수준을 지닌 문명이 있었음을 알 수 있다. 아테네와 테베, 스파르타에 대한 유럽인의 기억과 버강Bagan 왕조와 앙코르 제국, 스리비자야Srivijaya 왕국의 위용에 대한 기억은 다르다. 말레이 항해의 역사보다는 중세 십자군의 모습이 더 자연스럽게 떠오르는 것이 유럽인의 일반적인 생각이다오스본 1999: 13 참고.

유럽에 대한 우리의 인식과 동남아시아에 대한 무지의 차이를 아무런 근거 없이 강조하려는 것은 아니다. 왜 우리가 유럽 역사는 쉽게 이해하면서 동남아시아 고대사의 배경을 인식하는 데는 계속적인 어려움이 뒤따르는가 하는 것에는 그럴 만한 이유가 있다. 동남아시아 고대사에 관해 나름대로 상당한 수준의 지식을 얻기 위해서는 우선 많은 시간, 노력, 그리고 매우 다양한 언어들을 배울 준비가 되어 있어야 한다. 이 모든 것들은 일반적인 관심을 끌지 못하는 문제들을 연구하는 데 종종 필요하다. 수 세대에 걸친 학자들의 연구들은 여러 경우에 있어서 이 지역 역사의 전체적 구조를 형성하는 파편들을 만들어 내었을 뿐이다. 일반 학생들로서는 다행스럽게도 별로 연구가 되어 있지 않은 분야와 전문가의 영역인 상세한 학문적 연구 분야 사이에 중간 부분이 있다.

지금까지 '동남아시아'라는 어휘가 일반적이고 구분되지 않은 상태로 사용되었다. 만약 60년 전이었다면 이것은 경악을 불러일으켰을 것이다. 당시만 하더라도 오로지 소수의 사람들만이 '동남아시아'에 대해 생각했고 이야기했기 때문이다. 어떤 이들은 동남아시아 지역을 묘사하기 위해 '인도 저편Further India'이라는 용어를 사용했는데, 이것은 마치 벵골만 너머에 있는 모든 지역을 축소된 규모의 인도로 보았기 때문이다. 그러나 베트남의 문화 형성에 끼친 중국의 영향이나 장기간의 스페인 통치가 필리핀의 특수성을 이루는 원천이 되었다는 점을 고려할 때 '인도 저편'이라는 용어가 얼마나 부적절한 것인가를 알 수 있다. 또 다른 표현은 제2차 세계대전 이전에 사용되었던 '몬순 아시아Asia of the Monsoons'라는 용어로서 이는 동남아시아 지역의 중요한 기후적 특성인 몬순에서 나온 말이다. 특별히 지리학자들이 자주 써 온 이 용어는 현재 학자들이 동남아시아라고 부르는 지역과는 별로 관계가 없는 스리랑카, 인도의 일부, 그리고 남부 중국을 포함하고 있는 말이다.

그러나 제2차 세계대전 이전에 동남아시아의 외국인이나 토착주민들은 이 지역을 어떤 일반적 차원에서 생각하지 않았다. 동남아시아를 하나의 지역으로 보려는 경향은 전쟁의 발발과 함께 군사적 고려에서 태동되었다. 군사전략적 관점에서 인도도 아니고 중국도 아니며 그렇다고 태평양도 아닌 어떠한 지역이 분명히 존재하고 있었다. 이 지역이 어떤 종류의 지리적 단위를 형성한다는 인식이 나타나기 시작했다. 이때 필리핀을 제외시켰는데, 그것은 고의적인 것으로 1960년대까지도 필리핀을 동남아시아의 일부로 보아야 될 것인지 아닌지에 대한 학문적인 불확실성이 남아있었기 때문이었다.

동남아시아를 하나의 단위로 보려는 노력은 전략적 고려에 의한 것만
은 아니었다. 이미 1920년대와 1930년대에 인류학자와 역사학자들은 현
재 우리가 동남아시아라고 부르는 지역 내에서 발견되는 유사성에 주목
하기 시작했다. 대륙부 동남아시아의 여러 조정, 즉 왕국의 궁궐에서 사용
된 종교 의식들의 유사성은 이 지역의 공통된 유산 혹은 전통을 가리키는
것으로 인정되었다. 가족 구조의 기본적인 유사성 또한 광범위한 지역에
걸쳐 발견되었다. 그리고 동남아시아의 오랜 역사에 걸쳐 외국으로부터
의 사상과 외국인들의 중요성을 입증하는 증거들에도 불구하고, 역사학
자들은 그 초기 역사시대부터 동남아시아 내 국제관계의 지역적 패턴을
보여주는 증거들을 모으기 시작했다. 동남아시아는 중국과 인도의 영향
을 수용했던 하나의 지역에 불과했던 것이 아니었던 것이다. 이 지역 내에
서 많은 제국들이 흥망성쇠를 거듭했으며, 다양한 시기에 걸쳐 대륙부와
인도네시아 섬 세계의 도서부간에 정치적 관계와 무역 교역 관계가 이루어
졌던 것이다.

가. 동남아시아라는 용어의 의미

오늘날 동남아시아는 베트남, 캄보디아, 라오스, 미얀마, 태국, 말레이
시아, 싱가포르, 브루나이, 인도네시아, 동티모르, 필리핀의 11개국을 지
칭하는 지리적 개념이다. 그러나 현재 지극히 자연스러운 지리적 구분으
로 받아들여지는 이 개념은 학문적으로 많은 수정을 거치면서 자리를 잡
았을 뿐 아니라 현실적으로 식민 지배라는 경험을 통해 구체화된 것이라
고 할 수 있다.

동남아시아라는 용어가 최초로 사용된 것은 1839년에 출판된 미국인 하워드 말콤 Howard Malcom 목사의 여행기 Travels in South-Eastern Asia 라고 알려져 있다. 흔히 이 지역에 대해서는 인도나 중국의 영향을 강조하여 '인도 저편 Further India', '인도 외곽 지역 L'Inde Exterieur', '작은 중국' 또는 '소小 중국 Little China' 등의 용어가 사용되어 왔으나, 하워드 말콤 목사의 여행기가 알려지면서부터 현재 사용되고 있는 '동남아시아 Southeast Asia' 와 같은 뜻을 지닌 '동남아시아 South-Eastern Asia, South-East Asia'가 본격적으로 등장하게 된 것이다. 말콤 목사에 이어서 로건 Logan의 '동남아시아의 민족학 The Ethnology of South Eastern Asia, 1850'과 같은 제목의 글에서 이 용어, 즉 '동남아시아 South-Eastern Asia'가 사용되었는데, 이와 같은 용어가 뜻하는 바는 오늘날의 동남아시아 지역의 사회, 문화, 역사 등의 의미와는 차이가 있는 것이 사실이지만, '동남아시아'가 '인도의 동쪽, 중국의 남쪽'을 지칭하는 의미로 사용되기 시작했다는 점에서, 오늘날과 같은 뜻의 '동남'의 의미를 반영하고 있다고 볼 수 있다 조흥국 1997: 293-294.

학문적인 면에서 동남아시아라는 용어는 20세기 초의 독일어권 학자들, 그 중에서도 로베르트 하이네-겔데른 Robert Heine-Geldern에 의해서 사용되었는데, 그의 논문에서 사용된 '쉬트오스트-아지엔 Südost-Asien'이라는 용어는 학문의 대상으로서 동남아시아의 개념을 확립한 경우라고 말할 수 있다. 이후 1939년에는 오늘날 통용되는 것과 같은 '동남아시아'를 뜻하는 '사우스이스트 아시아 Southeast Asia'라는 용어가 루퍼트 에머슨 Rupert Emerson의 논문에 등장하기에 이르렀던 것이다 조흥국 1997: 294-295.

그러나 동남아시아라는 명칭이 현실적으로 통용되는 결정적 계기는

1943년 태평양 전쟁 시 일본군과의 전쟁을 위해 설치된 "동남아시아 사령부South-East Asian Command"였다. 동남아시아인 자신들이 정체성을 가지고 있었다기보다 서양인들의 현실적·전술적 필요에서 만들어진 개념이라는 점에서 동남아시아라는 개념은 식민지 시대의 유산이라고 할 수 있을 것이다조흥국 1997: 293-297. 필리핀, 인도네시아, 인도차이나 등의 용어도 마찬가지라고 할 수 있다. 인종적, 문화적 다양성 때문에 동남아시아를 하나의 지역 단위로 묶는 것은 쉬운 일이 아니지만, 그럼에도 문화적 공통성과 역사적 경험의 상관성이 발견된다.

나. 동남아시아의 종족과 민족의 형성과 그 구성

현재 동남아시아 주민의 대부분은 남부아시아 유형의 몽골계 민족에 속하는데, 이들은 동남아시아에서 네그리드-오스트로계 민족에 속하는 원주민들을 내쫓거나 동화하면서 동남아시아 내부에서 종족분화 과정을 거쳤던 것으로 보인다.

동남아시아 민족들은 어족에 따라 크게 오스트로네시아, 오스트로아시아, 중국-티베트, 따이-까다이의 네 그룹으로 분류된다. 오스트로네시아계 혹은 말레이-폴리네시아계 종족은 기원전 2,000년부터 동남아시아 지역으로 들어오기 시작했는데, 뛰어난 항해술을 바탕으로 대륙부 동남아시아 연안 지역과 말레이반도 등으로 퍼져갔다. 참Cham족, 푸난扶南족, 말레이족 등이 여기에 속한다. 오스트로아시아계 종족은 몬-크메르족, 비엣Viet족이 대표적인데, 이들은 버마나 타이족 이전부터 대륙부 동남아시아를 장악하고 있었다. 중국-티베트 어족은 이라와디 강 유역에서 발원해 오늘의 미얀마 전역으로 퍼져나간 버마족이 대표적이라고 할 수 있다. 따이-까다이 어족은 태국과 라오스, 샨Shan족 등이 해당되며, 관개농업의 발달과 강한 적응력을 보여준다.

그런데 이런 종족간의 구분과 차이는 서양의 지배를 받기 이전의 동남아시아 사회에서는 그다지 중요한 것으로 인식되지 않았다. 사회 경제적으로 비슷한 수준에 있거나 비슷한 문화 및 생활조건을 지녔을 경우 종족적 경계는 종족 간 동화에 별 장애가 되지 않았다. 예를 들어 버마족, 까렌족, 몬족 등은 불교도라는 것을 매개로 상호 동화가 가능했고, 소수 민족의 경우 경제적인 이유로 개종 등의 방법을 통해서 지배 민족에 동화되는 경우도 있었다. 그러던 것이 서구 식민지 시대에 민족학적 연구를 토대로 종족간의 차이점이 부각되면서 서로의 차이를 크게 인식하게 되었고, 이것은 독립 이후 민족 문제들의 불씨를 남긴 것이라고 할 수 있다.

다. 대륙부 동남아시아와 도서(해양)부 동남아시아: 불교 문화권과 이슬람 문화권

대륙부 동남아시아는 베트남, 라오스, 캄보디아, 미얀마옛 명칭 버마, 태국을 일컫는 용어이며, 도서부 동남아시아 또는 도서해양부 동남아시아는 말레이시아, 싱가포르, 브루나이, 인도네시아, 필리핀을 지칭하는 용어이다. 이런 구분은 무엇보다 문화적, 특히 종교적인 기준에 따른 것으로, 대륙부 동남아시아가 불교베트남은 대승불교, 나머지는 상좌불교 문화권이었던 것에 비해서 도서해양부 동남아시아의 대부분은 이슬람 문화권이라 할 수 있다 필리핀, 싱가포르 역시 원래는 무슬림 지역이다. 문화적인 것 외에도 인종적 구성 역시 차이를 보이고 있으며, 대륙부가 몬순 기후를 지닌 데 비해 도서부는 습윤한 열대기후를 지녔다는 차이도 나타난다.

라. 토착문화와 외래문화의 접촉과 교섭

흔히 동남아시아는 인도와 중국이라는 거대 문명 사이에서 영향을 받았고 별다른 독자적 문화를 지니고 있지 못한 것으로 얘기되기도 한다. 그러나 사회제도와 종교, 문화 등에서 동남아시아는 자체적 특성을 많이 지니고 있었고, 이런 것들이 외래 요소들과 결합되어, 소위 '문화적 중층성' 개념, 즉 토착문화와 외래문화의 접촉 또는 교섭의 역사와 문화를 형성하게 된다石正 1993: 17-19, 조흥국 1997: 308에서 재인용.

동남아시아 토착문화로 우선 거론될 수 있는 것은 신석기-청동기부터 높은 생산력을 지니고 있었던 농경문화의 발달이다. 이런 바탕 위에 공동체적 촌락 제도를 발달시켜 왔는데, 이것은 중국의 영향을 받기 이전부터 존재하였다.

음식과 주거에 있어서도 독특한 성격을 보이는데, 베트남의 느억맘nước mắm 이나 라오스의 남파nam pa, 캄보디아의 쁘라혹pra hoc, 미얀마의 응아피ngapi, 태국의 남-쁠라nam-pla, 말레이시아의 블라짠belacan 과 부두budu, 인도네시아의 께짭 이깐kecap ikan과 떼라시terasi, 필리핀의 바고옹bagoong과 파티스patis 등의 생선소스생선액젓 또는 젓갈 는 동남아시아의 고온다습한 기후에 적합한 것으로 볼 수 있으며, 그 맛이 국가나 지역에 따라 차이가 나기도 하지만 유사하기도 하다. 대부분 동남아시아 지역에서 보이는 주상가옥柱上家屋은 비가 많이 오고 무더울 뿐 아니라 하천의 범람이나 야생동물의 피해를 막기에 적합한 구조로, 중국 영향을 받은 베트남의 집과 달리 동남아시아적인 특성을 보여주는 것이다.

여성들의 역할이 중시된 것은 동남아시아 사회의 큰 특징이라 할 수 있다. 집안에서의 지위는 물론 경제활동에 있어서도 동남아시아의 여성들이 남성 못지않게 - 혹은 남성들보다 적극적으로 참여했던 기록이 중국 측 사료에도 나타나 있다. 종교적인 면을 볼 때, 불교나 이슬람 등의 저층에는 샤머니즘과 조상신 숭배 등의 토착적 요소가 깔려 있다. 태국의 경우 귀신phi에 대한 신앙이 왕실에도 만연되어 있었고, 미얀마에는 정령nat을 숭배하는 신앙이 존재하였다. 이슬람 세계의 경우, 이슬람 전통주의를 강조하는 산뜨리santri 같은 집단이 있던 반면에 정령숭배 요소를 강하게 지니고 토착적 관습을 내포한 아방안abangan이 존재하였다.

그러나 이런 토착문화가 서민들의 문화에 깊이 뿌리박혀 있던 것은 사실이지만 지배층의 경우 인도나 중국문화의 영향을 크게 받았고, 이런 면에서 토착문화를 소전통, 외래문화를 대전통이라고 부르기도 한다. 중국과 인도문화는 주로 엘리트들의 사고와 생활방식, 정치문화 형성에 영향을 끼쳤다.

동남아시아 고전시대에 가장 깊고 넓은 영향을 준 것은 인도문화로서 이와 관련해 인도화Indianization라는 개념이 사용되었다. 인도문화는 동남아시아 사회의 일상에 많이 스며들어 있는데, 동남아시아 언어의 중요 개념은 산스크리트의 영향을 받았고, 고전문학의 대부분은 인도의 서사시 라마야나Ramayana 나 마하바라타Mahabharata 등으로부터 영감을 받은 것이다. 인도문화의 유입은 기원전부터 시작되었는데, 일차적으로 상인들과 브라만, 불교 승려, 예술가 등을 포함한 이주민들에 의해 수행되었을 것으로 추측된다. 힌두교와 불교는 포용적이고 범지역적 성격 때문에 동남아시아의 정치–사회적 상황에 쉽게 흡수되었고, 브라만과 승려들은 궁정에 고용되어 동남아시아 군주들의 세계관 형성에 기여했다. 그들은 토착 왕조를 위해 이념적·의식적 이론을 제공했고 그를 통해서 권력을 정당화하는 데 기여하였다.

인도와의 문화적 접촉에서는 동남아시아인들도 활발한 활동을 하였다. 무엇보다 인도화 과정은 일방적인 문화의 전달이라기보다 동남아시아인들이 능동적으로 받아들인 측면이 있었고, 어떤 지역이던 그 곳의 특수한 정치적·사회적 조건들에 의해 적용되었다. '두 번째의 인도화'라고 설명되는 이 과정은 수정되고 변화된 인도문화들이 동남아시아 정치 중심지에서 다른 곳으로 퍼져갔음을 의미한다.

중국문화의 경우 주로 대륙부, 그 중에서도 베트남에 집중되었다. 10세기에 걸친 중국의 식민지 시기를 경험하면서 베트남 사회는 중국문화의 전반적 요소들의 영향을 받았고, 다양한 계층의 화인들이 베트남으로 들어와 현지인화하면서 중국문화의 영향이 더욱 커져갔다. 일상생활에서 농업생산기술, 정치제도에 이르기까지 중국의 영향은 매우 넓은 범위에 걸친 것이었다. 특히 유교는 베트남 정치 철학으로 받아들여져서 베트남

관료사회의 지배 이념이 되었고, 한자와 한문이 베트남 정부의 공식어가 되었다.

한편 중국과의 관계는 무역과 정치에서 중요한 의미가 있었다. 중국과의 무역 자체가 많은 이익을 낳은 것이기도 했지만, 중국과의 무역 혹은 조공관계의 체결은 국가체제를 완전히 수립하지 못한 동남아시아 지배자들에게 있어 자신의 위상을 확고히 하는 문제와 관련된 것이었다. 일례로 스리비자야 왕국이나 말라카 왕국도 중국과의 관계를 최대한 이용하여 성장하였다.

중국이 동남아시아 사회에 끼친 또 하나의 중요한 영향은 화인 이민자들의 활동에 의한 것이었다. 일찍부터 동남아시아 사회에 존재를 드러내기 시작한 화인들은 독특한 정체성을 유지하면서 정치적·경제적으로 중요한 역할을 수행해 왔고, 중국문화의 전파에도 많은 기여를 하였다.

마. 이슬람의 동남아시아로의 유입과 유럽에 의한 동남아시아의 식민지화

13세기에 동남아시아 대륙부와 도서부는 모두 급격한 변화를 맞이했다. 대륙부의 경우 크메르의 약화와 수코타이 왕국의 성립, 버마 파간 왕조의 몰락 등이 있었고, 14세기 중엽에는 아유타야 왕국이 새롭게 등장했다. 도서부의 경우 대승불교 왕국인 스리비자야 왕국이 점차 약화되면서 13세기 말부터 힌두교 세력인 마자빠힛 왕국이 일어났다. 그러나 15세기부터 이슬람 세력이 확산되면서 마자빠힛 왕국도 쇠퇴하기 시작했다.

동남아시아로의 이슬람 유입이 언제부터인지는 불분명하지만, 늦어도 13세기 말부터 이슬람이 유입된 것으로 추측된다. 초기 이슬람 전파는 아랍과 인도의 무슬림 상인들, 특히 구자라트Gujarat 지역 출신의 인도 무슬림 상인들이 결정적 역할을 했던 것으로 보인다. 이런 인도 배경의 동남아시아 이슬람은 이전의 토착 신앙들과 결합되고 관용을 지니는 등 근본주의에서 벗어난 모습을 보이고 있다. 14, 15세기에 이슬람이 점차 대중 종교운동을 확산하면서 말레이 세계의 이슬람화가 점차 확대되어 15세기 말까지는 말루꾸와 필리핀의 군도 지역까지 이슬람화Islamization 의 대상이 되었다.

그러나 16세기부터 서구세력이 들어오면서 동남아시아는 이슬람 지역이건 불교 영향을 받은 지역이건 19세기까지 태국을 제외하고 모두 서구 식민지로 전락하게 되었다. 1511년 향료무역 참가와 기독교 전파를 내세운 포르투갈이 말라카를 점령하면서 시작된 서구의 진출은 스페인의 필리핀 점령, 17세기 네덜란드의 말레이 세계 장악 등으로 이어졌고, 19세기에는 영국과 프랑스가 본격적으로 식민지 건설에 뛰어들었다.

이런 식민지 경험을 통해 동남아시아 사회는 세계 정치와 경제의 흐름에 휩쓸려 들어가게 되었다. 무엇보다 식민지 지배는 오늘날 동남아시아의 국경을 결정짓는 과정이었고, 역설적이게도 그런 과정을 통해서 동남아시아인들의 정체성과 그에 기반한 민족주의 운동이 일어나는 계기가 만들어졌다앤더슨 2002 . 문화적으로 서구의 지배는 원래 중층적이던 동남아시아 문화를 더욱 복잡하게 만든 요인이 되기도 했다.

동남아시아 지역의 도시와 국가는 불교와 힌두교 문화의 영향으로 형성되었으며, 지리적으로 인접한 중국의 사료史料에 의하여 동남아시아 고대국가와 도시가 존재하였음을 알 수 있다. 밀집된 인구가 거주하는 도시가 건설되기 위해서는 다수의 노동력을 필요로 하는 수전 경작이 주요 요소로 작용하였을 것으로 추정된다. 수전 경작으로 인한 잉여 생산은 인구 밀집화를 더욱 촉진하고 사회 건설이 기반이 되었으며 이러한 경제력과 다수 인구로 왕국이 탄생하였고, 후에 이러한 왕국들이 해상무역에 관심을 돌림으로써 중국과 인도와의 접촉의 기회를 얻어 그들의 영향을 받아들일 수 있었다. 그 대표적인 예가 말라카 왕국의 출현과 쇠락이다.

떠마삭싱가포르의 옛 명칭의 통치자는 타이와의 대결에서는 승리하였으나 자바인들에게 패하자 말라카로 이주하였다. 14세기 말 말라카는 말레이 반도와 수마트라 섬을 잇는 지협에서 최고의 항구도시였고, 수마트라와 말레이 반도의 빠항Pahang으로의 영토 확장에 성공함에 따라 말라카는 중국과 인도 사이의 해양 무역에 대한 지배권을 얻어 중심 항구로 성장하게 되었다. 이 지역에서 활발하게 활동한 인도 구자라트 출신 상인들의 이슬람 영향으로 지배자들은 이들의 경제력을 바탕으로 한 이점을 고려하여 이슬람으로 개종했고, 따라서 정치·경제 부문들이 이슬람 문화의 영향을 받게 되었다. 그러나 의례행사와 왕의 대관식에서 불교와 힌두 요소의 영향력이 곳곳에 남아있음을 알 수 있다. 이러한 불교와 힌두적인 영향이 남아있는 관계로 미얀마와 몬 타이 크메르 왕국과 유사한 의식을 보존하고 있었다 하더라도, 말레이 인들은 이슬람과 경제적 정치적으로 동맹관계에 있고 종족이 다르기 때문에 이들의 왕권과는 차이점을 갖는다.

정화의 원정 기록과 중국의 사료에는 말라카Malacca, Melaka 사회의 일상적인 생활 풍습과 도시계획, 수출입 활동이 이루어지는 상품에 대한 기록이 있다. 또 왕과 고위 관료들이 해외 무역을 총괄할 수 있고 무역의 이익을 얻을 수 있는 강의 하류와 상류가 교차하는 지점에 기반을 확립하여 해외 무역을 지배한 것으로 기록되어 있다.

바. 유럽 식민주의와 동남아시아로의 화인 이주

(1) 유럽 식민주의의 출현

동남아시아에 유럽의 세력이 본격적으로 들어오기 시작한 것은 16세기 포르투갈의 진출로부터라고 볼 수 있다. 포르투갈인들은 그들이 페르시아 만에서 말라카 해협the Straits of Malacca 을 통해 몰루카 제도까지의 항로를 발견하고 이곳에 그들의 요새를 구축하는 일이 무어인들에 대한 십자군 운동의 일환이고, 아시아에서 이슬람의 확산을 막는 것이 신으로부터 그들에게 주어진 임무라고 믿었다. 포르투갈인들은 이전 무슬림들이 하던 동서무역을 그들이 관장하고, 심지어는 유럽세력 중에서도 자신들이 이를 독점하려고 했다. 이렇게 포르투갈인들은 말라카Malacca, Melaka 를 점령하고 동서간의 향료 무역을 독점하며 아시아 지역에서도 태국의 아유타야 왕조나 마카오를 거점으로 한 중국과 교역하여 이익을 챙기고 있었다.

16세기 스페인 역시 향료 제도에 관심을 갖고 이를 개척하기 위해 태평양을 지나 동남아시아까지 이르렀다. 스페인은 멕시코와 필리핀의 연계 통치, 무역을 했다. 그러나 유럽에서 동남아시아 향료 제도까지 짧은 거리의 항로를 점하고 있는 포르투갈은 굳이 남미와 연관 무역을 할 필요성을 못 느꼈다. 사라고사Saragossa 조약을 통해 포르투갈은 남미에서 브라질 이외의 지역에 대한 스페인의 영향력을 인정하고, 스페인은 동남아시아에서 필리핀을 제외하고 포르투갈의 동남아시아 무역 독점권을 인정했다. 포르투갈 문화 중 동남아시아에 미친 영향이 주로 여성의 의상, 민속춤, 음악 등에서 나타나는데 이는 당시 포르투갈인들이 동남아시아에 와서 동남아시아 여성들과 결혼하여 생활하면서 전해진 것으로 보인다.

  17세기 초에 이르러 포르투갈인들의 세력은 점차 약화되고 동남아시아에 서구 세력으로 네덜란드가 부상한다. 이는 이들이 향료의 주요 소비국으로 포르투갈을 통해 비싸게 사는 것보다 조금이라도 더 싼 가격에 향료를 얻으려는 노력이었다. 영국도 포르투갈인들과 스페인 세력에 대항하여 네덜란드와 함께 동남아시아 지역에 등장한다. 게다가 영국은 스페인과의 전쟁에서 승리하면서 해양세력으로 세력 팽창의 새로운 전기를 맞이하게 된다. 네덜란드인들은 도서 동남아시아에 동인도 회사를 설립하고 동남아시아 지역에서의 활발한 무역활동을 하는 반면, 영국의 경우 17세기에는 동남아시아 진출까지는 역부족이라고 느끼고 인도무역에 더 관심을 갖는다.

  그러나 여러 가지 상황 변화, 즉 도거뱅크 전쟁, 나폴레옹의 홀란드 점령, 영국에게 뻬낭Penang 할양, 영국령 인도에로의 버마인들의 침입이라는 상황 변화로 인해 점차 동남아시아 지역에서도 영국의 세력이 강해지기 시작한다. 나폴레옹의 홀란드 침공으로 네덜란드는 잠시 동안 영국이 동인도 회사를 관리할 것을 부탁, 영국이 이 지역 관리를 도맡게 된다.

1811년부터 1816년까지 영국은 자바, 수마트라, 말라야를 관리하다가 네덜란드가 다시 돌아오자 평화적으로 되돌려준다. 이때 래플스Raffles가 영국의 총독으로 있었는데 그는 1819년 싱가포르를 개척했다. 이때 끄다Kedah 왕국의 술탄이 태국으로부터 위협을 느끼고 영국에게 도와줄 것을 요청하여 그 대가로 삐낭을 받게 된다. 이리하여 영국은 해협 정착지를 형성하고 거점 무역을 발전시킨다. 영국과 네덜란드는 1824년 영화조약을 통해 동남아시아 해양지역에서 각각의 영향권의 경계를 정한다. 유럽인들의 동남아시아 진출은 18세기 말~19세기 초에 더욱 활발하게 나타나며 이는 도서부 동남아시아뿐만 아니라 대륙부 동남아시아에까지 이르게 된다.

19세기 초에 이르면 동남아시아에서 영국의 영향력과 이익이 증가하게 된다. 이는 산업혁명의 성공으로 영국은 값싼 원료 공급지와 넓은 시장이 필요해지는데 동남아시아 지역이 그 역할을 해줬기 때문이다. 그리고 점차 제국주의적 성향을 띤 식민지배 형식으로 바뀌어 나가기 시작한다. 영국은 버마 점령과 함께 서구에 개방적인 태국에도 강한 영향력을 갖는다. 이에 프랑스는 인도차이나 반도에 진출하여 일찍부터 베트남과 관계를 맺어 선교사 파견 등의 활동을 한다. 베트남이 초기와 달리 점차 프랑스와 스페인의 선교 활동을 탄압하자 프랑스는 이를 빌미로 군사를 이끌고 와서 베트남에 응징전쟁을 감행한다. 그리고 베트남을 세 부분으로 나뉘어

코친차이나는 프랑스의 직접통치, 그리고 안남, 통킹 지역은 보호령으로 남게 된다. 이와 같이 19세기 말 동남아시아 지역에서는 프랑스, 영국, 태국이 이 지역의 영향력 있는 통제권을 갖게 된다.

앞에서도 언급한 바와 같이 유럽에서의 산업혁명으로 유럽 국가들은 원료의 공급지와 시장을 식민지 경영을 통해 해결하기 위해 식민주의 정책으로 동남아시아 지역에 본격적으로 진출한다. 영국은 해협정착지-싱가포르, 말라카, 페낭을 중심으로, 프랑스는 인도차이나 지역을 점령하여 식민지 경영을 하게 된다. 버마의 경우는 영국의 식민통치 가운데 있긴 하지만 이는 영국령 인도의 일부로 간주된다.

이렇게 동남아시아 지역, 특히 대륙부 동남아시아는 영국과 프랑스의 통치로 양분되고 태국만이 완충 지대로 남게 된다. 영국의 버마 통치는 인도인의 유입을 통해 이루어진다. 말레이 지역의 통치에서 영국은 이 지역 술탄들의 기득권을 존중하고 다만 영국인 고문관을 채용하여 활동하게 하고 후에 말레이 연방으로 통합을 하게 되었다. 프랑스는 인도차이나 반도에서 코친차아나 지역은 직접 통치를 하고 안남, 통킹, 캄보디아, 라오스 지역은 보호령으로 통치한다. 태국은 유럽인을 관리로 채용하는 등 자발적인 개방과 서구화 정책으로 식민 지배를 면할 수 있게 된다.

버마나 말레이 지역에서는 영어를, 인도차이나 지역에서는 프랑스어를 공용어로 사용하는데 이러한 언어는 제국주의의 상징으로서 나타나는 것이다. 특히 이러한 언어는 도시 엘리트 계층의 교육에 영향을 미치는 일로 이렇게 서구식, 식민 지배 국가의 교육과 언어를 사용하게 된다. 반면 이 지역에서 토착 교육은 아주 기본적이 수준에서만 이루어지고 있다. 그러나 베트남의 경우는 내부 통합을 위한 토착적인 체제가 매우 잘 구축되어 있어 식민 지배지인 프랑스식 교육에 대한 반발이 심하였다. 이에 따라 프랑스의 강압적 통치로 베트남 전통 체제에 변화가 되는 문제가 발생하게 된다.

(2) 식민 지배로 인한 화인들의 이주와 정착

19세기 중반 이후 경제적 변화는 매우 빠르게 변모하게 된다. 특히 수에즈 운하의 개통, 철도 및 교통수단의 발달이 아시아-유럽의 교역활동을 촉진시키는 요인으로 작용한다. 서구 유럽이 동남아시아 지역의 경제발전에 기여한 바를 무시할 수 없지만 경제발전의 주요 부분에 토착민들과 아시아의 이주민들화인, 인도인의 역할이 컸음을 인정해야 할 것이다. 태국의 벼농사는 말레이 지역의 주요한 쌀 공급지 역할을 하고, 말레이 지역의 주석광산 산업은 유럽시장의 수요에 잘 부합되어 영국인 자본가들에게 많은 이익을 주게 된다. 이러한 광산 활동에서 말레이인뿐 아니라 수입된 화인 노동자들의 활발한 활동을 볼 수 있다. 그리고 노동자로서 뿐만 아니라 화인 기업들의 활동도 상당히 활발하게 이루어진다. 말레이 지역에서는 고무뿐만 아니라 후추, 커피 등의 각종 상품작물의 재배를 통해 영국 자본주의자들은 많은 이익을 얻는다.

동남아시아 지역의 경제활동에서 화인들의 역할이 상당히 크게 작용한다박사명 외 2000. 화인들의 경제활동은 기업을 통해 상업 활동을 통한 활동으로 이익을 얻는 것이나 노동자로 유입되어 활동하는 경우도 많이 있다. 말레이 반도에서의 화인들은 버마 지역에서의 인도인과 같이 상당히 유동적인 인구 분포를 보인다. 말레이 반도의 화인들은 경제활동을 통해 벌어들인 돈을 중국에 남아 있는 가족들에게 송금하거나 일시적으로 돈을 벌어들인 후 중국으로 돌아가는 경우도 많이 있기 때문이다오명석 2000. 태국의 화인들은 다른 지역의 화인들보다 토착 사회, 즉 태국 사회에 상당히 잘 동화되어 있다. 인도차이나의 경제발전 과정에서 프랑스인들의 경제 활동은 남부 베트남인 코친차이나 지역에 집중되어 있다. 프랑스 자본가들은 메콩델타의 벼농사와 고무 플랜테이션으로 이익을 얻었다. 그리고 베트남 지역의 화인들은 상업 활동뿐만 아니라 도시 노동자로 철도 등의 건설업에 종사하였고 대부분 남부 지역에 집중되어 있었다.

유럽의 식민지배는 동남아시아 지역의 정치질서를 왜곡하고 세계 경제에 종속된 경제체제로 만드는 부정적 영향을 끼쳤다. 하지만 1930~40년대 유럽인들이 일본의 침략에 패배하여 물러나는 것을 보며 유럽인들에 대한 경외감 등이 없어지게 되고 이는 후에 민족주의, 독립운동으로 발전하여 독립 국가를 이루게 된다.

(3) 다종족 민족주의와 말레이시아 화인사회[1]

말레이시아의 경우, 다종족 민족주의의 실험 무대가 되었다. 말레이의 식민지 경험과 결과는 두 가지 특징을 만들어냈는데, 그것은 영토의 분할과 인구이주민의 유입이었다. 이 두 가지 요소가 결합되어 말레이 민족주의의 성격을 형성했다. 우선 식민지 지배가 시작되면서 영국인들이 들어와서 점차 행정 관료가 되기 시작했다. 그리고 인도인, 화인들이 들어와 상업 활동과 노동력 공급의 역할을 하였다. 이들 이주민들은 말라야에 체류하기보다 본국에 돌아갈 계획을 가지고 있었다. 그들은 본국 정치에 더 관심이 많았고, 본국 민족주의 운동을 경제적으로 후원하였다. 말레이 화인들이 손문의 혁명을 후원한 것이 그 좋은 예이다. 한편 인도네시아에서도 많은 사람들이 이주했는데, 이들은 대체로 말레이 질서에 잘 적응하였고, 말레이인들은 외부 아시아인들에 대한 수적 열세를 만회할 수 있기 때문에 이들을 환영하였다.

말레이시아 민족주의 운동은 똑 장굿Tok Janggut 운동처럼 영국에 대항하는 것도 있었지만, 대개 화인에 대한 적대감을 가지고 있었다. 한편 영국은 말레이 술탄의 정치적 권위를 줄이고 그들에게 종교적·문화적 상징으로서의 역할만을 맡기고 그것을 장려했는데, 이것은 말레이 엘리트들 사이에서 일종의 '문화의 내향적 발전cultural involution'을 일으키고, 정치적 보수주의를 강화시켰다.

말레이인들은 이슬람에 의해 정의되기 때문에 이슬람의 민족주의 운동에서의 역할은 중요한 것이었다. 성지 순례를 갔던 무슬림들이 그곳에서 이슬람 개혁운동의 물결을 접하고 돌아와서 반反식민사상, 반反전통주의, 평등 사상 등을 퍼뜨렸는데, 성공을 거두지는 못했지만 범 말레이 감정을 고취시키는 효과를 가져 오고, 말레이어 출판이 증가하게 하였다. 한편 이 당시 말레이 작가들은 자위jawi로 출판을 하는 경우가 있었는데, 이것은 말레이어에서 모음을 뺀 형식으로 해석을 위해서는 말레이어에 대한 상당한 지식을 요구한다. 따라서 이것은 민족주의 전파의 좋은 수단이 되었다.

말레이 민족주의자들은 화인을 비롯한 외부 아시아인에 대항해서 말레이인의 이익을 보호하려 했다. 1920년대 말레이인들은 전체 인구의 34%밖에 되지 않았고 게다가 대공황의 영향으로 외국인들이 점차 말레이인들이 종사하던 영역에 침투해 오면서 그런 움직임이 더욱 강해졌다. 각지에서 말레이인 연합이 만들어졌는데, 1938년과 1939년에 이 조직들을 통합하려는 움직임이 있었으나 실패하였다.

일본은 영국만큼이나 말레이의 전통을 존중해 주었을 뿐 아니라, 말레이인들을 고위직에 기용하고 사업에도 이용하였다. 하지만 화인에 대해서는 가혹한 정책을 펼쳤는데, 그것은 그들이 중일전쟁 시 중국을 지원했기 때문이었다. 반일 게릴라 활동이 일본의 침략 시기부터 이루어졌는데, 화인들이 주도하고 소수의 인도인과 말레이인들이 참가하였다. 이를 위한 최초 조직인 화인운동위원회CMC: Chinese Mobilization Committee 는 이후 말라야 인민항일당MPAJA: Malayan Peoples' Anti-Japanese Party 으로 통합되었고, 그후에 일본에 대한 항쟁, 즉 항일 운동과 투쟁 활동을 계속 펼쳐나갔다.

일본의 지배 후 영국은 복귀하자마자 술탄들에게 영국의 지배를 인정하는 조약을 강요하였고, 민족주의 세력들과 충돌을 일으켰다. 이런 성격의 대중 운동들이 정치정당화 해서 UMNOUnited Malay Nationalist Organization 로 발전하였는데, 이들은 조약의 무효화와 말레이인에 대한 특권을 요구하였다. 결국 영국 대표와 술탄들, UMNO의 대표들이 말레이 연합의 헌장을 바꿔서 식민 정부의 권한을 줄이고, 말레이인의 특권을 강화하였다. 시민권의 자격에 대한 제한이 주어졌는데, 이것은 화인들이 시민권을 갖는 것을 줄이기 위해서였다. 그러나 전에 MPAJA에서 활동하던 사람들은 더 많은 것을 요구하였고, 받아들여지지 않자 테러 활동을 벌였는데, 양측의 전쟁은 12년 간 지속되었다. 그러나 1953년의 헬리콥터 작전, 게릴라를 돕는 사람들에 대한 처벌, 독립에 대한 논의 등이 게릴라에 대한 지원을 점차 약화시켰다.

한편 영국은 말레이인과 화인들의 단합을 중재하였고, 1949년 이 제안이 받아들여졌다. 그리고 말라야화인협회 MCA: Malayan Chinese Association 와 통일말레이국민조직 UMNO: United Malays National Organization 이 연합하여 선거에서 승리하였다. 한편 인도인과 화인의 지지를 받는 야당세력이 존재했는데, 이들은 말레이인의 지지를 얻지 못해서 선거에서 좋은 결과를 얻을 수 없었다. 대부분 말레이 정당들은 너무 국수적이어서, 독립을 얻는 것보다 말레이인의 이익을 확보하는 것을 더 중요하게 생각하였다.

동남아시아에서 민족주의는 유럽인들의 식민 지배를 위한 침략 이전부터 중요한 문제였다. 버마, 베트남, 타이, 말라카는 영토를 둘러싸고 서로 충돌했을 뿐 아니라, 자신의 세력권 내 소수 민족들의 민족주의와 갈등을 빚고 있었다. 유럽인들이 여기에 문제를 더했다. 그들은 버마에서 소수민족 문제를 심화시키고, 베트남을 3개 지역으로 나누고, 말라카는 네덜란드, 영국, 타이 지배하에 갈라지게 만들었다. 화인과 인도인의 유입, 유럽인들의 문화적 차이 역시 민족주의 문제를 복잡하게 만들었다.

동남아시아인들의 독립을 인정해야 할 때도 서구 관료들은 옛 다양성을 강화하고 새로운 다양성을 만들어 냈다. 영국은 소수 민족의 자치 정부를 후원하고, 이들이 버마에 의해 통치되는 연방이 되기를 제안했다. 프랑스와 미국은 베트남이 공산권과 비공산권으로 갈라지게 만들었다. 말레이 반도와 북부 보르네오는 반대로 처음으로 '말라야 연방'으로 통합되었다.

3. 동남아시아 사회와 문화의 특징과 문화적 유사성

제2차 세계대전의 종식과 함께 역사학자, 인류학자, 정치학자, 언어학자 등에 의해 동남아시아 지역 내에서 발견되고 있는 유사성이 강조되었다. 동남아시아의 학자들이 왜 이처럼 동남아시아 연구에 매료되었는지 또는 이 지역을 하나의 중요한 연구 단위로 강조하려는 노력을 했는지를 알기 위해서는 지금은 당연시되고 있지만 종전 이후만 해도 아주 낮은 일반적 인식을 보여 왔던 동남아시아의 모습을 간략히 살펴볼 필요가 있다.[2]

아마도 가장 중요한 것은 동남아시아가 '소인도 Little India'도 '소중국 Little China'도 아니라는 인식이었을 것이다. 물로 이 두 세력이 동남에 미친 영향은 결코 무시될 수 없는 것이기는 하지만, 동남아시아가 문화적으로 독자적인 단위로 간주되어야 한다는 인식은 분명히 있었다. 다시 말해서 과거에는 동남아시아를 중국과 인도 등 외부세력의 문화적 영향 하에 형성된 지역으로 보았다면, 이제 학자들은 이 지역의 내재적 문화 전통에 더 많은 관심을 갖게 되었다는 것이다. 동남아시아의 예술, 종교, 정치이론 등의 발전에 인도나 중국의 영향이 중요한 역할을 했다는 점을 인정하면서도 미얀마, 캄보디아, 인도네시아 등에서 이러한 외부의 사상을 토착적 필요와 가치에 알맞도록 적응시킨 정도를 중시하게 된 것이다. 예를 들면 인도의 종교적 개념들은 동남아시아를 이해하는 데 중요한 것이기는 하지만, 힌두교의 가장 중요한 요소 중 하나인 카스트 제도가 인도 이외의 지역에는 결코 이식되지 않았다는 점을 들 수 있다. 또, 인도의 미술과 건축 양식이 동남아시아 예술의 발전에 중요한 역할을 한 것은 사실이다. 그러나 태국에서 만들어진 불상들의 강렬한 이미지가 인도의 그것과는 매우 다른 것처럼, 버강과 앙코르 그리고 자바의 사원들은 각기 자신들의 독특한 특성을 반영하고 있다. 중국의 문화적 전통을 강하게 받은 베트남의 경우에 있어서도 궁정 밖에서 이루어졌던 강한 비중국적 생활양식은 그들만의 독특함을 보여주고 있는 것이다.

동남아시아 사회 전역에 동질성이 존재하는 것은 아니지만 광범위한 지역에 걸쳐 퍼져 있는 어떤 유사성은 놀랄 만한 것이다. 인도에서 확대가족이 갖는 중요성에 반하여, 동남아시아 대부분 지역에서는 핵가족 혹은 개별 가족이 중시된다. 마찬가지로 동남아시아의 전통 농민사회에서 여성의 중요한 지위도 인도와 중국 사회와는 크게 구분되는 점이다.

동남아시아 지역 전체에 관심을 갖게 하는 또 다른 요인은 상당한 언어적 통일성이 여러 지역들에 걸쳐 식민 세력들에 의해 세워진 국경을 넘어 존재했다는 것이다. 아직도 유사성을 인정하기보다는 비통일성을 강조했던 과거 식민 세력이 만든 환상에서 깨어나지 못하는 시대착오적 사람들이 있다. 최근 어떤 연구결과는 베트남어와 크메르어가 서로 그다지 멀지 않은 공통된 언어적 조상을 갖고 있다고 주장했는데, 이것이 그러한 사례이다. 타이어가 태국뿐만 아니라 중국 남부, 베트남, 미얀마의 샨Shan주, 라오스, 캄보디아 서부와 북동부, 그리고 말레이반도의 최북단 등 여러 지역에서 사용되고 있다는 놀라운 사실을 알 수 있다. 타이어가 이처럼 광범위하게 분포되어 있다는 점은 지도상의 국경선이 종종 인위적인 성격을 갖고 있다는 사실을 환기시킨다. 동남아시아 내에 타이어를 사용하는 사람들이 이처럼 광범위한 지역에 산재해 있다는 사실은 오늘날 동남아시아의 많은 국가들이 자신들의 영토 내 소수민족들로 인해 얼마나 많은 비통성의 문제에 직면해 있느냐를 보여주기도 한다.

또 다른 언어적 통일성을 보여주는 매우 중요한 예로서 광범위하게 확산되어 있는 인도네시아-말레이어를 들 수 있다. 여기서도 지역마다 상당한 차이를 보이는 많은 방언들이 존재하는데, 기본적인 언어의 변형들이 오늘날 브루나이, 인도네시아, 말레이시아, 필리핀 남부뿐만 아니라 태국 남부 연안지역, 캄보디아와 베트남 일부에서도 사용되고 있다.

동남아시아의 역사와 문화에 대한 연구는 통일성, 다양성과 같은 매우 어려운 판단의 문제들을 제기한다. 즉, 어느 지역 또는 어떤 시기에 통일성을 강조해야 할 것인가, 아니면 차이점을 강조해야 할 것인가, 그리고 흔히 동남아시아 역사의 한 특징으로 간주되어 온 지속성에 얼마만큼 주목해야 할 것인가? 이 문제는 변화와 과거와의 단절 등을 포함하는 불연속성에 주의를 기울이기보다는, 동남아시아를 여전히 전통적 패턴들이 지배적이고 현대 세계에 의해 거의 영향을 받지 않은 한 지역이라고 보는 생각에서 출발한다. 오늘날 공통점과 유사성들이 일반적으로 인정되고 있지만 중요한 것은 지역과 지역 간, 종족집단과 종족집단 간을 구분할 수 있게 주며, 한 여행자로 하여금 동남아시아의 한 지역에서 다른 지역으로 옮길 때 분명히 느끼는 차이점들에도 당연히 주의를 기울여야 한다는 사실이다.

위도로 35도 이상, 경도로는 거의 50도에 걸쳐 펼쳐져 있는 광범위한 동남아시아 지역은 엄청나게 다양한 지리적 특징을 갖고 있다. 만약 그 주민들이 전통적으로 해안, 강변, 호수 주변 등 저지대에 밀집되어 있었다면 이것은 동남아시아 지리와 정착패턴의 일부만 말해주는 것이다. 예컨대 북베트남 홍하 주변에 인구가 고도로 밀집되어 있는 정착지대의 농업구조는 메콩 델타에서 인구가 덜 밀집되어 있는 지역의 농업구조와는 매우 큰 차이가 있다. 그러나 메콩강 하류 델타 지역에서도 그곳을 여행하다 보면 남부 베트남과 캄보디아 간의 외형적 모습에서 이미 확인할 수 있는 극적인 차이를 볼 수 있는데, 그 차이는 한편으로는 이웃하고 있는 두 지역에서의 각각 다른 인구 압력의 결과이고, 다른 한편으로는 각각의 지역에서 농민들이 추구하는 목적에 대한 가치관이 다른 결과인 것이다. 프놈펜에서 호치민시구 사이공로 차를 타고 지나다 보면 전혀 다른 풍경을 만나게 된다. 캄보디아 쪽에는 경작되지 않은 땅이 있으며, 농사를 짓는 곳도 일 년에 일모작밖에 하지 않는 땅이 있다. 여기저기 흩어져 있는 사탕수수 밭들은 아직도 많은 농경지들이 논농사의 팽창에 희생되지 않았다는 인상을 준다. 그러나 베트남 쪽으로 넘어오면 풍경은 갑자기 바뀌게 된다. 아무리 피상적인 관찰자라 하더라도 매우 다른 농업 형태가 이루어지고 있음을 느낄 수 있는데, 우선 노는 땅이 없고 사탕수수 밭들을 갈아엎은 땅 위에 이모작을 하는 논들이 지평선 넘어 끝없이 펼쳐져 있는 것이다.

캄보디아와 베트남에 걸쳐 있는 메콩 델타 지역의 물리적 환경의 차이에서 나타난 대조적인 모습은 일차적으로 서로 다른 농업 방식에 기인한 것이다. 더욱 놀라운 것은 이러한 차이가 언덕과 계곡, 좋은 기후와 불확실한 강우량 등 기본적인 지리적 환경의 차이로부터 직접 기인했다는 점이다. 동남아시아의 거의 대부분이 열대지역이기는 하지만, 동남아시아 어디에나 열대의 환경에서 오는 풍요로움이 있는 것은 아니다. 태국, 미얀마, 라오스의 산간 고지대에 사는 고산족들의 삶의 패턴은 풍요로운 열대 지역의 그것과는 상당히 다를 수밖에 없다. 따라서 동남아시아 지역이 무성하고 풍요로운 성장의 지대라는 개념에는 재고의 여지가 있는 것이다. 이러한 개념은 인구 압력과 같은 요인이 작용하지 않고 땅이 비옥하며 경작이 가능한 경우에만 해당되는 것이다. 비행기에서 내려다보면 서말레이시아의 밀림은 도로와 마을들에 의해 중단되지 않고 지평선으로 뻗어 있다. 여기에 풍부한 원목이 있지만, 늘어나는 인구를 위해 충분할 만큼의 농업적 팽창이 쉽게 이루어지리라는 희망은 없다. 동남아시아는 미얀마의 건조지대로부터 이리안자야_{서부 뉴기니}의 눈 덮인 산까지, 그리고 베트남 북서부의 초목 구릉지대에서부터 필리핀 군도의 가파른 계단식 논에 이르기까지 지리적·농업적으로 대조를 이루는 복합적 세계이다.

동남아시아에서 가장 눈에 띄는 대조적인 면 중 하나는 도시와 농촌의 격차이다. 1990년대 중엽 방콕의 인구는 900만을 넘어섰다. 한 세기 전만 하더라도 태국 전체의 인구는 겨우 600만 정도에 불과했다. 1960년대만 해도 방콕의 인구는 150만이 채 되지 않았다. 이러한 방콕의 사례는 인구가 급증한 자카르타, 싱가포르, 1990년대의 프놈펜, 호치민시의 경우에서도 마찬가지이다. 이러한 도시의 빠른 팽창은 변화와 발전의 전망이 보이지 않던 농촌을 등지고 많은 사람들이 도시로 몰려든 결과이다_{오스본 1999: 24}.

부와 빈곤, 개발과 미개발, 그리고 그 밖의 많은 사회적 대조들은 19세기에 위대한 산업발전의 혜택을 입은 세계의 여타 지역에서보다 동남아시아에서 더욱 현저하게 나타나고 있다. 이것은 제2차 세계대전 후 독립을 획득한 이래 거의 모든 생활의 측면에서 동남아시아의 통치자들이 봉착했던 숱한 문제를 고려할 때 결코 놀랄 만한 일이 아니다.

동남아시아 국가들의 유사성을 강조하는 것은 이 지역의 국가들을 개별적으로 보기보다는 전체로 파악해야 하는 또 다른 중요한 이유가 있기 때문이다. 태국을 제외한 다른 동남아시아 국가들은 다양한 시기의 식민통치를 경험한 바 있다. 동남아시아의 식민시대를 논한다는 것은 동남아시아 역사에서 식민주의적 요소에 얼마만큼의 주의를 기울여야 할 것인가라는 또 다른 역사학적 논쟁을 일으키는 것이다. 과거에 동남아시아 사람들은 동남아시아에 관해 글을 썼던 비동남아시아 사람들에 의해 자신들이 역사로부터 배제되었다는 사실을 확인한 바 있었다. 그러나 이제 대부분의 역사학자들은 (비록 이 지역에서 권력과 부를 추구했던 유럽인들 및 여타의 비동남아시아 사람들의 역할을 어느 정도는 인정한다 하더라도) 근본적으로 동남아시아의 자체 발전의 중요성과 그 발전에 있어서 동남아시아 사람들의 역할을 재인식하고 있는데, 이는 바람직한 결과이다.

4. 동남아시아 종교 세계의 일반적 특성: 말레이시아를 중심으로

인도양과 남중국해South China Sea 사이에 자리한 말레이 반도는 예로부터 서양과 동양의 상인, 여행자, 선교사들이 만나는 황금의 교차로였다. 그래서 말레이 역사는 끊임없는 외세와의 상호작용으로 만들어졌다. 예전에 힌두교, 불교 문화권이었던 말레이 반도는 말라카Malacca 왕국의 전성기였던 15세기경에 이슬람 문화권으로 탈바꿈했다. 그 시기 말레이 반도에 유입된 이슬람은 말레이 전통사회와의 접촉을 통해 다양한 변화를 경험하게 된다. 특히 해안지역의 상인 계층을 중심으로 그 세력을 확장하였던 이슬람은 내륙지역의 수장들과 끊임없는 갈등과 긴장 속에서 전통 아랍사회에서 형성된 기본적인 가르침과는 큰 차이를 보이게 되었다. 그것은 이슬람을 통한 종교적, 문화적 침투가 항상 현지 사회와 문화에 순조롭게 적응하지는 않았다는 점을 시사한다.

16세기 초반 포르투갈과 영국의 식민 지배를 받았던 말레이 반도는 제2차 세계대전의 종식과 더불어 독립을 하게 되었다. 이러한 역사적 배경으로 인해 현재 말레이시아의 총 인구 구성은 다양한 종족집단ethnic group의 집합으로 이루어져 있다. 각 민족마다 고유한 문화적 풍습과 종교적 의례 및 예술적 관행을 지속해 왔다는 점에서 일 년 내내 각종 종교 행사와 의례가 다양하고 풍성하게 제공되는 곳이 바로 현재의 말레이시아 사회라고 할 수 있다.

2016년 현재 말레이시아는 총 인구가 약 3,000만 명으로 집계되고 있다. 전체 인구 중에서 말레이인이 약 60%, 중국계 말레이시아인이라고 할 수 있는 화인이 약 28%, 인도계 말레이시아인이 8%, 기타 오랑아슬리orang asli, 원주민이라는 뜻라 불리는 원주민이 4%를 차지하고 있는 이른바 다종족사회multi-ethnic society의 인구 구성을 보이고 있다. 말레이시아 사회가 각기 고유한 문화적 배경을 갖는 이질적인 인종 혹은 종족으로 구성되어 있다는 사실은 다양한 문화간의 조화와 충돌 혹은 융합과 갈등이라는 격변의 역사적 과정을 짐작케 한다. 다시 말하면, 역사적으로 다양한 종족들이 어울려 살게 된 배경에는 사회경제적 변화는 물론 문화 변동의 중요한 요인들이 깔려 있는 것이다. 중국인과 인도인의 본국으로부터의 대량 이주는 말레이시아 사회의 식민지 과정과 밀접하게 관련되어 있다. 이러한 다양한 종족 구성은 현재의 말레이시아의 사회와 문화, 역사뿐 아니라 전통 종교와 의례의 특성, 특히 통과 의례의 문화적 의미를 이해하는 데 필수적이다.

말레이시아는 각 종족 집단의 고유 종교에 대한 믿음을 인정한다는 점에서 종교의 자유를 인정하는 사회라고 할 수 있지만 공식적으로는 이슬람을 국교로 정하고 있는 나라이다. 이슬람을 신봉하는 사람들 중에 말레이인들만 있는 것은 아니지만 모든 말레이인들은 반드시 이슬람을 신봉해야만 한다. 말레이시아 헌법에는 "말레이인들은 말레이어를 사용하고, 이슬람을 믿으며, 말레이 전통 관습을 준수하는 사람들"이라고 규정되어 있으며 "모든 말레이인들은 무슬림이다"라고 규정되어 있다. 일상적 차원에서도 통상 말레이인이라고 하면 이슬람을 신봉하고 전통 관습을 준수하며 말레이어를 사용하는 사람들을 일컫는 것이 사실이지만 헌법상의 규정이 일상생활에서의 말레이인에 대한 규정과 항상 일치하는 것은 아니다. 그러나 많은 말레이인들이 자신의 정체성을 이슬람이라는 종교에서 찾고 있는 것 또한 부인하기 어렵다. 따라서 말레이시아에서 누구를 말레이인으로 규정하는가의 문제는 정치적, 종교적, 상징적 의미가 포함되어 있기 때문에 매우 복잡한 문제라고 할 수 있다.

말레이인들의 종교, 신앙관 및 세계관에 관심을 기울여 온 많은 학자들은 말레이 전통신앙의 특징이 정령 숭배의 애니미즘과 불교, 힌두교, 그리고 이슬람 요소가 상호작용하는 종교 혼합적인 성격 syncretism 에 있다고 지적한다. 애니미즘의 기복적 성격과 불교나 힌두교와 같은 다신교적 신앙관, 그리고 이슬람의 신비주의적이고 내세 지향적인 믿음이 다양하고 복합적인 의례 절차를 통해 서로 혼합되어 나타난다. 말레이인들은 이러한 전통적인 믿음 체계와 신앙관을 바탕으로 다양하고 복합적인 의례 절차를 통해 자신의 믿음 체계를 조정하여 보다 광범위한 영적 세계와 적절하게 통합시킨다는 인식이 널리 퍼져 있다.

말레이 전통 신앙의 이러한 종교 혼합적인 특징은 통과의례와 같은 의례 영역에서 더욱 현저하게 나타난다. 특히 통과의례의 경우, 특별한 힘을 지녔다고 믿어지는 초자연적인 존재나 힘keramat 을 신봉하는 종교 혼합적인 성격의 신앙관에 기초하여 다양한 기법이 동원된다.

초자연적인 존재나 힘에 대한 말레이인들의 믿음은 다양하다. 그것은 영혼이나 귀신과 같은 정령일 수도 있고, 전설적인 인물이나 신비한 힘을 지녔다고 믿어지는 물건일 수도 있다. 영혼이나 귀신들은 사람의 몸 속에만 있는 것이 아니다. 그것은 살아 움직이는 모든 생물과 심지어 무생물 속에도 존재한다.

예를 들어, 전통적으로 '벼의 영혼에 대한 믿음'semanagat padi 은 논농사 지역에서 오랫동안 지속되어 왔다. 말레이 농민들은 쌀 수확기에 원하는 만큼의 수확을 위해 다양한 의례를 행하는데, 그 중에서도 병충해를 예방하여 풍성한 수확을 기원하는 농경의례는 이러한 주술적 성격을 잘 반영하고 있다. 즉, 벼에 숨어 있는 악령이 훼방을 하면 그해 농사는 망치는 것이고, 악령이 조용히 숨어 있으면 그해 농사는 풍년이 든다는 믿음에 기초하고 있다는 것이다. 이와 같이 '벼의 영혼'이 쌀의 수확과 저장과 밀접한 관련이 있다는 믿음은 범신론적 정령 숭배의 믿음과 밀접한 관련을 맺고 있으며, 말레이 농민들 사이에서 공통적으로 나타나는 믿음 체계라고 할 수 있다. 하지만 이에 대한 관념은 지역에 따라 상당한 변이를 보인다. 이와 유사하게 어촌에서는 배, 어로 도구, 선장의 능력 등이 풍어에 영향을 미친다는 믿음이 전승되어 왔다.

말레이인들의 전통적인 믿음 체계 내에는 살아있는 사람의 몸 안에 영혼이 숨어 있다고 믿음이 존재한다. 선한 영혼과 악한 영혼이 살아있는 사람의 몸 안에서 서로 경쟁한다. 선한 영혼과 악한 영혼은 사람의 행동에 영향을 미친다. 사람이 병이 걸리는 것은 악한 영혼이 주술을 걸었기 때문이며, 악한 영혼을 달랠 수 있는 특별한 주술 기법을 통해서만 그 병을 치료할 수 있다고 믿는다. 따라서 어떤 사람이 병에 걸리면 그 병을 치료하기 위한 의례를 거행한다.

초자연적인 존재나 힘에 의지하여 질병을 치료하는 민간 의료인이라 할 수 있는 보모bomoh, 주로 말레이 농촌에서 민간요법으로 병을 치료하는 전통적인 민간 의료인 또는 주술사를 가리킨다 는 환자의 질병을 치료하기 위해 다양한 주문이나 주술, 그리고 마법에 대한 지식을 사용한다. 그들이 사용하는 주문이나 주술에 대한 지식은 주로 정령 숭배의 애니미즘에 기초한 민간신앙으로부터 파생된 것이다.

이와 같은 종교적 관념은 다신성과 신비주의, 주술성, 기복성 등이 혼합된 말레이 전통신앙의 관념과 세계관을 형성하는데 주요한 이념적 기반을 제공해 왔다. 여기에는 애니미즘의 기복적 성격과 불교나 힌두교와 같은 다신교적 신앙관, 그리고 이슬람의 신비주의적이고 내세 지향적인 믿음이 깔려 있으며, 이는 다양하고 복합적인 의례 절차를 통해 서로 혼합되어 현실 속에서 표출된다. 특히 이러한 특성과 의미가 가장 잘 드러나는 영역이 의례, 특히 통과의례의 영역이다. 말레이인들은 다양한 통과의례의 절차와 내용을 통해 자신의 신앙관이나 세계관을 현실 세계의 변화 속에서 적절히 변화, 조정함으로써 보다 광범위한 영적 세계에 통합될 수 있다는 믿음 체계를 구축해 왔다고 풀이된다.

가. 말레이 무슬림의 통과의례

(1) 출생의례

말레이 사회에서는 보통 아이가 출생한 지 7일째 되는 날에 아이의 출산과 생명의 탄생을 축하하고 이를 주변에 널리 알리는 의례적인 행사를 벌인다. 남자 아이의 경우 의례용 음식을 위해 양이나 염소 2마리, 여자 아이의 경우 1마리를 잡아 잔치를 벌이는 것이 관례로 되어 있다. 이 때 주인은 하객들을 위해 집을 개방하고 방문객을 맞이하기 위해 잔치 음식을 장만한다. 이는 출생의례를 위한 끈두리kenduri로서 매우 중요한 문화적 의미를 지닌다. 염소 또는 양의 희생 제의를 통한 끈두리의 수행은 공동의 음식 준비 과정 및 음식의 공동 분배를 통해 공동체적 유대와 결속을 강화하는 계기를 제공한다. 염소나 양을 도살하여 이웃사람들이나 이슬람 사원에 분배하는데, 이때 도살된 고기의 일부는 말레이 사회 내부의 일반화된 호혜성 혹은 후견인 관계를 강화하는 기제로 마을 내의 빈민들에게 선물로 주어진다. 이는 호혜적 관계를 통해 말레이 사회 내부의 공동체적 유대를 강화하기 위한 종교적 의례 행위라고 해석된다.

어머니의 자궁에서 벗어나 새로운 삶을 시작한다는 의미를 강조하기 위해 어린아이의 귀밑머리를 1센티미터 정도 잘라 집 밖으로 버리는 행위로 출생의례는 시작된다. 할아버지나 아버지가 아이를 안고 하객들에게 인사하며 아이의 건강과 행복을 빌어준다. 이때 이맘은 꾸란을 암송하고 하객들이 이를 따라서 반복 암송하는 것으로 생명 탄생의 기쁨과 영광을 알라에게 바친다. 꾸란 암송의 경우, 예전에는 그다지 중시되지 않았지만 이슬람 부흥운동[말레이말로 다끄와dakwah 라 불리는 것으로, 이슬람의 기본 정신으로 돌아가자는 슬로건을 기치로 하여 이슬람의 교리와 원칙을 강조하는 운동을 통칭하는 말이다] 이후 이를 강조하는 경향이 점차 강화되고 있다.

(2) 성인식(성년의례)

말레이 남자의 경우 사춘기보통 8살에서 12살에 이르면 성인식을 위한 할례를 행한다. 할례는 성인식의 일부이다. 말레이인의 성인식은 미성년과 성인을 구분 짓는 공식 의례로서, 성인식을 마친 사람은 사회적으로 성인으로 대접을 받을 자격을 갖춘 것으로 간주된다. 이는 할례라는 성기의 포피를 제거하는 수술을 통해 인정된다.

할례는 사춘기에 이른 아이들을 한 장소에 수용한 후 집단적으로 거행된다. 인근 마을의 보모나 의사가 방문하여 집도하는데 시간은 약 1시간 정도 소요되며, 할례를 마친 아이들은 3일 정도 머물다가 자기 집으로 돌아가 일상생활에 복귀한다. 할례를 행한 아이들에게는 계란은 금기시된다. 계란은 상처를 아물게 하는 시간을 더디게 한다는 이유로 금기시된다. 식단은 밥과 채소를 위주로 구성된다.

성인식에서도 끈두리가 매우 중요한 위치를 차지하고 있다. 할례를 위한 끈두리는 길일을 택하여 이맘을 초청한 이후에 꾸란을 암송하고 할례를 받을 아이들의 건강을 기원하기 위해 시행된다. 음식은 주로 낮 시간에 준비된다. 이 일은 주로 여성의 몫이다. 초대받은 사람의 규모와 범위에 따라 끈두리의 규모가 결정된다. 남자들이 거실 안에서 의례를 수행하는 동안, 여자들은 부엌에서 음식을 장만한다. 부엌과 거실이 연결되어 있기 때문에 부엌에서 일하는 여성들은 의례에 직접 참석하지는 못하지만 옆에서 구경할 수는 있다.

의례가 끝나면 주인은 여성들이 준비한 음식을 부엌에서 거실로 옮겨 참석한 사람들을 대접한다. 모든 의례는 주인이 초대받은 사람들과 함께 여자들이 만든 음식을 함께 나눠 먹는 것으로 종료된다. 끈두리가 열리면 가까운 이웃은 반드시 초대해야 되는 원칙에 따라 집과 지리적으로 가까운 이웃이나 혈연적으로 같은 친족관계에 있는 사람은 모두 초대된다.

(3) 혼례
(가) 배우자 선택의 조건과 그 의미
말레이 사회에서 배우자를 선택하는 가장 중요한 기준은 민족과 문화의 차이라고 할 수 있다. 대부분의 말레이인 젊은 남녀들은 문화적 관습이 유사한 말레이인들과 결혼한다. 그들이 결혼상대를 선택할 때 이슬람의 규범과 가치는 매우 중요한 기준이 된다. 이는 배우자를 구하는 과정에서 이슬람의 가치와 규범이 작용하며, 부모의 영향과 간섭이 배우자 선택에 큰 영향을 미친다는 것을 의미한다. 부모가 미리 정해준 배우자와의 결혼에서 같은 말레이인 혹은 같은 무슬림이라는 동질성은 매우 중시된다. 이슬람 가치는 개인보다 가족을 더 중시하는 경향이 있기 때문에 자녀가 결혼할 때 부모의 권위와 역할은 결혼 상대를 미리 정하는 일에서부터 결혼 생활에 이르기까지 지속적으로 영향을 미친다.

말레이 사회에서 서로 다른 집안의 성인 남녀가 함께 일을 할 수 있는 기회는 주로 끈두리와 같은 잔치, 즉 음식 공유 의례를 통해 주어진다. 실제로 어느 집에서 끈두리가 열리면 방문객으로 온 젊은 남녀가 서로 인사하고 함께 대화를 나누는 일이 종종 일어나는 것이다. 특히 큰 규모의 끈두리가 열리는 경우에는 남녀의 접촉이 소규모인 경우보다 상대적으로 자유로운 편이다.

심지어 혼인 적령기에 속한 자식이 있는 가족간에 상견례를 통해 중매 또는 연애를 통한 혼인이 이루어지는 경우도 생겨난다. 실제로 끈두리를 위한 음식을 장만하기 위해 만난 부모들이 자기 자식에 대한 평가를 하면서 서로에게 자식을 알릴 수 있는 곳이 끈두리의 장이다. 이곳은 자기 자식의 배우자를 선택할 수 있는 최적의 장소이기도 하다.

집안끼리의 상호 방문이 비교적 자주 행해지고 공동 작업을 하는 기회가 잦은 이러한 환경에서 남녀 교제가 순조롭게 진행되거나 그에 관한 비밀이 유지되기는 어렵다. 결혼을 전제로 한 만남의 경우에 당사자들간의 사소한 의심의 감정은 즉시 공개적인 험담이나 놀림감이 되기도 한다. 이런 점에서 여자들에 대한 사회적 통제와 이념적 평가절하가 이루어지기도 한다. 즉, 평판이 나쁜 여자의 경우에는 결혼을 하기 어려울 정도로 마을 내에서 소문은 도시에 비해 빠르게 이루어진다. 또한 일어나지도 않은 일이 침소봉대되어 사실과는 다르게 널리 퍼지는 경우도 있다,

일반적으로 매혹적인 여성에 대한 평판은 사람들의 입에 자주 오르내리는 편이다. 누구 집의 딸이 예쁘다고 소문이 나면 그 당사자의 부모는 각별히 신경을 쓴다. 자기 딸이 '매력적이고 아름답다는 이유만으로 구설수에 오르는' 경우가 많기 때문이다. 그러나 일반적으로 결혼할 나이에 도달한 모든 여자들은 청년 남성들의 관심의 대상이 된다. 그녀들의 행동과 일거수일투족은 그녀 가족의 명예에 대한 평가와 직결되기 때문에 가족의 명예를 위해서 부모들은 딸의 행동을 감독하고 통제한다. 젊은 여성이 아름답거나 매력적일 경우에는 이와 관련된 걱정이 더욱 커진다.

일반적으로 젊은 남자들이 이성에 대해 관심을 보이는 것은 비난의 대상이 되지 않는다. 물론 남녀가 결혼 전에 동거했다는 등의 소문은 남자와 여자 측 모두에게 집안의 큰 망신으로 간주되지만, 남자의 경우에는 여자의 경우에 비해 상대적으로 성적 관심을 표현하는 것에 대해 관대한 편이라고 할 수 있다. 여자에게는 남자에게 관심을 보이거나 성적으로 접근하는 것이 금기에 속하지만 남자에게는 그럴 수 있는 일로 받아들여지기도 한다. 하지만 혼전 동거는 법적으로 엄격하게 규제되고 있다.

말레이인들 사이에서 배우자가 같은 무슬림이어야 한다는 이슬람의 규범적 강제력은 매우 강한 편이다. 자기 자녀의 결혼 상대자로 비무슬림이

라도 상관없다고 생각하는 사람은 거의 없을 정도다. 이슬람은 배우자 선택의 일차적 기준이 된다. 물론 이 말이 무슬림이기만 하면 아무런 상관이 없다는 것을 의미하는 것은 아니다. 모든 말레이인들은 무슬림이기 때문에 말레이인들 사이의 결혼에서 이슬람은 큰 의미를 갖는 않는다. 하지만 개인의 의지나 감정에 의해 비말레이인과 결혼하고자 하는 말레이인의 경우 상대방은 반드시 이슬람으로 개종을 해야 한다. 이런 이유로 말레이인들은 배우자를 선택할 때 인도나 파키스탄 출신의 무슬림이나 무슬림으로 개종한 중국인과 결혼하는 것이 일반적이지는 않다. 이러한 결혼은 바람직하지 않은 것으로 인식된다.

이와 같이 말레이인들은 결혼 시 민족이라는 조건을 매우 중시하는 편이다. 민족과 종교가 상충하는 경우에 말레이인들은 민족을 더 강조하는 경향이 있다. 이것은 이슬람 부흥운동의 영향이 증가하고 있는 것은 사실이지만, 마을 수준에서는 여전히 말레이인의 전통 관습이 중시되고 있다는 것을 암시한다.

가족 중에서도 특히 부모가 자녀의 배우자를 선택할 권한을 지닌 전통적인 결혼에서는 민족이라는 기준이 매우 중시되지만, 가족간의 결합보다는 개인의 선택에 의한 결혼에서는 종교만 같다면 아무런 문제가 되지 않는다는 식의 반응을 보이는 말레이인들이 많다. 최근에 젊은 세대 사이에서 자신이 스스로 결혼 상대자를 선택하는 경향이 증가하고 있는 것이 사실이다. 하지만 그들 역시 자신의 종족집단 내에서 결혼 상대를 구하는 태도와 행동을 가치 있는 일로 평가하는 경향이 있는 것도 부인할 수 없는 사실이다. 때로 개인적으로 '상대를 너무나 사랑한다는 이유로' 이러한 종족집단 내 동질성을 무시한 통혼이 일어나긴 하지만 배우자를 선택하는 데 부모의 권위와 부모가 행사하는 사회적 압력은 결혼 당사자인 말레이인 남녀 모두에게 결혼 후 부부관계를 와해시키거나 불화의 소지를 남길 정도로 강력한 편이다.

오늘날 개인의 자유의사에 따라 배우자를 결정하는 경우가 늘고 있는 것이 사실이다. 하지만 부모들의 권한은 여전히 자녀의 배우자 선택에서 상당히 강한 영향력을 행사하고 있다. 통혼의 범위 역시 같은 마을이나 인근 마을, 인근 도시 등의 전통적인 범위에서 벗어나 확대되고 있는 것이 사실이지만, 배우자 선택과 혼인과 관련된 전통적인 관행과 가치가 여전히 지속되고 있다. 이는 결혼과 관련된 사회 변화에 이슬람 관행과 규범이 어떻게 대응하는가의 문제와 밀접한 관련이 있다고 풀이된다.

(나) 혼례의 절차와 내용
말레이인들의 혼례는 뻐르까위난perkahwinan, 즉 혼인을 위한 의례라고 할 수 있으며, 그것은 크게 혼인서약akad nikah과 버르산딩 bersanding, 결혼식 피로연에 해당하는 혼인을 위한 끈두리kenduri untuk perkahwinah의 세 부분으로 이루어진다. 전통적인 혼례에서는 혼인서약의 공식적인 절차와 과정보다 비공식적인 버르산딩과 끈두리가 더 중시되었다. 혼인서약만으로는 온전한 결혼이라고 할 수 없었으며, 버르산딩과 끈두리를 해야만 비로소 온전한 혼인이 완성된다는 관념이 지배적이었다.

그러나 1970년대 이후 이슬람의 교리와 원칙을 강조하는 이슬람 부흥운동의 영향으로 버르산딩과 끈두리를 하지 않는 혼인이 늘고 있다. 혼인과 관련된 이슬람의 교리와 원칙을 따르기 위해 예전엔 혼례의 일부였던 혼인서약이 혼례의 전부로 인식되는 경우가 늘고 있는 것이다. 전통적인 관행을 따르던 뻬르까위난에서 이슬람의 교리와 원칙을 중시하는 뻬르니까안pernikahan, 계약관계를 중시하는 혼인으로 용어상의 의미 변화가 일어나고 있는 것이다. 이슬람의 교리는 혼인서약만으로 혼인이 성립하는데 필요한 형식과 절차를 모두 갖춘 것으로 간주할 수 있는 근거를 제시한다.

혼례는 신랑 측 친지들과 신부 측 친지들의 만남에서 시작된다. 신랑 측과 신부 측 양가의 가까운 친지들과 소수의 하객들이 모인 가운데 신랑과 신부의 혼인서약이 거행된다. 당일 신부 측 아버지는 통상 청색 상의와 흰색 사롱sarong: 말레이 전통의상으로 천으로 된 치마을 입고 머리에는 흰색 송꼭songkok, 말레이인들이 자신의 무슬림 정체성을 드러내기 위해 머리에 착용하는 모자을 착용한다. 어머니는 미리 준비한 전통의상을 입는다. 혼례는 신부 측에서 거행되는 것이 일반적이다. 신부 측 집안의 여자들은 음식 준비와 집안 청소를 하여 신랑 측 친척들을 맞이할 채비를 한다.

신랑은 주황색의 전통 말레이 의상baju Melayu으로 차려입고 신부 측 아버지에게 인사를 한 후 혼인서약을 하기 위해 거실로 들어간다. 거실에서 신랑 측과 신부 측 친척들이 상견례를 마치면 신랑의 어머니가 신부 어머니에게 혼수용 예물을 건넨다. 예물은 혼례에 참석한 손님들이 잘 볼 수 있도록 거실 안쪽에 신부 측에서 준비한 물건들과 함께 진열된다.

신랑과 신랑 측 친척들이 신부 측을 방문할 때 신부는 다른 방에서 이슬람 종교교사ustazah로부터 꾸란 학습의 기초 과정을 마치는 기념 행사를 치른다. 이 행사에는 혼인과 관련된 이슬람 지식을 테스트하는 과정이 포함된다. 그곳에 모인 사람들은 신부에게 꾸란에 대해 얼마나 정확히 알고 있는지, 혼인과 이혼에 관한 꾸란 구절을 올바로 암송하고 있는지를 시험한다. 꾸란 암송 시험은 약 1시간 정도가 소요되는 것이 일반적이다. 시험을 끝낸 후에 신부는 신랑 측 친척들과 하객들로부터 축하의 인사를 받고 혼인서약을 위해 자리에 앉는다.

혼인서약은 이맘imam, 이슬람 종교지도자에 의해 집행된다. 이맘은 혼례에서 혼인서약을 주관하는 공식적인 역할뿐 아니라 혼례의 시작과 끝을 알리는 역할을 수행한다. 그는 혼례의 전반적인 사항을 관장하는 실질적이며 상징적인 존재이다. 혼례에서 이맘의 실질적 역할을 혼례를 이슬람식으로 주관하는 것이다. 이는 혼인서약의 핵심을 이룬다. 말레이시아의 말레이 사회에는 이슬람 교구kariah가 있는데, 여기서 보통 1명의 이맘을 임명하여 소관 업무를 주관한다. 이맘은 이슬람 사원의 금요 대예배뿐 아니라 교구 내에서 발생하는 모든 종교 관련 업무를 수행한다.

이런 점에서 각 교구에 속한 이맘은 마치 1인 정부와도 같은 역할을 한다고 할 수 있다. 혼례에서 신부가 소속된 교구의 이맘은 혼인서약은 물론 혼인신고와 등록 등을 포함하여 혼인과 관련된 모든 책임을 지닌 존재이기도 하다.

이맘이 입회한 상태에서 거실 중앙에 카펫을 깔고 이맘이 카펫의 중앙에 먼저 앉은 다음 신랑이 이맘을 마주보고 앉고 신랑 옆에 신부가 앉는 형식으로 말레이식 혼례가 거행된다. 혼인서약에는 신랑 측에서 2인, 신부 측에서 2인이 반드시 증인wali으로 참석하게 되어 있는데, 신랑 측 증인들은 통상 신랑 옆에, 신부 측 증인들은 신부 옆에 앉는다. 신랑 측 증인들 옆으로 신랑 아버지와 어머니, 신부 측 증인들 옆으로 신부 아버지와 어머니가 원형으로 서로 같은 성끼리 마주보고 둘러앉는다. 그 뒤로 신랑 측과 신부 측 친척들이 나란히 앉고 다시 그 뒤에 하객들이 앉는다. 이와 같이 참석자들이 원형으로 앉은 상태에서 혼인서약이 거행되는 것이 일반적이다.

하객으로 참석한 사람들이 모두 착석하면 이맘은 이를 확인하고 좌중을 향해 신랑과 신부의 혼인을 공식적으로 선언한다. 그 다음에 이맘이 먼저 꾸란 한 구절을 하면 참석자들이 이를 복창하는 형식으로 이루어진다. 꾸란의 내용은 주로 양가의 결혼을 축복하고 알라에게 영광을 돌리는 것이다. 꾸란 암송이 끝나면 이맘은 참석자들을 대표하여 알라를 향한 감사의 예배를 드린다. 예배가 진행되는 동안 신랑과 신부 측 친척들은 고개를 숙인 채 경건한 자세를 취한다.

꾸란 암송과 예배가 끝나면 이맘은 신랑에게 이슬람의 기본 사항에 대해 간단한 질문을 한다. 이에 대한 대답이 이루어지면 이맘은 신랑에게 신부에게 결혼 비용을 얼마 지불할 것인지에 관해 묻는다.

혼례가 진행되는 중에 신랑 측에서 신부 측에 일정한 결혼 비용을 지불하는 것이 관례화된 전통으로 인식된다. 신랑 측에서 신부 측에 지불하는 비용을 마스까윈mas kahwin이라고 부르는데, 그 금액은 결혼 당사자의 신분과 직업에 따라, 지역에 따라, 그리고 신부의 초혼 여부에 따라 차이가 있다. 말레이 농촌사회에서 일반 농민의 경우에 초혼인 경우, 5천 링깃약

160만원 정도, 재혼인 경우 2천 링깃약 64만원 정도 지불하는 것이 관례로 되어 있다.

마스까윈은 이슬람 혼인법에 규정되어 있다. 법적으로는 신랑 측이 신부 측에 100 링깃약 3만2천원 만 지불하면 된다. 하지만 통상 이보다 많은 금액을 마스까윈으로 지불하는 것이 관례로 되어 있다. 증인들은 신랑 측이 신부 측에 마스까윈을 지불하고 신부 측에서 이를 수령하는 것을 확인, 점검한다. 증인들로부터 마스까윈이 정확히 전달된 것을 확인한 이맘은 마스까윈의 액수를 비롯하여 혼인서약에 필요한 기타 사항을 서류에 기입하고 서명한 다음, 신랑 아버지와 신부 아버지 그리고 증인들에게 결혼과 이혼 문제를 취급하는 사무소에 제출할 혼인서약서에 서명할 것을 요구한다. 이들이 모두 서명을 끝내면 이맘은 양가의 혼인이 성립되었음을 하객들에게 공표하고 알라에게 감사의 예배를 드린다. 이로써 혼인서약의 공식적인 절차는 모두 끝이 난다. 감사의 예배가 끝나면 신랑은 신부 측의 남자 친척들에게 악수를 청하고 이를 받아들이는 의례적인 절차가 이어진다.

혼인서약의 공식적인 과정이 끝나면 이어서 버르산딩과 결혼을 위한 끈두리가 진행된다. 버르산딩은 원래 힌두교의 전통에서 유래한 관습으로 결혼식 때 신랑과 신부가 같이 나란히 앉는 행위를 가리킨다. 버르산딩은 혼인서약을 한 후 1주일 이전에 특정의 날을 택하여 신부의 집에서 행하는 것이 관례이다.

그러나 일반 농가에서는 혼례를 간소화하기 위해 혼인서약이 끝난 직후에 행하는 경우가 많다. 버르산딩을 행하는 이유는 이미 혼인서약을 통해 법적으로 신랑 측과 신부 측 양가 사이의 혼인이 성립되었지만, 버르산딩을 행해야만 비로소 그 혼인이 사회적으로 공인된다는 말레이인들의 관습적인 믿음 때문이다. 이것은 말레이 전통관습인 아닷adat에 기초한다. 따라서 이슬람 교리를 강조하는 말레이 무슬림들은 이것을 이슬람의 기본 원칙에 위배되는 힌두교 의례로 간주한다.

마을 내에서도 혼인서약과 끈두리만 행할 것을 주장하는 사람들이 있다. 그들은 주로 이슬람 근본주의Islamic fundamentalism를 표방하는 젊은 계층에 속하는 사람들이다. 교리와 경전을 중시하는 이슬람 근본주의의 경향은 혼례에서 전통적인 말레이 관습에 기초한 의례를 소멸시키고자 하는 시도에서 더욱 두드러지게 나타난다.

이슬람 부흥운동의 영향을 받아 이슬람 근본주의를 신봉하는 말레이인들 사이에서는 신랑과 신부를 대중 앞에 드러내는 버르산딩의 관행이 힌두교의 영향을 받은 인도의 풍습이기 때문에 이슬람의 교리와 원칙에 위배된다고 믿는 사람들이 많다. 고대 인도에서는 신부를 매매하는 관행이 일반적이었기 때문에 신랑 측의 재산이나 사회적 지위를 과시하는 수단으로 그러한 풍습이 관행처럼 굳어졌으며, 이것이 오래 전에 말레이 반도에 유입된 것이므로 말레이 전통과는 무관한 힌두교 의례라는 것이다. 이슬람의 교리가 평등을 지향한다는 점에서 신랑의 경제적 부와 지위를 과시하는 전통의 유산인 버르산딩은 반이슬람적이라는 관념이 서서히 강화되고 있는 것이 말레이 사회의 현실이다.

현실적으로 혼인서약만을 마친 상태에서 끈두리가 없이 신랑과 신부가 잠자리를 같이 하거나 성관계를 맺었다는 사실이 알려지면 사람들이 이상하게 생각하는 경향이 있다. 버르산딩과 끈두리를 마친 후에 성관계를 맺어야만 신랑과 신부의 혼인과 부부관계가 사회적으로 인정을 받을 수 있다고 믿는 것이다.

끈두리는 전통적인 말레이 관습의 일종으로 혼인이 성립되면 사람들이 한 자리에 모여 음식을 나누어 먹는 행위를 말한다. 이는 신랑과 신부의 혼인 사실을 사회적으로 널리 알리는데 필요한 과정으로 인식되고 있다. 이것 역시 신부 집에서 열리는 경우가 일반적이다. 끈두리를 주관하는 신부 아버지는 하객들에게 감사의 인사를 한다. 이어 이맘은 끈두리를 열게 된 경위를 설명하고 양가의 혼인을 축하하는 내용의 꾸란을 암송한다. 이맘이 직접 꾸란을 암송하는 경우가 일반적이지만, 이맘이 하객 중에 한 사람을 지목하여 암송하는 경우도 있다. 암송이 끝나면 하객들은 함께 미리 준비된 식사를 한다.

식사를 마친 하객들이 모두 집으로 돌아가면 신랑은 신부 집에 남아 일주일을 지내는 것이 관례로 되어 있다. 그런 다음 신랑과 신부는 신랑 집을 방문한다. 신랑 측 가족들은 신랑과 신부를 환영하는 끈두리를 개최한다. 신랑의 집에서 열리는 이 끈두리는 '사위나 며느리를 맞이하는 것을 기념하는 끈두리' kenduri untuk hantar menantu 라고 불린다. 여기에는 신랑과 신부 친척들과 신랑 측의 가까운 이웃들이 참석한다. 이 자리에서는 초대를 받은 사람들이 서로 인사를 나누고 신부를 신랑 측 친척들에게 선보이는 행사가 마련된다. 서로 인사를 마친 손님들은 함께 식사를 마친 후 신랑과 신부를 신랑 측 집에 남겨둔 채 자기 집으로 돌아간다. 이것으로 혼례의 모든 과정이 끝난다.

(4) 장례

말레이인의 장례는 사망 즉시 망자를 매장하는 것으로 시작된다. 말레이인들은 망자가 현생을 마치고 내생에 들어갔다고 생각해서 가능한 한 빨리 매장하는 것이 망자를 위해 바람직하다고 여기는 경향이 있다. 늦어도 사망 후 하루를 넘기지 않은 것이 관례화되어 있다. 매장 시에는 이맘을 비롯하여 마을 사람들이 참가하여 망자의 가족을 위로하고 알라에게 영광을 돌리는 행사를 치른다. 이맘의 선창에 따라 꾸란 암송이 이어지고 망자의 내세 평안과 알라의 은총에 감사하는 기도를 올린다. 말레이인들은 현생뿐 아니라 내세 역시 알라가 주관하고 있다는 믿음이 강하기 때문에 죽음은 현생과 내세의 단절을 의미한다. 인간의 세계로부터 알라의 세계로 전이되는 것이다. 장례식은 이를 매개하고 중개하는 의례적 절차일 뿐이다. 따라서 매우 간소하고 단순하게 처리하는 경향이 강하다. 이슬람식 장례식이 단순하고 간소해 보이는 것은 바로 이 때문이다.

무덤 역시 현세의 사회적 지위와는 전혀 관련이 없다. 따라서 망자는 살아생전에 그가 가졌던 정치적, 경제적, 사회적 지위에 관계없이 누구나 한 사람의 무슬림으로서의 동등한 자격을 갖춘 자로서 공동묘지 내의 동일한 평수의 매장지에 묻힌다. 다만 묻힌 지 얼마 되지 않은 사람과 오래된 사람 사이에 매장 기간상의 차이가 있을 뿐이다. 망자의 가족과 친지들이 망자의 시신을 묻고 알라께 기도하고 예배를 거행하는 것으로 장례식의 모든 공식적인 절차는 끝이 난다. 공동묘지에서의 장례식을 마치면 조문객들은 망자의 집으로 돌아와 망자 가족이 준비한 끈두리에 참석하여 음식을 나누어 먹고 헤어진다. 이로써 장례식의 모든 일정은 끝난다.

망자의 가족들은 통상 라마단Ramadan이 끝난 직후에 행해지는 축제, 즉 하리라야 뿌아사Hari Raya Puasa 행사 중에 공동묘지를 다시 찾는다. 행사 첫날 아침에 망자의 가족들은 가장 좋은 전통 옷차림을 하고 이슬람 사원을 방문하여 예배를 마치고 난 후, 공동묘지에 가서 망자의 묘지를 방문하고 알라에게 망자의 평안한 안식을 위한 기도를 올린다. 집으로 돌아와 가족과 친지들을 위한 끈두리에 참석한다.

술과 같이 알코올이 포함된 음료를 마시는 것이 금지되어 있기 때문에 홍차와 커피, 마일로milo, 일종의 초코 음료 등과 같이 알코올이 없는 음료나 다과를 즐기면서 시간을 보낸다. 그런 후에는 각종 축제와 대화, 그리고 가족과 형제간의 사랑과 우애를 돈독히 하는 일로 소일한다. 이로써 망자를 위한 의례적 절차가 일시적으로 마감된다. 다음 해에 이러한 과정은 반복되어 거행된다. 이처럼 이슬람 종교의례의 절차에 따라 연중행사로 거행되는 것이 말레이 장례의 특징이다.

여기서 공동묘지를 방문한 사람들의 목적이 망자의 영혼 자체 또는 그것의 평안한 안식이 아니라는 점이 중요하다. 그들은 망자를 위해 제물을 바치지 않는다. 다만 알라에게 영광을 돌리고 알라를 칭송하기 위해 묘지를 찾는 것이다. 망자는 이제 현세의 가족들과는 상관이 없다. 현세와는 단절된 신의 세계 또는 신의 영역에 속하는 존재로 간주된다.

말레이인들은 사람이 죽게 되면 몸에서 그의 영혼이 빠져나가며, 멀라

이깟melaikat이라는 천사가 죽은 사람의 숨을 가져간다고 믿는다. 멀라이깟이 망자를 데리고 알라의 세계로 인도한다는 것이다. 죽음 이후에 다른 세상으로 인도하는 실체가 있다는 믿음에 근거하고 있으며, 이는 이슬람식 믿음 체계에 기초하고 있다.

나. 공식의례(共食儀禮)로서의 끈두리

이상에서 언급한 이슬람식 통과의례의 측면은 말레이 무슬림을 이해하는 데 매우 중요하다. 이슬람의 기본 교리에 입각한 말레이인의 통과의례는 그들의 현실에 깊이 뿌리박고 있다. 통과의례 과정에서 공통적으로 행해지는 절차가 있는데, 그것이 바로 끈두리이다. 말레이인의 모든 통과의례의 과정에는 끈두리가 반드시 포함되어 있다.

말레이인의 종교 체계와 종교의례, 특히 통과의례의 중심에는 끈두리라 불리는 단순하고 비공식적인 의례가 있다. 이것은 말레이인의 세계관의 일부로서, 공동의 종교의례이면서 음식 공유의 축제를 일컫는다. 끈두리는 참석자들의 극적이며 사회적인 통합을 상징한다. 음식 공유를 통해 친구들과 이웃, 동료, 친척들이 상호부조와 협동정신에 기초한 사회집단으로 통합된다. 끈두리는 사회적 관계의 불확실성이나 긴장상태, 그리고 갈등을 최소화함으로써 사회생활과 개인의 경험을 연결하는 일종의 통합 메커니즘이다. 끈두리는 참석자들을 하나의 보편적인 단위로 묶는 기능을 한다Geertz 1960: 11. 이것은 단지 단식이나 순례를 위한 종교적인 목적뿐만 아니라 출생과 혼인, 할례, 죽음, 가옥 신축, 악몽, 수확, 이름의 변경,

개업, 질병, 정치적 회합 등의 사회적 사건을 기념하거나 정화할 목적으로 열리기도 한다. 특별한 행사가 있는 경우에는 항상 끈두리를 위한 특별한 음식이 제공된다. 행사는 꾸란의 암송을 시작으로 하객을 향한 주인의 인사가 이어지고 음식을 나누어 먹는 것으로 끝난다. 이러한 모든 절차는 정중하고 경건한 방식으로 이루어진다.

끈두리는 말레이 사회의 의례적 행사, 특히 말레이인의 통과의례에서 매우 중요한 역할을 한다. 그것은 모든 의례절차를 포함하는 하나의 여행이라고 할 수 있다Geertz 1960: 14. 결혼식의 경우에, 의례적 행위를 정교화하는 다양한 메커니즘이 존재한다. 끈두리의 주제와 경위를 설명하고, 그 의미를 이해시키기 위해 주인은 초대받은 손님들에게 끈두리에 필요한 특정의 요청을 할 수 있다. 끈두리를 준비하는 과정은 주인과 마을 사람들이 함께 어울려 공동 노동을 통해 의례적 상징이 극적으로 전환되는 중요한 사회적 장이다Turner 1974: 23-25. 특히 여성들의 협동은 음식 공유의 메커니즘을 구성하는 기본 원리이다. 여성들이 서로 협력하여 돕지 않으면 끈두리는 사실상 불가능하다. 이에 남성들의 노동력도 동원된다. 한마디로 끈두리는 모든 마을 사람들이 함께 협력하는 공동의 사회적, 의례적 장인 것이다.

그렇다면 말레이인들은 왜 끈두리를 행하는 것일까? 끈두리에 참석하는 사람들은 누구나 일체감을 경험하고, 같은 구성원으로서 사회적 질서로부터 단절되거나 유리되기를 원치 않기 때문이다. 다시 말하면, 그들은 끈두리를 통한 무슬림의 일체감을 공유함으로써 다른 악령들로부터 보호받을 수 있고, 일상적인 사회생활을 조화롭게 수행할 수 있다는 믿음을 갖고 있다. 개인의 심리적인 차원에서 보면 이것은 사회생활에서 감정적 균형 상태를 유지하고자 하는 개인의 소망이 반영된 것이다. 끈두리는 다른 사람과 자신이 다르지 않다는 확신을 제공하고, 다른 사람보다 경제적으로나 사회적으로 열등하지 않다는 자신감을 부여한다. 또한 다른 사람을 배제한 사회적 행위란 무의미하다는 공통의 가치를 실현한다. 다른 사람을 괴롭힘으로써 자신이 행복감을 느끼는 것은 혼란을 가중시켜 결국 불행을 초래하고 만다는 믿음을 갖게 된다. 타인을 향한 적대감을 배제하고, 감정적인 불편함을 끼치지 않기 위한 끈두리 궁극적인 목표는 타인의 안녕을 기원하는 끈두리의 원래의 의미를 상기시킨다. 끈두리는 "아무 일도 일어나지 않았다"tidak ada apa-apa 라는 안전과 안녕을 보증하는 사회적 과정의 상황을 상징적으로 표현해 준다.

원래 끈두리는 정령이나 귀신과 같은 초자연적인 존재와 인간이 함께 음식을 먹는다는 믿음에서 시작되었다. 음식을 제대로 대접받지 못한 귀신은 사람들에게 해를 끼친다는 믿음이 말레이반도 전역에 널리 퍼져 있었다고 한다Geertz 1960: 14-15. 이것은 결국 음식이 의례의 핵심이라는 것을 반증한다. 귀신은 음식의 향기를 먹는다. 바나나의 향기를 먹는다고 바나나가 없어지지는 않는다. 귀신들이 음식을 먹고 난 이후에도 음식은 남아 있으며, 그 음식을 사람들과 같이 나누어 먹는 것이 바로 끈두리의 핵심이다. 따라서 끈두리는 음식을 공유함으로써 말레이인들 사이의 감정적 유대와 사회적 관계를 돈독하게 하는 핵심적인 의례라 할 수 있다.

음식을 공유하는 끈두리는 참여자들의 공통된 관심을 표현한다. 음식을 공유하는 범위는 사회적 경계를 구분 짓는 중요한 기준이 된다. 음식을 함께 먹는다는 것은 일반적으로 같은 무슬림으로서의 일체감과 공감대를 형성하는 표준이 된다. 즉, 음식 공유의 하나의 메커니즘으로서 끈두리는 말레이 사회에서 무슬림과 비무슬림을 구분하는 지침이다. 따라서 끈두리에 초대되었다는 것은 함께 음식을 먹을 수 있는 자격을 소유하고 있다는 의미를 포함한다. 그것은 말레이 무슬림의 행동을 규정하는 핵심적 의례로 기능한다.

가장 넓은 범위의 음식 공유는 무슬림으로서의 말레이 정체성을 확인하는 집단에서 나타난다. 협동과 일반화된 호혜성의 원리로서의 음식 공유, 그리고 사회적 유대의 의례화된 표현의 일종인 음식 공유를 통해서 문화적·민족적 경계가 정해지고, 민족 내부의 유대와 결속이 강화되며, 서로 이질적인 지역을 여행하는 이방인 사이에서조차 호의와 선의에 대한 기대가 요청되어진다. 간단한 음식이 장만되지 않은 상태에서 이웃 사람들을 초대하는 법은 없다. 따라서 손님을 초대하여 "같은 접시에서 식사를 하고 같은 유리잔으로 마시는 것"은 단순한 호의나 친절 이상의 것이다.

다른 문화와 마찬가지로 말레이 문화는 중요한 사회관계와 사회적 상황을 의미화하고 정당화하는 수단으로 '공유된 음식의 소비'라는 메커니즘을 이용한다. 이러한 의미에서 음식 공유는 하나의 의례이며, 그 정도에 따라 다양하게 세분화 혹은 정교화될 수 있다. 음식 공유의 의례가 말레이 사회에서 가장 가치 있는 사회적 관계를 상징화한다면 어떠한 사회문화적 맥락에서 음식 공유가 일어나는가, 또는 어느 정도로 음식 공유의 메커니즘이 그들의 사회적 관계를 정교화하는가를 분석하는 일은 그들이 조작하는 집단의 상대적 지위와 사회적 범주를 이해하는 하나의 지표가 될 수 있다.

따라서 음식 공유의 메커니즘을 올바로 이해하기 위해선 분석의 단위를 친족관계에 국한시키지 말고, 친족의 범주를 넘어선 사회적 관계, 즉 이웃관계나 마을 간 관계로 확장시켜야 한다. 이런 점에서 특히, 이웃관계는 마을의 사회조직을 구성하는 하나의 원리로서, 특정한 사회적 상황에 따라 친족관계보다 더 유의미한 사회적 범주가 될 수 있다. 이웃관계는 혈연이나 인척으로 연결된 집단이 아니기 때문에 그 경계와 범주가 사회적 상황에 따라 매우 다양하게 나타날 수 있다. 그것은 친족의 범위를 벗어난 일련의 사회적 관계로부터 파생되는 독자적인 하나의 행동양식 혹은 행위의 범주이다. 대체로 일반화된 호혜성의 범위와 그 실제적 운용의 메커니즘은 항상 변화하는 사회적 관계망의 외적 경계를 구분한다.

끈두리는 음식 공유의 메커니즘을 통해 이웃관계로 확장될 수 있다. 그것은 이웃사람들을 의사–친족관계quasi-kinship relations 안으로 끌어들인다. 한마디로 끈두리는 친족관계의 외연적 확장일 뿐만 아니라 친족관계와 이웃관계라는 쌍대적 관계를 일시적으로 통합시키는 상징적 기제이다. 그것은 음식 공유를 통해 친족을 넘어선 사회적 관계를 형성하는 사회적 과정인 것이다.

다. 이슬람과 전통관습

말레이인들이 일생을 살면서 반드시 거쳐야 하는 의례적 단계, 즉 출생, 성인식, 혼례, 장례 등의 통과의례는 이슬람의 영향으로 전통 말레이적인 것에서 새롭게 변모되고 있다겐넵 1992 참조. 이슬람식 희생제의가 첨가되는가 하면, 의례적 절차와 형식이 매우 간소화되었다. 말레이 전통으로 인식되었던 종래의 관습이나 관행은 비이슬람적이라는 이유로 거부되거나 배제되었다. 앞서 언급한 말레이인들의 혼례 중에서 버르산딩은 비이슬람적이라는 이유로 거부된 대표적인 사례라고 할 수 있다. 모든 무슬림들은 이슬람의 교리에서 정한 규율을 따름으로써 이슬람의 가치와 규범을 일상생활에서 실천하는데 힘써야 한다는 점이 강조되고 있는 것도 새로운 변화라고 할 수 있다.

말레이 무슬림 사회는 종교적인 상징 혹은 세속적인 상징에 의해 경계가 만들어진다. 그러나 종교적 상징과 세속적 상징이 표현하는 종족 혹은 민족 간 경계는 그 사회적 의미를 전달하는 '의례화된' 수단이나 목적에 있어서 커다란 차이를 나타낸다. 물론 종교적 상징은 정과 부정을 구분하는 이슬람과 무슬림의 개념을 통해 표현된다. 이것은 대규모의 한 종교 행사, 예컨대 단식이 끝난 후 행해지는 축제인 하리라야뿌아사Hari Raya Puasa와 같은 종교·사회적 사건을 통해 구체화된다.

앞서 언급한 대로, 말레이인의 통과의례는 애니미즘, 힌두교 그리고 이슬람의 요소들이 결합된 제설혼합적인 성격에 기반을 둔 신앙관 또는 종교 체계 속에서 이루어지는 의례 또는 의례적 관행이라고 할 수 있다. 통과의례의 이러한 성격은 무슬림 종교지도자들의 꾸란에 대한 다양한 해석에 영향을 미침으로서 전통 관습과 이슬람의 대립구도가 해체되는 결과로 인해 상당한 변화를 겪고 있다.

현재 말레이 사회에서 전통신앙이나 그에 기초한 통과의례의 전통적 성격은 종종 이슬람과 모순되는 것으로 인식되고 있다. 말레이 사회에서 초자연적인 존재와의 관계는 물론 다른 구성원에 대한 태도 역시 이슬람에 의해 규정되는 경우가 급격히 늘고 있다. 개인이나 집단의 통과의례 수행 역시 말레이 전통과 이슬람의 가르침에 효과적으로 대응하지 못하는 경우, 그 의미가 축소·약화되거나 소멸될 수밖에 없는 상황이 발생하고 있다. 이에 말레이 전통에 기초한 통과의례의 특성과 의미를 고수하려는 집단과 이슬람의 기본 교리와 원칙에 기초한 통과의례를 확립하여 이를 보급하려는 집단 사이에 끊임없는 갈등과 긴장이 내재되어 있는 상황이다. 따라서 통과의례를 둘러싼 다양하고 복합적인 문화변동이 일어나고 있다고 보는 것이 오늘날의 말레이 사회의 종교 변동을 올바로 이해할 수 있는 시각이라고 본다.

말레이시아에서 이슬람은 역사적으로 초자연적인 존재뿐만 아니라 전통의례가 형성되는 과정에서 이슬람과 배치되는 이질적인 면을 완화시키는 기능을 해 왔다. 전통의례와 이슬람은 다양하고 복합적인 역사적 과정 속에서 상호작용하면서 특정 시기에는 전통의례의 영향력이 이슬람에 대한 해석에 영향을 미쳤으며, 어떤 시기에는 이슬람화가 급속도로 진행되어 전통의례의 쇠퇴 또는 소멸을 가져오기도 했다홍석준 2001.

이와 같이 말레이시아 사회에서 전통종교와 이슬람은 유구한 역사적 과정을 통해 다양한 변모의 과정을 겪게 된다. 특히 이슬람의 교리를 확장시키려는 종교 엘리트 집단과 전통적인 신앙체계에 깊이 빠져 있던 말레이 평민들과의 상호작용은 한편으로는 이슬람이 전통 종교와 접촉하는 과정에서 전통 종교의 일부로 수용되는 '이슬람의 전통 종교화'와, 다른 한편으로는 이슬람의 정통 교리에 위반되는 전통의 일부가 소멸 혹은 흡수되는 '전통의 이슬람화'라는 복합적인 과정을 통해 진행되고 있다고 보아야 할 것이다.

5. 맺음말

이 글에서 살펴보고자 하는 대상은 여러 가지 중요한 통일성과 큰 다양성을 내포하고 있는 변화무쌍한 지역인 동남아시아 지역의 사회와 문화, 역사이다. 이를 위해 동남아시아가 현재와 같은 성격을 갖게끔 하는 데 있어서 중요한 변수들은 무엇이며, 언뜻 볼 때 유사한 역사적 배경을 가진 나라들이 매우 다른 정치적 발전 양상을 보이는 이유는 무엇이었는지를 살펴보았다.

이 지역에서의 사건들과 발전 과정을 다루는 데 있어서 이 지역의 다양성은 매우 놀랍다. 그 대표적인 한 예로, 동남아시아의 종교적 다양성을 들 수 있다. 이슬람은 도서부 지역에서 강하며, 상좌불교 또는 상좌부불교Theravada Buddhism 는 태국의 국교이며, 캄보디아에서도 국교가 되었다. 동남아시아의 어느 지역에서는 필리핀처럼 기독교가 강하나, 다른 지역에서는 원시적 애니미즘이 그 주민들의 가장 근본적인 신앙이다. 이 지역에는 인도인 이민의 후손들뿐만 아니라 인도네시아의 발리Bali와 롬복Lombok의 토착 주민들이 섬기는 힌두교가 있다. 공산주의는 베트남의 세속 종교이기는 하지만, 베트남 사회에서 유교적 가치의 지속적 역할을 발견하기란 그리 어렵지 않다. 그러한 가치는 예컨대 남부 베트남에서 많은 추종자를 갖고 있는 까오다이교에서 분명히 확인할 수 있는데, 까오다이교에서 개인적 행동을 위한 중요한 신령들 가운데는 잔 다르크와 빅토르 위고도 포함되어 있다.

풍부한 역사적 과거를 지니고 있으며 오늘날 때때로 혼란한 상황을 보여주는 동남아시아는 일시적인 관찰자에게뿐만 아니라 이 지역에 대한 연구를 평생 과제로 삼은 사람들에게도 매우 흥미로운 지역이다. 동남아시아 역사를 안다고 해서 그것이 이 지역의 미래 발전에 대한 어떤 확실한 지침을 제공하지는 않을 것이다. 그러한 것이 역사의 과제가 될 수 없기 때문이다. 그러나 이 지역의 역사를 개관하는 것은 한 나라의 정치가 다른 나라보다 왜 그토록 다른지, 이 지역 전체가 왜 그토록 다양한 방식으로 그리고 왜 그토록 오랫동안 강한 외부적 영향 아래에 놓여왔는지를 분명하게 보여줌으로써 현재를 조명해 줄 수 있을 것이다오스본 1999: 28.

역사적 관점에서 동남아시아의 사회와 문화를 이해한다는 것은 오늘날 이 지역의 정치적 중요성 외에도 (그 문화적 유산에서 이전부터 훨씬 많은 주목을 받을만한) 동남아시아 지역 주민들의 생활과 신념에 대해 깊은 이해를 제공해 줄 수 있을 것이다. 동남아시아에서 전개된 발전들의 정치 및 문화적 배경에 대한 지식의 결여가 어떠한 비극적 결과를 초래했는지를 보아온 이 시대에 있어서, 오늘날의 동남아시아를 형성해 온 역사적 발전의 개략적 흐름을 공부하는 것은 더욱 필요한 일일 것이다오스본 1999: 28-29.

---

1 이 부분은 오명석(2000: 186-306)의 내용을 참고하여 재구성한 것이다.

2 이하는 오스본 교수 저서의 내용(오스본 1999: 16-24)을 저본으로 하여, 이를 요약, 정리하여 재구성한 것이다.

〈참고문헌〉

밀턴 오스본. 조흥국 책임 번역.감수. 1999. 『한 권에 담은 동남아시아 역사』, 도서출판 오름.

박사명 외. 2000. 『동남아시아의 화인사회』, 전통과 현대.

베네딕트 앤더슨. 윤형숙 역. 2002. 『상상의 공동체: 민족주의의 기원과 전파』, 도서출판 나남.

오명석. 2000. "말레이시아 화인사회: 다종족 국가 내에서의 공존과 갈등", 박사명 외. 『동남아시아의 화인사회』. pp. 186-309.

조흥국. 1997. "동남아의 사회와 문화에 대한 이해", 김민정 외. 『동남아의 사회와 문화』, pp. 293-325.

홍석준. 2001. "현대 말레이시아 이슬람 부흥운동의 문화적 의미", 『동남아시아연구』 11: 1-27.

Geertz, Clifford. 1960. The Religion of Java, The Free Press.

Chong, Terence. 2008. Modernization Trends in Southeast Asia, Southeast Asia Background Series No. 9. Singapore: Institute of Southeast Asian Studies(ISEAS).

인터넷 사이트

http://kin.naver.com/qna/detail.nhn?d1id=9&dirId=9020106&docId=2130 53313&qb=7J2464+E64Sk7Iuc7JWE7J2YIOyduOq1rA==&enc=utf8&section =kin&rank=1&search_sort=0&spq=0&pid=SX/rLloRR2KsscjgL40ssssssssw-060667&sid=btTXJxNaBJjgv2g/F5oAng%3D%3D

http://blog.naver.com/bestcfp/220409209181

이선호

현 IBK경제연구소 연구위원.

제3절
동남아 이슬람과 이슬람 경제

Ⅰ. 이슬람 경제란 무엇인가?

가. 이슬람 경제관

이슬람 경제란 자유로운 교역을 허용한다는 점에서 자본주의 및 사회주의 경제와 비슷하다. 그러나 이자 및 고리대금, 투기의 관행을 금지하는 등의 측면에서 이들과 상이한 원칙을 가지는 고유한 경제개념이다. 이러한 이슬람 경제의 원리는 이슬람의 관습 및 문화적 측면과 밀접한 관계를 가지며 발전해왔다.

이슬람 경제에서 자유로운 경제활동은 쿠란Qu'ran에서 제시하는 바와 같이 모든 무슬림이 행해야 하는 의무 중 하나이다. 이때, 무슬림의 경제활동은 개인의 필요충족을 넘어 무슬림 공동체의 번영에 이바지하여야

제3절_동남아 이슬람과 이슬람 경제   127

함을 의미하고 있으며, 이러한 이유로 이슬람 경제에서의 경제활동은 자카트Zakhat라 불리는 타인을 위한 자선 행위 같은 부의 나눔을 포함하고 있다.

한편, 이슬람 경제관은 이슬람 경전인 쿠란Qu'ran과 예언자 무함마드Muhammad의 언행록인 하디스Hadith에 근거하고 있으며, 크게 세 가지 특징을 가진다. 첫째, 이슬람 경제관의 근본적 개념은 현존하는 모든 부가 알라Allah의 소유라는 것이다. 즉, 인간이 소유하는 모든 부는 알라의 소유이며, 한시적으로 인간이 관리하도록 위탁된 것이다. 이때, 부는 인간이 축적하고 향유함으로써 물질적인 만족을 누릴 수 있도록 권장하고 있다.

둘째, 인간이 축적하는 물질적인 부는 이슬람 율법에 위배되지 않는 합법적인 방법으로 취득한 것이어야 한다. 약탈, 도박, 뇌물 등과 같은 부정적인 방법으로 취득한 부가 아닌 장사, 유목, 농사 등 자신의 노력으로 획득한 부를 인정하고 있다.

셋째, 이슬람은 윤리적 평등과 더불어 사회경제적 평등을 강조한다. 이슬람 경전에 따르면 가진 자의 부에는 가지지 못한 자의 몫도 포함되어 있음을 명시하고 있다. 이에 인간의 능력에 따른 부의 불평등은 서로의 나눔을 통해 극복하도록 권장하고 있다.

[참고] 쿠란. 하디스. 샤리아

◎ 쿠란(Qu'ran)

→ 이슬람 경전으로 예언자인 무함마드가 알라(Allah)를 통해 받은 계시 및 설교 내용을 집대성한 책이다. 내용의 해석상 왜곡을 방지하기 위해 반드시 아랍어로 읽을 것을 강요하고 있으며 타언어로 번역된 쿠란은 인정하고 있지 않다.

◎ 하디스(Hadith)

→ 예언자 무함마드의 언행을 기록한 책으로, 무슬림은 쿠란과 더불어 하디스에 기록된 무함마드의 언행에 따라 행동함을 삶의 기반으로 한다.

◎ 샤리아(Shariah)

→ 이슬람교의 율법이며 규범체계. 이슬람 경전인 쿠란, 무함마드의 언행록인 하디스, 이슬람 법학자간의 합의인 이즈마(Ijma), 쿠란과 하디시의 유추해석인 키야스(Qiyas)를 근간으로 무슬림의 도덕적 의무와 무슬림 공동체 질서 유지를 위한 실정법적 성격을 가진다.

나. 이슬람 금융

일반적으로 금융이란 흑자 경제주체로부터 적자 경제주체로의 자금 이동을 의미하며, 이러한 금융활동에는 항시 신용위험이 수반된다. 이와 같은 금융의 특성은 이슬람 금융에도 동일하게 적용되고 있으나, 전통적인 금융과 비교하여 이슬람 금융은 이슬람 법률인 샤리아Shariah 에 적합한 금융상품 및 서비스를 제공해야 한다는 제약을 가진다. 이러한 이슬람 금융은 다음과 같은 특징을 가진다.

첫째, 이슬람 금융에서는 금융거래 시 리바이자를 수취하지 않는다. 이는 샤리아에 따른 이자 수취 금지 및 투기적 목적의 거래 금지라는 특징으로 인해 은행을 통한 일반적 형태의 예금과 대출, 혹은 채권 형태의 거래가 허용되지 않는다. 다만 채권자와 채무자의 이익 및 손실 공유 특징에 따라 자금이 투입된 사업에서 발생하는 이윤을 배분하는 형태의 투자만이 허용된다. 즉, 이슬람법에서는 리바를 수취하는 행위는 부당이득으로 간주하며, 이에 이자를 수취하는 대신 자금 제공자에게 실물자산의 매매에 따른 배당금 또는 리스 계약에 따른 수수료를 분배하는 방식으로 대가를 지급하고 있다.

둘째, 이슬람 금융에서는 비도덕적 거래를 엄격히 금지한다. 도박, 술, 돼지고기, 무기, 담배 등 샤리아에서 금지하는 비도덕적 상품 및 서비스를 생산, 제공하는 기업에 투자행위를 금지하고 있다.

셋째, 이슬람 금융에서는 투기적 목적의 거래를 금지한다. 교환 상품 가치가 불분명하여 교환 결과가 불확실한 파생금융상품, 우발채무 거래 등을 투기Gharar로 간주하며, 금융거래에서 지배적인 위치를 선점하는 거래자의 횡포를 막기 위해 이와 같은 거래를 금지하고 있다.

넷째, 이슬람 금융에서는 채권자와 채무자의 이익 및 손실 공유의 원칙을 준수해야 한다. 원금상환 및 사전 확정 수익 보장이 없으며, 자금을 제공한 경제주체채권자는 파트너로서 사업자채무자의 사업수익을 배분받음으로써 이익과 손실을 공유한다.

　한편, 이슬람 금융은 리바이자가 금지되어 있어 이자 개념을 사용하지 않음에도 불구하고 다양한 금융거래를 수행하고 있다. 이슬람 금융거래를 위한 방식은 크게 상품거래와 투자형태로 구분된다. 상품거래에는 무라바하Murabahah, 이스티스나Istisna, 이자라Ijarah 같은 형태로 거래가 이루어지고 있으며, 투자 형태로는 무다라바Mudharabah, 무샤라카Musyarakah 같은 거래 형태가 존재한다.

[참고] 이슬람 금융의 거래형태

◎ 무라바하Murabahah

→ 은행이 고객을 대신하여 상품을 구입한 후 상품대금에 마진을 더한 가격으로 고객에게 재판매 하는 형태. 이때, 상품에 대한 최초 소유권은 기업으로부터 은행으로 이전되며, 고객이 상품대금을 은행에 지급한 후 은행으로부터 고객에게 이전된다.

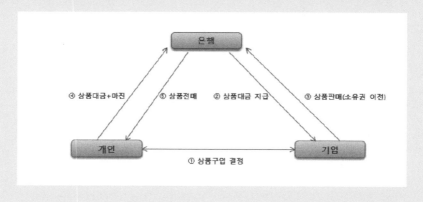

◎ 이스티스나(Istisna)

→ 상품이 생산되기 이전에 고객은 은행에게 상품에 대한 상세 지시 및 계약을 체결하고, 은행은 고객을 대신해 기업에 상품에 대한 생산요청 및 자금을 지원하는 방식이다. 생산이 완료되면 고객으로부터 자금과 수수료를 더한 대금을 지급받는다.

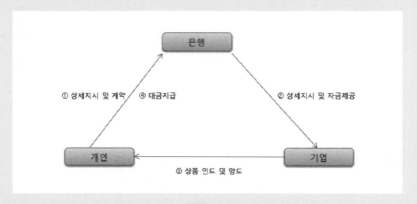

◎ 이자라(Ijarah)

→ 은행이 고객을 대신하여 기업으로부터 상품을 구입한 후, 이를 고객에게 임대하는 방식으로 임대에 대한 사용료를 수취한다. 이때, 상품에 대한 소유권은 은행에게 있다.

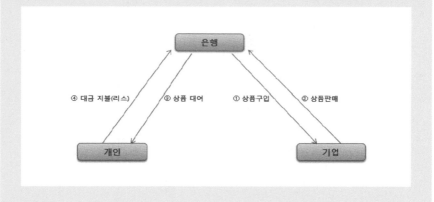

◎ 무다라바(Mudharabah)

→ 고객은 예금의 형태로 은행에 자금을 제공하고, 이를 은행이 기업에 투자한다. 이후 기업은 기업 활동을 통해 창출된 수익을 은행에 배분하고, 은행은 고객에게 배당금의 형태로 수익을 지급한다. 이때 손실이 발생할 경우, 손실에 대한 책임은 전적으로 고객이 부담하며, 은행은 고객과 기업을 연결하는 브로커의 역할만을 수행한다.

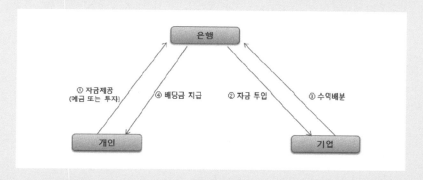

◎ 무샤라카(Musyarakah)

→ 은행과 기업의 상호 출자에 의해 공동사업을 운영하고, 여기서 발생한 수익을 배분하는 방식이다. 이때, 수익에 대한 배당은 기업과 은행의 사전 합의대로 이루어지는 반면, 손실은 상호출자 비율에 따라 분담한다.

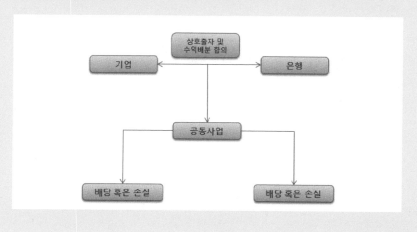

다. 이슬람 생산과 소비

이슬람의 생산은 부를 창출하거나 증식시키는 방법일뿐만 아니라 인간의 정도正道를 유지하는 수단으로 인식된다. 즉, 이슬람에서 알라Allah가 충분한 물질적 부를 제공하지 않은 이유는 풍족함에서 비롯될 수 있는 일상의 탈선 및 불법을 방지하고, 생산을 통한 부의 창출로 심신의 정도를 유지하기 위함임을 강조하고 있다. 이에 인간이 도덕적 정도를 무시한 채 부의 창출만을 추구하는 행위와 도덕적 정도만을 강조하여 부의 창출 및 증식을 비난하는 행위 모두 이슬람에서는 허용치 않는다. 또한, 부를 창출함에 있어 도박 등의 부정적 방법을 통한 획득이 아닌 노동을 통한 합법적인 방법의 생산 활동을 적극적으로 권장하고 있다.

한편, 합법적인 부의 창출 및 증식을 권장하는 이슬람에서는 유통 또한 생산행위의 일환으로 정의하고 있다. 생산자들은 노동과 자본을 투입하여 생산을 통한 부를 창출하고, 상인들은 상거래 행위를 통한 근로의 대가로 부를 창출하기 때문이다. 이러한 이유로 상거래에 있어 공정성을 강조한다.

이슬람의 소비는 물질적인 가치를 넘어 알라의 하사품이기에 소비재에 도덕적 가치를 부여하고 있다. 술, 마약 등의 소비는 이슬람 율법에 위배되는 비도덕적인 소비이기에 금기되고 있으며, 지나친 낭비 또한 도덕적 가치에 벗어나기에 금기하고 있다. 이러한 측면에서 가장 가치 있는 소비를 이슬람에서는 자카트Zakat로 정의하고 있다. 이는 모든 부가 알라의 소유이므로 창출된 새로운 부의 일부는 반드시 알라가 원하는 일에 쓰기 위해 각출되는 종교부금을 의미한다.

이와 같은 이슬람의 생산과 소비는 일련의 과정에서 일반적인 생산 및 소비와 큰 차이가 없다. 그러나 전술한 바와 같이 이슬람에서는 이러한 과정에 대한 이슬람 율법과의 부합성 및 도덕적 가치를 중요시한다는 점에서 특수성이 있다.

대표적인 이슬람 생산 및 소비의 특징 중 하나는 할랄Halal 과 하람Haram의 구분이다. 할랄Halal이란 이슬람 율법에 따라 '허용된 것'을 의미하며, 하람Haram 은 이슬람 율법에 '금지된 것'을 의미한다. 할랄 제품으로는 야채, 과일 및 모든 종류의 해산물이 포함되며, 가공식품의 경우 알코올 성분 및 돼지고기가 포함되지 않은 제품이 이에 해당된다. 반면, 하람 제품은 돼지고기, 파충류, 곤충, 육식동물의 고기 등이 포함되며, 가공식품의 경우 알코올 성분이 포함된 제품이다. 특히, 육류의 경우 이슬람 율법에 따라 도축된[1] 육류만이 할랄제품에 속하며, 이에 따르지 않고 도축된 육류는 하람제품에 속한다.

라. 동남아시아의 무슬림

전 세계 무슬림 인구는 약 20억 명 이상으로 추산되고 있으며, 이는 전세계 인구 중 약 28.3%에 이른다. 무슬림 인구는 아시아에 약 13.9억 명이 거주하고 있는 것으로 나타나 가장 많은 무슬림 인구가 아시아에 밀집되어 있다고 할 수 있다. 한편, 동남아시아 10개국인도네시아, 말레이시아, 싱가포르,

필리핀, 브루나이, 라오스, 미얀마, 대만, 태국, 베트남에 약 2.6억 명의 무슬림 인구가 거주하고 있으며, 이 중 인도네시아가 2.2억 명, 말레이시아가 0.2억 명으로 동남아시아 국가 중 가장 많은 무슬림 인구가 거주하고 있다.

표 1 동남아시아의 무슬림 인구(2014년)

국가명	무슬림 인구 (백만 명)	총인구 대비 무슬림 비중	국가명	무슬림 인구 (백만 명)	총인구 대비 무슬림 비중
인도네시아	218.68	88%	라오스	0.07	1%
말레이시아	18.00	60.4%	미얀마	8.00	15%
싱가포르	0.86	16%	대만	0.06	0.25%
필리핀	9.62	10%	태국	6.62	10%
브루나이	0.27	67%	베트남	0.90	1%

| 자료 : www.muslimpopulation.com

한편, 동남아시아 국가 중 가장 많은 무슬림 인구가 거주하는 인도네시

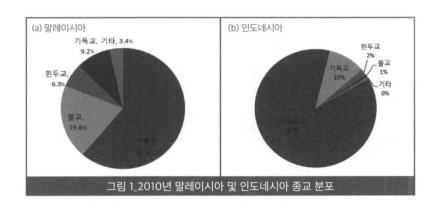

그림 1_2010년 말레이시아 및 인도네시아 종교 분포

아는 이슬람교가 87%, 기독교 10%, 힌두교 2%, 불교가 1%로 이슬람교의 비중이 타 종교에 비해 매우 높다. 또한, 말레이시아의 경우 이슬람교를 국교로 채택하고 있으며, 이에 이슬람교가 61.3%, 불교 19.8%, 기독교

9.2%, 힌두교 6.3%, 기타가 3.4%로 역시 이슬람교가 가장 많은 비중을 차지하고 있다.

아시아 지역 무슬림 인구는 2030년까지 13억에 달할 것으로 예상되고 있으며, 이는 아시아 전체 인구 중 27.3%를 차지한다. 이러한 무슬림 인구의 증가는 아시아 지역 내에서 이슬람 경제가 더욱 활성화될 수 있는 원동력이 되고 있다.

∣자료 : Pew Research Center's Forum on Religion & Public Life

또한, 아시아 지역 중 동남아시아 및 동북아시아 지역 무슬림 인구는 1990년 1.9억 명에서 2030년 3.1억 명으로 약 63% 증가할 것으로 예상되고 있다. 이 중, 인도네시아는 2010년부터 2030년까지 무슬림 인구가 약 3천만 명 증가할 것으로 예상되며, 말레이시아는 6백만 명 증가할 것

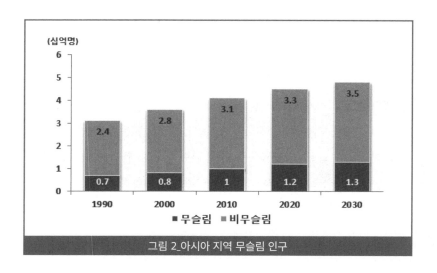

그림 2_아시아 지역 무슬림 인구

으로 예상된다. 이와 같은 인도네시아와 말레이시아의 무슬림 인구 증가는 동남아시아 국가 중 이들 국가를 중심으로 이슬람 경제가 더욱 발전하게 될 것이며, 이와 관련된 여러 사업 또한 성장하게 될 것임을 의미한다.[2]

2. 동남아시아 이슬람 생산 및 소비

가. 할랄산업 현황

할랄 시장은 전 세계 20억 이상의 무슬림을 대상으로 하고 있다. 뿐만 아니라 최근에는 무슬림이 아닌 일반 소비자들의 할랄 상품에 대한 관심도 높아지고 있다. 이는 할랄 상품이 종교적 차원을 넘어 비무슬림 소비자들 사이에서 위생적이고 안전한 상품이라는 인식으로 확산되고 있기 때문이다.

할랄 시장은 이슬람 국가들의 급속한 인구 증가와 더불어 이슬람 경제 성장에 따른 무슬림들의 왕성한 소비성향을 바탕으로 발전하고 있다. 또한 맥도날드, 버거킹, KFC 같은 다국적 기업들의 할랄 상품 마케팅도 할랄 산업 성장에 기여하고 있다. 예를 들어, 맥도날드는 1995년 말레이시아에 진출하여 할랄 인증 획득과 할랄 관련 이슬람 율법 학자 고용 등을 마케팅에 적극적으로 활용하였다. 또한, 네슬레는 현지에 생산 공장을 세우는 등 현지화를 통한 전략을 채택하고, 적극적인 마케팅 활동을 하고 있다.

할랄 산업은 과거 식품 분야를 중심으로 발전해 왔으며, 현재에 이르기까지 지속적으로 성장하고 있다. 톰슨 로이터Thomson Reuters의 이슬람 경제 현황 보고서에 따르면, 할랄 식품 시장의 규모는 2014년 약 1.1조 달러에 달하며 이는 2014년 세계 식품시장 규모가 6.8조 달러임을 고려할 때, 약 16.2%를 차지하는 규모이다. 할랄 식품 시장은 향후 중국과 인도 내 무슬림 소득 증가 및 수요 증가로 2020년까지 약 2.7조 달러에 이를 것으로 예상되고 있다. 이와 더불어 최근 할랄 산업은 무슬림의 소비 증가 및 수요 다양화의 영향으로 의약품, 화장품, 관광과 같이 그 영역이 확대되고 있으며, 할랄 산업의 시장규모도 지속적으로 성장하고 있다.

표 2 할랄 산업의 시장규모

할랄 산업 (10억)	2014년	2020년	2014년→2020년 증가율(%)
식품	1,128	2,713	140
관광	142	375	164
의류	230	557	142
의약품	75	181	141
화장품	54	134	148

┃자료 : Thomson Reuters, 「State of the Global Islamic Economy Report 2015/16」.

한편, 동남아시아 국가 중 할랄 상품에 대한 주요 수출국으로 말레이시아를 들 수 있다. 말레이시아는 정부 주도로 할랄 산업을 적극적으로 육성하고 있으며, 말레이시아의 할랄 허브화 전략을 위해 할랄 산업개발공사HDC : Halal Industry Development Corporation는 2020년까지 GDP 대비 5.8%까지 할랄 산업을 육성할 계획을 수립하고 있다.

표 3 말레이시아 할랄 상품 수출 현황(2014년)

	국가	수출액 (10억 링깃)
1	중국	4.6
2	싱가포르	3.6
3	미국	3.4
4	인도네시아	2.3
5	일본	2.2
6	네덜란드	2.1
7	태국	1.7
8	인도	1.6
9	한국	1.4
10	호주	1.3

자료: Halal Industry Development Corporation (www.hdcglobal.com)

한편, 할랄 상품의 수출은 지속적으로 증가해 왔으며, 2014년 약 370억 링깃으로 2010년에 비해 148% 증가하였다. 할랄 상품 수출 중 식음료 수출이 가장 큰 비중을 차지하고 있으며, 제약품이 가장 낮은 비중을 차지하고 있다.

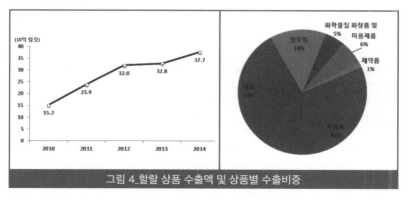

그림 4_할랄 상품 수출액 및 상품별 수출비중

자료: Halal Industry Development Corporation (www.hdcglobal.com)

또한, 말레이시아는 할랄 산업에 대한 외국인 투자 유치를 위해 할랄 파크를 운영하고 있다. 현재 말레이시아는 전국에 20개가 넘는 할랄 파크를 운영하고 있으며, 할랄 파크 운영자에 대한 세금 혜택과 참여자에 대한 관세 혜택 등 인센티브 제공을 통해 투자를 유치하고 있다.

나. 할랄 산업의 인증제도

전 세계적인 무슬림 인구의 증가와 더불어 비무슬림 국가에서도 할랄 상품에 대한 관심이 고조되고 있으며, 이에 따라 할랄 시장은 매년 급격히 성장하고 있다. 이러한 할랄 상품에 대한 수요 증가에도 불구하고 할랄 인증 없이는 할랄 시장에 대한 접근이 제한되고 있다. 이에 각 국가들은 이슬람 법학파 및 지역별로 상이한 고유의 할랄 기준을 적용하고 있으며, 전 세계적으로도 수많은 할랄 인증기구가 존재하고 있다. 현재까지 할랄 상품에 대한 국제적인 표준은 존재하지 않으며, 다만 국제적으로 공인된 동남아시아의 주요 할랄 인증기구로 말레이시아의 이슬람 개발부JAKIM: Department of Islamic Development Malaysia 과 인도네시아의 율법학자 위원회MUI: Majelis Ulama Indonesia를 들 수 있다. 말레이시아의 이슬람 개발부JAKIM: Department of Islamic Development Malaysia 는 2012년부터 말레이시아 유일의 할랄 인증기관으로 지정되어 인증업무를 담당하고 있으며, 말레이시아 표준법Standard of Malaysia Act 1996 에 따라 말레이시아 표준부Department of Standards Malaysia 에서 할랄 제품에 대한 인증기준을 지정하고 있다.

이슬람 개발부JAKIM는 할랄 상품에 대한 생산, 취급, 보관 등 일련의 과정 전반에 대한 종합 가이드라인인 Malaysia StandardMS를 규정하고 있으며, 이를 준수하는 상품에 대해 할랄 인증서와 로고를 발급하고 있다. 예를 들어, 할랄 식품에 대한 일련의 절차 표준인 MS 1500의 경우, 할랄 식품에 대한 범위, 생산, 취급, 보관, 포장, 라벨링Labeling, 무역 등에 대한 기본 준수사항 및 규정들을 자세히 제시하고 있다. 이 밖에도 할랄 의약품MS 2424, 환경관리MS 14000, 위험관리MS 31000, 질적 관리 시스템MS 1900 과 같은 다양한 상품 및 절차에 대한 규정들이 존재한다.

한편, 인도네시아는 할랄 인증에 대한 제도 및 규제가 말레이시아보다 완화되어 있는 것으로 알려져 있다. 이러한 인도네시아의 할랄 인증기관은 비정부기관인 이슬람 율법학자 위원회MUI 산하의 LPPOM-MUILembaga Pengkajian Pangan Obat-Obatan Dan Kosmetika-MUI만이 유일하다. LPPOM-MUI는 중앙기관과 33개의 지역기관으로 구성되어 있으며, 세계할랄협회World Halal Council의 의장국 역할을 수행하고 있다. 또한, 인도네시아의 할랄 인증은 전 세계 23개국 41개 인증기관을 공식적으로 인정하고 있으며, 이에 인도네시아 내에 할랄 상품에 대한 인증을 받기 위해서는 MUI로부터 직접 인증을 받거나 공식적으로 인정하고 있는 41개 인증기관으로부터 인증을 받아야만 한다.

한편, 2014년 9월 할랄 제품 인증법 개정안이 의회를 통과함에 따라 5년 후부터 할랄 인증기능은 비정부기관인 LPPOM MUI에서 정부기관인 할랄 제품 인증 실시기관BPJPH: Badan Penyelenggara Jaminan Produk Halal으로 이관될 예정이다. 이와 더불어 같은 시기에 현행까지 축산물을 제외한 식품 등에 권고 사항이었던 할랄 인증이 식품, 의약품, 화장품, 유전자 변형 제품 등 다양한 상품에 대한 의무사항으로 개정될 예정이다.

3. 동남아시아 이슬람 금융의 현황

가. 이슬람 금융의 발전

이슬람 금융은 이슬람권을 중심으로 발전하여 왔으며, 특히 막대한 양의 오일머니와 함께 다양한 이슬람 금융상품이 개발된 GCC Gulf Cooperation Council 국가들이 중심적인 역할을 하고 있다. 이슬람 금융의 태동은 1890년대 전통적 은행 형태인 바클레이즈Barclays 은행으로부터 시작한다. 1890년대 수에즈 운하 건설을 위해 카이로에 지점을 개설한 바클레이즈 은행은 이자 수취를 기본으로 운영하는 전통적 은행이라는 점에서 이슬람권으로부터 비판을 받았으며, 이러한 비판을 회피하기 위해 이슬람권에서 인정받을 수 있는 다양한 방법을 강구하였다. 이 과정에서 이슬람 학자들을 중심으로 이슬람 율법에 적합한 금융거래 및 투자 방안을 모색하는 등 이슬람 금융이 발전하기 시작하였으며, 1950년대 이슬람 금융을 위한 이론적 모형이 제시되었다. 이러한 노력으로 동남아시아 국가에서도 이슬람 금융이 도입될 수 있는 개기가 마련되었으며, 1960년대 말레이시아를 시초로 이슬람 율법에 적합한 금융기법이 도입되었다.

먼저, 말레이시아는 1983년 이슬람 은행법Islamic Banking Act 제정과 더불어 최초 이슬람 전업 은행인 이슬람 말레이시아은행Bank Islam Malaysia

Berhad이 설립되었다. 또한, 1999년에는 두 번째 이슬람 전업 은행인 무아말라트 말레이시아은행Bank Muamalat Malaysia 을 설립하였으며, 현재 이슬람 전업 은행과 이슬람 창구 은행 등 다양한 형태의 이슬람 은행이 존재하고 있다.

다음으로, 동남아시아 중 최대 무슬림 인구가 거주하고 있는 인도네시아의 경우, 이슬람 은행과 전통적 은행을 모두 인정하고 있으며, 이러한 점에서 말레이시아와 공통점을 가진다. 그러나 말레이시아와 달리 이슬람 은행법을 제정하지 않고 1992년 제정한 은행법Banking Act 에 이슬람 은행업과 관련된 규정을 추가하여 채택하고 있다는 점에서 차이를 가진다. 이후 2002년에는 인도네시아 이슬람 금융 발전 방안을 제정하고, 2008년 이슬람 채권시장 관련법 정비 및 이슬람 금융상품 체계화를 발표하는 등 이슬람 금융 발전에 이바지하고 있다.

한편, 국제 금융서비스를 국가의 주요 산업으로 채택하고 있는 싱가포르도 말레이시아, 인도네시아와 마찬가지로 이슬람 은행과 전통은행 모두를 인정한다는 공통점을 가지고 있다. 또한 인도네시아처럼 별도의 이슬람 은행법 제정 없이 2005년 기존 은행법에 이슬람 은행과 관련된 사항을 추가하여 채택하고 있다. 또한, 싱가포르는 2005년 이슬람 금융 거점화를 선언하면서 은행의 이슬람 거래방식 도입 및 투자 상품 판매를 허용하였고, 이슬람 방식의 부동산 거래에 있어서도 인지세 및 이중과세를 폐지하는 등 이슬람 금융이 발전하고 있다.

나. 동남아시아 이슬람 금융

(1) 이슬람 은행

동남아시아 국가 중 이슬람 은행이 발전한 대표적인 국가로 말레이시아와 인도네시아를 들 수 있다. 이들 국가는 앞서 언급한 바와 같이 이슬람 전업 은행과 전통적인 은행이 공존하는 이원화된 체계를 가지고 있다.

말레이시아의 이슬람 은행은 이슬람 은행법Islamic Banking Act 1983에서 제시하고 있는 바와 같이 샤리아 위원회의 자문을 받아 이슬람 율법에 위배되지 않도록 영업을 영위하여야 한다. 또한, 말레이시아는 이슬람 은행과 전통 은행이 공존하는 이원화된 체계를 가지고 있기 때문에, 전통은행은 유효한 영업면허를 보유하고 있는 경우에만 이슬람 창구를 통한 영업을 수행할 수 있다.

이러한 이슬람 창구를 통한 운영은 말레이시아 최초의 이슬람 은행인 이슬람 말레이시아은행Bank Islam Malaysia이 설립된 후 말레이시아 중앙은행이 무이자 은행 계획Interest-free Banking Scheme, IBS을 도입하면서 가능해졌으며, 1994년에는 이슬람 은행의 은행 간 시장도 창설되었다. 한편, 말레이시아 정부는 이슬람 금융의 발전을 지원하기 위해 금융센터 마스터플랜과 자본시장 마스터플랜을 발표하였으며, 이러한 정부의 적극적 지원을 통해 이슬람 은행뿐만 아니라 이슬람 금융도 활발히 성장하게 되었다.

2015년 기준, 말레이시아는 상업은행, 투자은행, 이슬람 은행 등 총 54개 은행이 존재하며, 이 중 이슬람 은행은 16개로 약 30%의 비중을 차지하고 있다. 또한 이슬람 은행의 총 자산은 2015년 6,854억 링깃으로 약 2조 5천억 링깃에 달하는 말레이시아 전체 은행 시스템 자산 중 26.8%를 차지하고 있으며, 이슬람 은행이 말레이시아 은행 시스템에서 차지하는 비중은 꾸준히 증가하여 왔다.

표 4 말레이시아 이슬람 은행 현황

		2008	2009	2010	2011	2012	2013	2014	2015
자산[1]	금액[2]	251	303	351	435	495	558	615	685
	비중[3]	17.4	19.6	20.7	22.4	23.8	25	25.5	26.8
네트워크		2,039	2,087	2,102	2,147	2,171	2,177	2,192	2,206
고용자수		6,702	7,829	8,511	9,214	9,751	10,251	9,402	8,978

1) 이슬람 전업은행 자산 + 이슬람 창구은행 자산   2) 단위: 십억 링깃
3) 말레이시아 전체 은행시스템 대비 이슬람 은행
| 자료 : Bank Negara Malaysia

　다음으로 인도네시아는 무슬림 인구가 가장 많은 국가임에도 불구하고 말레이시아 같이 이슬람 은행과 전통 은행을 모두 인정하는 이원화된 제도를 채택하고 있다. 인도네시아 최초의 이슬람 은행은 1999년 설립된 샤리아 만디리은행Bank Syariah Mandiri으로 수쿡 발행 및 선박금융 주선 등 인도네시아의 이슬람 금융을 선도하는 역할을 수행하고 있다. 한편, 샤리아 만디리은행 외에 이슬람 전업 은행으로 인도네시아 샤이라 무아왈라트은행Indonesia Sharia Bank Muawalat 와 네가라 인도네시아Bank Negara Indonesia 를 들 수 있으며, 2015년 6월 기준으로 13개의 이슬람 상업 은행과 22개의 이슬람 창구 은행, 161개 이슬람 지방 은행이 존재한다.

표 5 인도네시아 이슬람 은행 현황

		2008	2009	2010	2011	2012	2013	2014	2015
자산[1]	금액[2]	51.3	68.2	100.8	149	199.7	248.1	279.1	279.2
	비중[3]	2.19	2.65	3.30	4.02	4.61	4.93	4.99	4.63
네트워크		1,024	1,223	1,763	2,101	2,663	2,990	2,910	2,881
고용자수		6,619	10,348	15,224	21,820	24,111	26,717	41,393	38,307

1) 이슬람 상업은행 + 이슬람 창구은행 + 이슬람 지방은행   2) 단위 : 조 루피아
3) 전체 은행시스템 대비 이슬람 은행

| 자료 : Bank Indonesia

(2) 이슬람 보험(타카풀)

일반적으로 보험은 투기성, 불확실성, 이자 지급의 요소를 포함하고 있으며, 이러한 요소들은 이슬람 율법에 위배되기 때문에 원칙적으로 이슬람권에서 성립될 수 없다. 그러나 사고 또는 위험에 처한 불행한 사람을 돕는다는 의미에서 보험은 이슬람 율법에서 제시하고 있는 의무 중 하나인 상부상조의 관념과 부합된다. 이에 이슬람 보험타카풀은 일반적인 보험과 목적은 동일하지만, 그 방식에서 이슬람 율법에 부합되어야 한다는 점에서 차이를 가진다.

이러한 이슬람 보험타카풀은 이슬람 보험타카풀 운영사에게 예탁된 보험금이 보험금 수혜자에게 기부금 방식으로 지불되는 방식으로 운영되며, 구체적인 운영방식은 이윤추구 여부에 따라 무다라바 모델과 와칼라 모델, 이를 결합한 혼합 모델로 구분한다.

[참고] 이슬람 보험(타카풀) 운영 모델

◎ 무다라바 모델

→ 업무 제공자과 자본 제공자의 계약형태로 양자가 공동사업을 통해 얻어지는
이익을 미리 정한 비율로 배분하는 이익배분계약 방식. (이충열 외 2인 재인용)

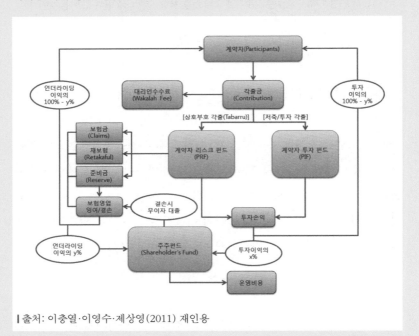

▌ 출처: 이충열·이영수·제상영(2011) 재인용

◎ 와칼라 모델

→ 의뢰자를 대표하여 대리인이 활동할 것을 위임하고, 미리 계약된 업무 수행에 대한 대가로 수수료를 지급하는 수수료 계약방식. (이충열 외 2인 재인용)

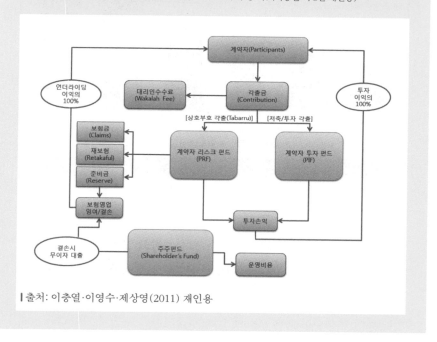

| 출처: 이충열·이영수·제상영 (2011) 재인용

전 세계 이슬람 보험시장에서 2014년 기준으로 가장 큰 비중을 차지하는 국가는 사우디아라비아48%이며, 그 뒤로 아세안이 약 30%를 차지하고 있다. 또한, 아세안 국가 중 가장 큰 이슬람 보험시장이 형성되어 있는 국가는 말레이시아로 그 규모는 2014년 전체 아세안 국가 이슬람 보험 규모의 71%에 달하며, 인도네시아는 23%를 차지하고 있다.

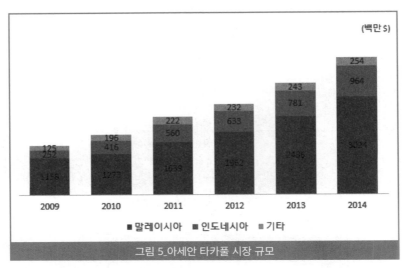

(백만 $)

	254
	964
243	
232	781
222 633	
196 560	3?24
125 416	
252	2485
3158 1273 1639	1962

2009　2010　2011　2012　2013　2014

■ 말레이시아　■ 인도네시아　■ 기타

그림 5_아세안 타카풀 시장 규모

|자료 : Global Takaful Insight 2014

이처럼 아세안 국가 중 가장 큰 시장을 형성하고 있는 국가는 말레이시아인 반면, 아세안 국가 중 가장 빠르게 이슬람 보험시장이 발전하고 있는 국가는 인도네시아다. 인도네시아의 경우, 국민 대부분이 보험 혜택에 대한 인식이 부족하여 아직 80%에 달하는 국민들이 보험에 가입되어 있지 않은 가운데 다양한 국내외 기업들이 인도네시아 보험시장에 진출함에 따라 빠르게 성장하고 있는 것이다.

한편, 말레이시아는 1984년 타카풀 법Takaful Act을 제정하고, 1985년 최초의 말레이시아 타카풀 회사인 Syarikat Takaful malaysia Sendirian Berhad를 설립했다. 이후 회사는 말레이시아 정부의 적극적인 이슬람 보험타카풀 육성정책을 통해 지속적으로 성장하고 있다.

말레이시아는 2014년 기준으로 11개 이슬람 보험 타카풀 사업자가 등록되어 있으며, 50,716개 생명보험에 해당하는 가족 타카풀 Family Takaful 취급 대리점과 66,429개 손해보험에 해당하는 일반 타카풀 General Takaful 취급 대리점이 운영되고 있다. 이때, 말레이시아 이슬람 보험 타카풀 상품이 가족 타카풀과 일반 타카풀의 두 가지로 한정된 이유는 1984년 제정된 타카풀 법 Takaful Act 에서 이슬람 보험 타카풀의 주요 상품을 가족 타카풀과 일반 타카풀로 제한하였기 때문이다.

표 5 말레이시아 타카풀 시장구조

		2009년	2010년	2011년	2012년	2013년	2014년
등록 사업자수		8	9	11	12	12	11
대리점	가족	55,989	42,698	66,338	68,009	50,716	50,716
	일반	32,997	31,391	33,970	37,543	66,429	66,429
	총합	88,895	74,089	100,308	105,552	117,145	117,145
종사자 수		2,499	2,713	2,846	2,758	3,162	2,720

| 자료: Bank Negara Malaysia, Annual Takaful Statistics 2014.

말레이시아 이슬람 보험 타카풀의 자산은 2014년 약 22.7십억 링깃으로 이는 말레이시아 GNI의 2.2%를 차지하며, 타카풀을 포함한 말레이시아 전체 보험 산업의 9.1%에 해당하는 규모이다.

표 6 말레이시아 타카풀 자산현황

	2009년	2010년	2011년	2012년	2013년	2014년
가족	10.5	12.4	14.4	16.3	18.0	19.6
일반	1.9	2.2	2.6	2.8	3.0	3.1
총 타카풀	12.4	14.6	17.0	19.0	20.9	22.7
타카풀/GNI	1.9	2.0	2.0	2.1	2.2	2.2
타카풀/총 보험	7.6	8.1	8.1	8.2	9.0	9.1

| 자료 : Bank Negara Malaysia, Annual Takaful Statistics 2014.

(3) 이슬람 채권(Sukuk)

이슬람 채권을 의미하는 수쿡Sukuk은 이슬람 금융계약을 근거로 샤리아에 적법하게 유통되는 채권이다. 일반적인 채권은 채권 발행자가 만기까지 약정된 이자를 지급하고 만기일에 원금을 상환하는 형태인 반면, 수쿡은 이슬람 율법을 근거로 발행되기에 이자 지급이 아닌 사업 수익금을 배당금 형태로 지급한다는 점에서 차이를 가진다. 이때, 조달된 자금의 용도가 이슬람 율법에 위배되는 사업에 사용되거나 화폐가 가지는 교환의 수단을 벗어난 용도로 사용되는 것을 금기하기에 샤리아 위원회의 사전적 검증을 받아야 한다는 제한조건이 따른다.

수쿡은 이슬람 금융시장에 유동성을 공급하고 투자를 제공하는 중요한 역할을 수행하고 있다. 2014년 세계 금융시장의 불확실성과 원유가격 하락

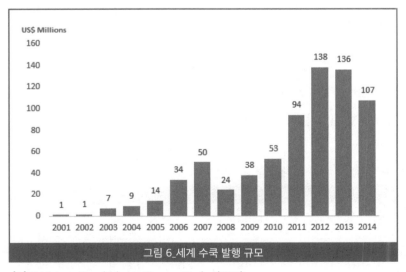

그림 6_세계 수쿡 발행 규모

▌자료 : International Islamic Finance Market(IIFM)

등으로 세계 수쿡 발행시장의 규모가 다소 감소하였으나, 여전히 세계 수쿡 발행 시장은 2001년 이후 지속적으로 성장하는 모습을 보이고 있다.

한편, 세계 최대 수쿡 발행시장은 말레이시아로 세계 수쿡 중 67.3%를 발행 2014년 기준 하고 있으며, 이 밖에 수쿡은 바레인 2.7%, 인도네시아 3.7%, 아랍에미리트 8.1%, 수단 2.1%, 사우디아라비아 7.8% 등이 차지하고 있다.

이와 같이 말레이시아가 세계 수쿡 시장 개발의 선도자 역할을 수행하게 된 배경에는 말레이시아 정부의 적극적인 노력이 있다. 먼저, 말레이시아는 1983년 이슬람 은행법 Islamic Banking Act 1983 IBA 및 정부투자법 Government Investment Act 1983 제정을 통해 수쿡의 발행을 허가하였다. 다음으로, 2001년

그림 7_국가별 세계 수쿡 발행 비중

| 자료: IIFM Sukuk database

'말레이시아 이슬람 금융의 허브화'라는 목표 달성을 위해 자본시장 마스터플랜 Malaysian Capital Market Masterplan 을 발표하였으며, 2003년 수쿡 발행에 대한 세제 혜택 조치와 2004년 수쿡 발행에 대한 규제 완화, 2005년 정부투자법 개정을 통해 다양한 수쿡의 발행이 가능하도록 조치하였다.

(4) 이슬람 펀드

일반적으로 펀드는 투자자로부터 자금을 모아 주식, 채권, 상품 등에 투자하여 발생한 이익을 투자자에게 지급한다. 이때 이슬람 펀드는 모든 주

식, 채권, 상품이 아닌 이슬람 주식, 수쿡 및 무다라바 거래형태의 상품 등에 투자하여 발생한 이익을 배당 형식으로 투자자에게 지급하는 방식을 취한다.

이러한 이슬람 펀드는 2000년 이후 급속히 확대되었으며, 전 세계적으로 사우디아라비아와 말레이시아가 이슬람 펀드 시장을 선도하고 있다. 한편, 이슬람 펀드는 이슬람 인덱스 펀드와 이슬람 부동산 펀드 등 매우 다양한 형태를 가지고 있다.

먼저, 이슬람 인덱스 펀드는 샤리아에 적합한 산업 및 기업으로 구성된 이슬람 주가지수에 투자하는 펀드를 의미한다. 이때, 이슬람 주가지수는 일반적인 주가지수와 산정방식은 동일하지만 개별 종목이 샤리아에 적합해야 하기에 샤리아 위원회에 의해 심사된 종목으로 구성된다. 한편, 이슬람 주가지수에 대한 샤리아 위원회의 심사는 대체로 2차 심사로 이루어진다. 먼저, 1차 심사로 업종 기준심사를 수행하며, 이 과정에서 샤리아에 위배되는 도박, 주류, 돼지고기 관련 산업들이 제외된다. 다음으로 2차 심사는 해당 기업에 대한 재무심사로, 이 과정에서 현금 및 소득 자산 등이 총자산에서 차지하는 비중이나 부적합 소득 여부에 따른 심사가 이루어진다. 이와 같은 2차 심사 결과로 샤리아에 적합한 기업에 대해 이슬람 주가지수가 산정되어진다. 이러한 이슬람 인덱스 펀드로는 홍콩의 항셍 이슬람 차이나 인덱스 펀드와 일본의 S&P/TOPIX 150 샤리아 주가지수, 대만의 FTSE SET 샤리아 인덱스, 다우존스 이슬람 시장 인덱스 등이 대표적이다.

다음으로, 이슬람 부동산 펀드는 샤리아에 적합한 부동산에 자금을 투자하는 펀드를 의미하며, 샤리아에 적합한 부동산이란 펀드의 운용 구조 및 투자대상이 되는 부동산의 용도가 샤리아에 부합되어야 함을 의미한다. 이러한 부동산 펀드는 운용 방식에 따라 임대형과 대출형으로 구분할 수 있다. 이때 임대형은 투자자들의 자금을 모아 수익형 부동산을 매입하고 이를 임대하는 형태이며, 대출형은 부동산 관련 사업 및 법인에 자금을 제공하여 수익을 창출하는 형태이다.

한편, 이슬람 부동산 펀드 중 대표적인 것이 이슬람 리츠Real Estat Investment Trusts, REITs이다. 이슬람 리츠는 주식 또는 수익증권 발행을 통해 투자자로부터 자금을 모집하고, 이를 부동산 또는 부동산 관련 유가증권 등에 투자하여 발생한 수익을 투자자에게 배분하는 형태로 운영된다. 이와 같은 형태의 부동산 펀드는 말레이시아에서 최초로 등장하였으며, 이러한 이슬람 리츠 중 가장 대표적인 리츠는 알 아카르Al-Aqar KPJ 리츠와 알 하다라 부스티드Al-Hadharah Boustead 리츠를 들 수 있다.

이 밖에 이슬람 선박펀드와 이슬람 채권펀드, 이슬람 헤지펀드 등 다양한 펀드가 존재한다. 이 중 이슬람 선박펀드는 다수의 투자자로부터 모집한 자금으로 선박을 취득한 뒤 이를 해운선사에 임대하는 방식으로 이루어지며, 이때 임대료 수입을 투자자에게 배당하는 방식을 취하고 있다. 이슬람 선박펀드는 당연히 투자 구조 및 투자대상이 샤리아에 적합하여야만 한다. 이슬람 헤지펀드의 경우, 투기적 목적의 투자를 허용하지 않는 샤리아법에 따라 초기에는 설립이 불가능하였다. 그러나 영국의 피마트Fimat가 샤리아법에 위배되지 않고 헤지펀드를 운용할 수 있는 기법을 개발하면서 설립되었으며, 이후 다양한 이슬람 헤지펀드가 존재하게 되었다.

4. 결론

전 세계적인 무슬림 인구 증가와 더불어 이슬람에 대한 관심 증가로 이슬람 금융 및 소비에 대한 수요가 증가하고 있다. 이러한 이슬람 금융 소비 문화는 앞서 살펴본 바와 같이 중동지역 국가들에 국한된 것이 아니며, 점차 동남아시아 이슬람 국가 및 비이슬람 국가에서도 이슬람 금융 및 소비 문화에 대한 관심과 중요성이 높아지고 있다. 그 예로 일본과 같은 동아시아 비이슬람 국가에서도 이슬람 금융 도입을 위한 법적 근거를 마련하고, 이슬람 창구를 통한 이슬람 금융을 활용하고 있다. 또한 동남아시아 무슬림 인구를 중심으로 이슬람 소비가 활발히 이루어지고 있으며, 비무슬림 인구 사이에서도 이슬람식 소비에 대한 관심 증가로 할랄 상품에 대한 수요가 증가하고 있다.

이러한 이슬람 금융 및 할랄 시장의 발전에도 불구하고 우리나라의 기업 및 금융시장은 아직까지 이슬람 경제를 적극적으로 활용하고자 하는 노력을 보이지 않고 있다. 이는 현재까지 이슬람 금융 및 할랄 상품시장에 대한 국내 정보가 풍부하지 않고, 샤리아 위원회 승인 절차 및 이슬람 문화적 사상 등 다양한 규제와 절차에 대한 이해와 정책적 지원이 부족하기 때문이다.

그러나 이슬람 경제에 대한 이해와 활용을 위한 정책적 지원이 수반될 경우 사업 다각화 및 비용 효율성 달성을 위해 동남아시아로 활발히 진출하고 있는 우리나라 기업들에게 큰 도움이 될 수 있다. 즉, 동남아시아로 진출한 기업들은 이슬람 금융이라는 새로운 자금원 확보를 통해 풍부한 자금을 통한 시장개척 및 기업 성장의 기회로 삼을 수 있다. 동남아시아 지역에서의 할랄 상품 시장 발전은 국내 수출기업들에게 신시장 진출을 통한 시장 확대로 성장의 기회를 제공할 수 있기 때문이다.

　이러한 동남아시아 이슬람 경제의 활용을 위해서는 금융기간, 기업, 정부 등 각 주체가 동남아시아 이슬람 금융기관 및 이슬람 관련 국제기관과 긴밀한 협력체계를 구축하여야 하며, 국내 이슬람 금융 관련 전문 인력이 부족하다는 한계를 보완하기 위해 이슬람 금융 관련 교육기관 및 연구기관과의 협력이 선행되어야 할 것이다. 또한 이슬람 금융을 활용하기 위한 관련 정보 제공과 더불어 할랄 시장에 진출하고자 하는 기업에게 동남아시아 국가별 진출 절차 및 규제 등의 정보를 제공할 수 있는 정부 차원의 지원이 이루어져야 할 것이다.

---

1 이슬람법에 근거한 도축방식을 다비하(Dhabihah)라 부르며, 무슬림은 다비하로 도축된 육류만을 소비함

2 Pew Research Center's Forum on Religion & Public Life

심두보

현 성신여자대학교 미디어커뮤니케이션학과 교수.

제4절
동남아의 한류

1. 서론

한류 열기가 전 세계 구석구석을 파고들고 있다. 드라마와 영화를 필두로, 1990년대 말 이후 점차 주변 아시아 국가들의 일상적 문화로 자리한 한국 대중문화는 여러 번의 부침을 거듭하면서도 아이돌을 중심으로 한 K-pop의 인기와 함께 전 세계로 지역적인 확장을 이루고 있다. 마침내, 2012년 싸이의 '강남스타일'은 미국 빌보드 핫100 차트The Billboard H.O.T. 100에서 7주간 2위를 차지했으며, 영국 음반차트The UK Albums Chart에서는 1위에 오른 바 있다. 인기의 진원지라 할 만한 유튜브YouTube에서는 조회수 10억을 돌파한 역사상 최초의 뮤직비디오가 되었으며, 2016년 7월 2일 현재 조회수는 26억으로 유튜브 사상 단일 영상 최다 조회수를 기록했다.

매우 간략하게 정의해서, 한류란 한국 대중문화의 초국가적인 이동·유통과 한국 대중문화에 대한 외국 수용자들의 팬덤fandom이라는 두 개의 서로 밀접히 관련된 층위로 구성된 문화현상이다. 이러한 한류 현상이 가능하기 위해 한국 대중문화의 생산이 전제된다. 대중문화의 생산, 유통, 소비는 그에 부수하는 요소들 예를 들어 법적 규제, 문화의 재현, 문화 수용에 따른 정체성 형성의 문제 등과 지속적으로 영향을 주고받는다. 이 과정에서 "문화의 회로"circuit of culture를 구성하는 생산production, 소비consumption, 규제regulation, 재현representation, 정체성identity 등의 요소는 스스로의 형식을 고쳐나가고, 이를 통해 해당 대중문화의 의미를 변화시킨다du Gay, Hall, Janes, Mackay, & Negus, 1997.

이 글은 대중문화를 이해하는 전체론적 시각에 기초하여 K-pop 및 한류의 생산과 수용에 관련된 몇 가지 이슈와 그 의미를 살펴볼 것이다. 특히, K-pop이 어떤 방식으로, 어떤 대내외적 맥락 속에서 형성되었는지를 살펴본 후, 동남아시아라는 상이한 역사적·문화적 경험을 가진 지역의 K-pop 수용 방식을 비교할 것이다. 이 과정을 통해 근대성 개념이 한국과 동남아의 각기 다른 환경에 어떻게 작용하였는지를 검토할 것이다. 다음 장에서는, K-pop 현상의 핵심에 아이돌이 있다는 점을 고려하여 아이돌 생산과 수용의 구조를 검토하겠다.

2. 아이돌의 생산과 한류의 유통

아이돌은 원래 숭배 대상, 즉 신에 근접한 우상을 가리키는 보통명사다. 그런데 한국에서는 우상처럼 숭배를 받는 대중 연예인이라고 해서 그 모두가 아이돌로 불리지 않는다. 대신에 연예기획사 특유의 스타 시스템을 통해 생산된 주로 10대~20대 초반의 젊고 예쁜 그룹 소속의 가수만을 가리킨다차우진·최지선, 2011. 한국에서 아이돌 스타 시스템은 1990년대 중반 SM엔터테인먼트의 이수만에 의해 시작되었다고 알려져 있다. 특히 1996년에 데뷔한 보이그룹 H.O.T.의 탄생 비화는 아이돌 생산 시스템의 초기 양상을 잘 드러낸다. H.O.T.를 만들기 전, SM은 10대 청소년들을 대상으로 사전조사를 하여 이들이 좋아할 만한 스타의 외모, 캐릭터, 노래 스타일 등에 대해 연구했다. 보이그룹 멤버를 선발하기 위해 SM은 전국적으로 오디션과 댄스 콘테스트를 개최했으며, 이에 더해 스카우트 팀을 미국 로스앤젤레스로 파견했다. 당시 SM은 직원 40여 명 중 16명을 신인 개발팀에 배치할 정도로 탤런트 스카우트 분야에 공을 들였다장규수, 2011. 일단 5인의 멤버가 구성되자 SM은 이들을 합숙시켜 가창, 안무 등의 훈련을 6개월 간 집중적으로 받게 한 후에야 첫 앨범을 출시했다.

H.O.T.의 성공 이후, 비슷한 방식으로 제조된 여러 아이돌 그룹이 우후죽순 격으로 등장했다. 기획사들은 아이돌 그룹의 결성뿐 아니라 음반 제작, 아이돌 관리, 광고 계약 등 연예 활동의 전반을 아우르는 종합적인 매니지먼트 회사로 그 모습을 갖추어 나갔다. 1990년대 후반에 시작된 한류에 따라 H.O.T., NRG, Baby Vox 등의 그룹은 중국, 대만 등지에서 대규모 콘서트를 열었다. 하지만 드라마 한류가 팬덤의 지역성과 깊이를 더해가며 발전한 것에 비해 대중음악 한류는 지속적으로 발전하지 못했다. 특히, H.O.T.가 2001년에 해체된 후 국내에서도 수년 간 아이돌 그룹 제반의 활동은 침체 상황에 접어들었다.

이 글은 2004년에 데뷔한 동방신기東方神起를 기점으로 그 이전까지의 아이돌을 1세대로, 그 이후를 2세대로 나눈다. 1세대 아이돌이 한류에 편승하는 정도에 그친 반면에 2세대 아이돌은 이미 형성된 한류를 적극적으로 활용하는 것을 주요 전략으로 삼았기 때문이다. 예를 들어, 1세대 아이돌 그룹의 기본적 타깃 대상은 국내 청소년과 20대였다. 예기치 않게 형성된 한류 바람에 따라 중국과 일본의 공연에서 이들은 자신들의 노래를 중국어와 일본어로 번역해 노래하는 것 이상을 보여주지 못했다. 하지만 동방신기는 그 이름에서 드러나듯 중국, 일본, 동남아 등 동아시아 시장을 목표로 하여 활동을 시작했다. 즉, 2세대 아이돌의 기본 전략은 해외 시장 공략이었다.

이제 각 연예기획사의 연습생 수련 과정에 영어, 중국어, 일본어 교육은 필수가 되었으며, 몇몇은 일본 및 중국 등지에 어학연수를 가기도 한다곽민영, 2011. 가수 비가 소속된 제이튠 엔터테인먼트의 대표 조동원은 다음과 같이 말한 바 있다: "비의 경우에도 가장 투자를 많이 하는 분야가 바로 언어다. 외모나 춤, 가창력만으로는 해외 시장에서 메이저가 되는 데 한계가 있다김성의, 2009." 시사주간지 〈시사IN〉 기자 고재열에 따르면, 한 SM엔터테인먼트 소속 연습생에게 춤, 노래, 연기 연습에 더해 외국어 공부까지 하는 것이 어렵지 않느냐고 물었더니, "한국 시장은 좁잖아요"라고 짧게 대답했다고 한다. 아시아 시장이 중요함에 따라 SM의 이수만 회장은 자사 연습생들에게 "아시아적으로 사고하라"라고 끊임없이 강조한다이문행, 2011, 15~16쪽 재인용.

외국어를 단기간에 익히기가 쉽지 않다는 점은 기획사로 하여금 외국어 실력을 지닌 "해외파"를 발탁하는 전략을 하도록 이끈다. 이에 따라 H.O.T. 이후 보이그룹와 걸그룹에 적어도 1명의 교포 출신 멤버가 포함되는 것이 기본 전략이 되었다. 기획사들의 해외 시장 개척 전략은 해외 교포 발탁에 그치지 않고, 외국인 멤버를 보이그룹 및 걸그룹에 캐스팅하는 것으로 확대된다. 슈퍼주니어의 전 멤버 한경중국, U-Kiss의 전 멤버 알렉산더홍콩, 2PM의 닉쿤태국, f.x의 빅토리아중국와 엠버대만계 미국, 라니아의 조이태국, 미쓰에이Miss A의 지아와 페이중국, 에이프릴키스의 사라태국 등이 이러한 경우에 해당한다. 특히, 미쓰에이라는 이름은 'A클래스 급 실력을 갖춘 팀'이라는 뜻과 '아시아 시장 정복'의 중의성重義性을 갖고 있다. 유사한 맥락에서 라니아는 '아시아 아이돌의 부활Regeneration Idol of Asia'이라는 팀명을 통해 아시아 시장에 진출하겠다는 목적을 분명히 했으며, 멤버들은 영어, 중국어, 태국어, 일본어에 능통하다박인숙, 2011. 카라의 매니지먼트를 맡고 있는 DSP 미디어는 2008년 6인조 보이그룹 A'ST1을 데뷔시켰는데, 멤버 중 일본인 토모와 중국인 하이밍을 내세워 일본과 중국 시장에 진출하겠다는 전략을 갖고 있었다. 중국 시장 진출에 심혈을 기울이고 있는 SM은 2012년에 12명의 멤버를 갖춘 보이그룹 EXO를 데뷔시켰는데, 그중 6명이 중국인이다.

JYP 엔터테인먼트는 오로지 잘생긴 아시아인이라는 이유만으로 미국 LA에서 닉쿤을 길거리 캐스팅했다정경희, 2009. 소속사의 기획과 계산이 들어맞아, 그는 태국에서 상당한 인기를 누리고 있다. 한류 스타 비와 같은 연예기획사에 소속된 태국인이라는 사실 때문에 연습생 시절에 이미 비의 태국 CF에 출연한 바 있으며, 현재 태국에서 단독 CF에도 출연할 정도로 국민적 스타가 되었다강명석, 2009.[1] 2009년 닉쿤은 태국관광공사의 홍보대사로 임명되었으며, 이와 관련해 2PM은 2009년 7월 아피싯 웨차치와 태국 총리를 만나기도 했다Saengmanee, 2009. 닉쿤은 한류가 동남아에서 지속적으로 성장할 수 있도록 교두보 역할을 한 것이다.

  닉쿤과 같이 성공한 '수입 아이돌'의 존재는 외국의 가수 지망생들이 코리안 드림을 좇아 서울로 진출하도록 부추기고 있다. 필자가 2010년 7월에 인터뷰한 싱가포르 국립대학교 내 댄스 동아리 회원 압둘 빈 모하메드는 서울로 이주해 백댄서가 되는 것을 진지하게 고민하고 있었다. 이후, 그가 정말 한국에 왔는지는 확인되지 않고 있지만 SM엔터테인먼트가 매주 토요일에 주최하는 공개 오디션에는 동남아, 일본, 중국 출신 가수 지망생들이 많이 참가하고 있다. 한 일본 여성은 "세계적으로 유명해지기 위해서" SM 주최 공개 오디션에 참가하게 됐다고 말했다SBS, 2010. 중국에서 온 한 오디션 참가자는 "한국에서 스타가 되면 중국에서 스타가 되기 쉽다"고 말하여, 한류 네트워크의 기능을 재확인시켰다TVN 2010. 이 한류 네트워크 내 인구 이동은 반드시 일방통행적인 것은 아니어서 간미연, 미나 등 한국에서 인기가 하락한 연예인들은 한류 "위성도시"인 베이징에서의 활동을 재기의 발판으로 삼았거나 삼고 있다. 2010년 병역비리 문제로 국내 활동에 어려움을 겪었던 배우 박해진은 약 2년간의 중국 활동 후 2012년 초 국내 방송에 복귀했다배중현, 2012. 한국에서 조연급인 추자현은 중국에서 "한류 스타" 대접을 받으며 주연배우로 활동하고 있다유아정·배중현, 2011.

  한류 현상 덕분에 한국 TV 프로그램은 유튜브를 통해 전 세계적으로 조회되고 있다. 필리핀 가수 채리스Charice Pempengco는 2007년 SBS 〈스타킹〉에 출연하여 슈퍼주니어의 규현과 듀엣으로 노래를 불렀다. 부분적으로는 슈퍼주니어의 인기 덕에 해당 동영상의 유튜브 조회 수가 급증했다. 이 동영상을 시청한 미국 NBC 방송의 토크쇼 진행자 엘렌 디제네레스Ellen DeGeneres는 채리스를 자신의 프로그램 〈엘렌 디제네레스 쇼The Ellen DeGeneres Show〉에 출연시킨다. 이후 채리스는 〈오프라 윈프리 쇼〉 등에 출연하며 국제적인 가수로 도약했으며, 자신의 2010년 앨범을 '빌보드 200 앨범 차트' 8위에 랭크 시키기도 했다.

이 같은 상황 속에 국내 방송 오디션 프로그램에 참가하고자 하는 외국인이 급증하고 있다. 예를 들어, 2011년 오디션 프로그램 〈슈퍼스타K 시즌 3〉는 지역 예선을 국내 8개 도시뿐 아니라 뉴욕, 베이징, 도쿄 등 해외 5개 도시에서 실시했다. 또한, 2011년 12월에 방송을 시작한 〈SBS 서바이벌 오디션 K-pop 스타〉의 해외 예심 신청 첫날 하루 동안 1,000여 명의 해외 지원자가 신청했다김치윤, 2011a. 이러한 상황 속에서 한 방송국은 한류 네트워크에 속한 다른 국가의 방송국과 아이돌 선발 TV 프로그램을 공동 제작하기에 이르렀다. 즉, 케이블 채널 ETN은 〈글로벌 슈퍼아이돌〉이라는 명칭의 오디션 프로그램을 2012년 3월부터 수개월간에 걸쳐 방송키로 하였는데, 태국과 중국의 방송국이 공동 제작, 공동 방영을 하게 된다. 이 프로그램의 매력은 10억 원의 1등 상금뿐 아니라 우승자가 예당엔터테인먼트와 트로피엔터테인먼트의 소속 가수 자격으로 바로 데뷔할 수 있게 함으로써 한류의 혜택을 누릴 수 있는 특전이 주어진다는 점이다김치윤, 2011b.

2011년 가을에는 연예기획사 큐브엔터테인먼트가 동남아 지역의 한류

스타 지망생 오디션 프로그램인 〈K-POP Star Hunt〉K-pop 스타 헌트를 제작했다. 3개월 간 싱가포르, 대만, 필리핀, 태국, 홍콩의 5개국에서 예심을 가졌는데 총 5,844명이 지원했다김지섭, 2011. 또한 예심과 본선 진출자 11명의 한국 트레이닝 과정은 아시아 10개국에서 tvN Asia, 채널V, 스타월드 3개 채널을 통해 방송되었다심재걸, 2011. 2012년부터 인도네시아 최대 민영방송국 인도시아르는 인도네시아 현지의 한국 연예기획사인 YS미디어 및 한국 내 기획사인 레인보우 브릿지와 함께 가수 선발 오디션 프로그램 〈갤럭시 슈퍼스타〉를 제작하고 있다. 프로그램의 취지는 K-pop 스타 시스템을 통해 인도네시아의 아이돌 스타를 만들어 낸다는 것으로, 오디션에서 최종 선발된 가수 지망생 11명의 6개월간의 한국 생활과 트레이닝 과정을 매주 일요일 밤 황금시간대에 방송하고 있다신진우·박희창, 2012.

2016년 현재 SM, JYP, 큐브 등 국내 주요 연예 기획사는 외국인 전용 트레이닝 센터를 갖추고 각각 10명 내외의 외국인 연습생을 훈련시키고 있다. YG는 미국과 태국에서만 실시하던 해외 오디션을 싱가포르, 말레이시아 등지로 확대할 예정이다신진우, 2011; TVN, 2010. SM엔터테인먼트는 경기도 오산에 건립할 예정인 약 5만 6000평 규모 부지의 SM타운에 외국인 연습생을 수용하기 위한 용도의 국제아카데미를 세우기로 했다이성호, 2011. 태국에서는 한국의 오디션 프로그램을 통해 한국 무대에 스타 지망생을 진출시키는 것을 목표로 한 연예 기획사가 성행하고 있다. 방콕에서 엔터테인먼트 사업을 하는 박진아 대표는 다음과 같이 말한다.

"짧게라도 한국에서 활동한 이력만 있으면 태국은 물론 아시아 전역에서 인지도를 얻을 수 있어요. 사업적으로 큰 기회가 열리는 것이지요. 지

금 이 순간은 서울이 바로 뉴욕이고 런던인 셈이에요."정호재, 2011

　마침내 외국인이 걸그룹 멤버로서가 아닌 솔로가수로서 한국 가요계에 등장했다. 한국에서 2년 동안 트레이닝 받은 태국인 차유타 수완파린은 리타Lita란 예명을 갖고 2011년 4월 17일 SBS TV 〈인기가요〉를 통해 한국 가요계에 데뷔했다. 그녀는 태국에서 한국 가요를 듣고 자랐으며, 한국에서 가수로 성공하겠다는 꿈을 키워왔다고 한다. 소속사 예음미디어는 리타를 "한국과 태국을 잇는 가수로" 성장시킬 계획이다황인성, 2011; MBC, 2011. 이와 같이 한류는 이산된 공공 영역을 낳고 있으며, 스타가 되기 위해 서울로 이주하는 동남아인들은 전 지구화 시대에 활발히 전개되고 있는 인구 이동 양상의 새로운 항목으로 기재된다.

　2세대 아이돌 형성의 근간인 해외 시장의 존재는 아이돌의 음악 형식에 몇 가지의 변화를 가져왔다. 불특정 다수를 만족시켜야 한다는 고민은 반복성에 의존한 곡의 양산으로 이어졌다. 후크송으로 대표되는 반복적 리듬, 단순한 멜로디, 영어 단어를 많이 사용하는 그러나 무의미한 가사, 절도 있는 군무가 그 특징을 이룬다. 이는 K-pop이 진본성authenticity과 창의성을 결여하고 있다는 비판의 주요 근거가 되었다. 반면에, 글로벌한 시장으로 진출해야 한다는 목표는 역설적이지만 특정 아이돌 그룹으로 하여금 음악성에 대해 보다 진지한 고민을 하도록 이끌었다. 이제 1990년대에 만연했던 댄스 퍼포먼스를 통한 대중성 확보 노력만으로는 보다 다양한 음악적 수용의 경험을 가진 외국의 팬들에게 지속적인 사랑을 받을 수 없게 되었다. 과거의 1세대 아이돌을 포함한 이전 세대의 한국 대중가요가 서양의 장르와 트렌드를 흉내 내고 그 이미지를 차용하는 수준에 그쳤다면,

2세대 아이돌은 보다 본격적으로 유로뮤직 등을 포함한 글로벌 팝의 감수성을 재현해냈다강일권, 2011. 일테면 소녀시대의 "소원을 말해봐"와 "I got a boy"는 유럽의 음악 창작집단인 디자인 뮤직Design music이 만든 것이며, 2ne1은 미국의 유명 힙합 아티스트 스눕독Snoop Dogg, 윌아이엠will. i,am 등과 공동작업을 한다. 유럽과 미국음악에 대한 본격적인 참고는 오랜 관행이던 일본 대중음악에 대한 의존을 경감시켰으며, 이에 따라 1990년대에 종종 발생했던 일본음악 표절 시비도 상당한 정도로 줄어들었다.[2]

3. 동남아의 한류 인식과 소비

외국이 어떤 시각을 갖고 한류를 수용하는지를 이해하는 것은 한류 인식에 대한 객관화를 통해 한류에 투영된 한국사회의 욕망을 이해하는 단초가 될 것이다. 아시아 밖에서 한류를 주목한 것은 싸이의 〈강남스타일〉 인기 당시라 할 수 있다. 미국을 비롯한 서구는 다소 당혹스러울 정도로 대대적으로 한류와 강남스타일 인기를 주목하기 시작했다 물론, 이 사실이 한류가 서구에서 주류 대중음악의 반열에 올랐다는 것은 아니다. 미국의 공영라디오 엔피알NPR: National Public Radio은 다음과 같은 세 가지 요인을 기초로 해서 K-pop이 전 세계를 장악하게 되었다고 분석한다.

1 수출주도형 경제국가인 한국이 음악의 산업화에 성공함
2 연예기획사가 듣는 음악이 아닌 보는 음악을 만들어냄
3 정보화 강국답게 유튜브를 활용함

엔피알은 "'강남스타일' 현상은 개발도상국이 선진국으로 변모함에 따라 발생한 것이다"라는 요지의 문장과 함께 기사를 마무리했다Chace, 2012. 주류 일간지 워싱턴포스트The Washington Post는 K-pop 발전의 원동력으로 한국 "경제 기적"의 결과물인 소비자 구매력이 한국 내 음악시장 활성화를 추동했음을 지적한다. 이에 더해 '강남스타일'이 K-pop의 전형적인 건전성이 아니라 전복성과 풍자, 유쾌함을 통해 미국인들에게 어필했다고 분석한다.

시사·문화 비평지 뉴요커The New Yorker는 "공장 소녀: 문화 테크놀로지와 K-pop의 제조"Factory girls: Cultural technology and the making of K-pop라는 표제의 기사를 통해 K-pop의 "공장" 시스템에 주목한다. 이 기사는 K-pop이란 것이 "문화테크놀로지"에 기초한 "공장"에서 제조되는 것이기에 개인의 창의성이 억압된다는 점을 지적한다. 기사는 지나치게 "로봇 같아서" robotic 서구에서 성공하지 못하는 다른 K-pop 가수들과 달리, 싸이는 공장 시스템의 결과물이 아니기에 미국에서 성공할 수 있었다고 설명했다Seabrook, 2012. 이와 함께 해당 기사는 K-pop이 음악스타일뿐 아니라 공연무대 장식도 마돈나Madonna, 바비 브라운Bobby Brown 등 미국 음악을 모방했음을 지적한다. 즉, 미국 주류 언론은 다음 세 가지 면을 주목하며 싸이와 K-pop을 읽어내고 있었다. 1) 개발도상국으로서 한국의 변화·발전 2) 한국 음악 산업의 공장 시스템 3) 전형적인 K-pop 음악과 '강남스타일'의 차이. 결국 미국 언론은 근대성이라는 패러다임에 기초해 한국의 경제·문화적 변화를 분석하고자 했다.

미국의 한류 관점과 동남아시아의 한류 관점 사이에 공통분모가 있는

데, 그것은 한류로부터 한국과 아시아의 근대성을 찾아내려는 시각이다. 미국의 주류적 관점에서 한류를 통해 "이해하기 쉽지 않은" 한국/아시아적 근대성의 특징을 발견하고 분석하려는 태도가 내재한다면, 동남아시아의 그것에는 한류를 통해 아시아적 동질성에 대한 상상을 함으로써 한국 근대성의 성취를 학습하고 전유하고자 하는 태도를 찾아볼 수 있다. 필자는 2010년에 필리핀 마닐라에서 행한 한류 팬 대상 인터뷰에서 이러한 태도가 일상에서 실천되고 있음을 확인했다. 필자와의 그룹 인터뷰가 시작되기 전, 한 참가자가 "파이팅"이라고 외치자 나머지 다섯 명의 참가자들이 "파이팅"을 복창했다. 사실 한국에서 "파이팅"은 일상어임에도 불구하고 어법에 맞지 않는 영어표현, 다시 말해서 콩글리시Konglish이기에 주류 언론과 교과서에 의해 교정되어야 할 단어로 규정돼왔다성대석, 2010. 하지만 필리핀에서 "파이팅"은 한류 팬이라면 자랑스럽게 사용해야 할 한국어 어휘로 받아들여지고 있었다. 한국은 적극적으로 배워야 할 대상이었다. 한 시간 정도의 인터뷰가 끝날 즈음에 이들은 서로 친해졌는지 함께 나이를 묻고, 그에 따라 언니 혹은 오빠로 호칭할 것을 다른 이들에게 요구하고 연락처를 교환했다. 나이가 중요한 역할을 하는 문화가 아닌 필리핀에서 이들은 마치 한국인들처럼 나이에 따른 위계질서를 만들어갔다.

팬을 대상으로 한 조사였다는 한계가 있음에도 불구하고, 당시 연구 참여자들의 발언 중에 인상 깊었던 것은 이들이 한국 아이돌들의 긍정적인 태도와 노력하는 모습을 통해 꿈을 키우고 있다고 대답하는 점이었다. 필리핀 팬들은 케이블 채널인 아리랑TV와 KBS월드, 그리고 한국 TV프로그램이 유통되는 여러 웹사이트를 통해 한국 아이돌의 이미지를 소비하고 있었다. 연예 대담 프로에서 아이돌들은 자신이 얼마나 힘든 과정을 거쳐서 연예인이 되었는지에 대해 얘기했다. 그들은 오랜 꿈의 실현을 위해, 그리고 부모님의 은혜에 보답하기 위해 노력하였으며, 그 과정을 거쳐 오늘날의 위치에 오를 수 있었다는 성공담을 감동적으로 풀어냈다. 이에 더해 이제는 "아낌없는 성원을 보내주시는" 팬들에게 보답하기 위해서라도 더욱 열심히 노력하겠다고 덧붙였다. 연구 참여자들은 아이돌들의 이런 이야기로부터 희망과 영감을 얻는다고 대답했다. 사실 방송에서 아이돌이 얘기하는 개인 스토리는 어느 정도 윤색이 가해졌을 가능성이 높다. 그럼에도 불구하고 팬들에게 아이돌의 이야기는 시뮬라크르가 되어 한국의 근대성을 상징하고 자신들이 따라가야 할 미래로 인식되고 있었다. 한류 팬들은 아이돌이 방송에서 외치는 "파이팅" 구호에 담겨 있는 밝은 미소, 건전한 태도를 근대성을 담보하는 기호이자 가치로 인식하고 적극적으로 전유하고 있었다.

미국과 동남아시아는 근대성이라는 동일한 잣대를 통해 K-pop을 바라보고는 있지만 그 시선의 온도차가 달랐다. 미국의 주류 언론이 K-pop을 바라보는 시선이 신흥자본주의 국가에서 벌어지는 비인권적 시스템의 개성 말살을 비판적으로 분석하는 것이라면, 필리핀에서는 근면성과 노력이라는 가치의 구현을 통해 근대화를 이룬 한국의 "성공"이라는 새로운 기호로서 한국 아이돌을 대상화한다. 사실, 한국 드라마와 함께 K-pop이 아시아에서 매력적인 이유로 콘텐츠의 혼종성을 주목할 필요가 있다Shim, 2006; 김수정·양은경, 2006; 류웅재, 2008. 보다 오락적 완성도가 높고 보편적 감수성을 내포한 서구적 스타일을 한국 대중문화가 아시아적 정서로 잘 소화해 냈으며, 이를 아시아의 일반 대중이 큰 거부감 없이 수용할 수 있게 되었다는 점이다. 이와 관련해 역사학자 임지현이 젊은 한국 가수들의 콘서트를 본 후에 쓴 다음의 글은 시사하는 바가 크다.

그 랩퍼는 자기는 본인은 어른들이 싫다며 기성세대를 향해 직격탄을 날린다. 김진표가 "외쳐 봐"하고 절규하면 청중들은 일제히 "닥쳐 봐"라고 응답한다. 그가 "아저씨"하고 외치면, 우리는 다시 "닥쳐 봐"하고 소리 지른다. 자신이 싫어하는 어른들에게 입 닥치라는 메시지를 전하고 싶었다는 것이다.... 충분히 반항적이고 전복적이다.... 그러나 정작 씁쓸한 것은 자신의 밴드 멤버들을 소개하는 그 가수의 태도이다. 어른들에게 "닥쳐 봐"하던 기세는 온 데 간 데 없고, '형님들'을 소개하고 대하는 그의 태도는 '조직의 쓴맛'을 본 사람처럼 정중하기 짝이 없다.... 이 랩퍼의 몸에 밴 규율 권력은 어디서부터 유래하는 것인가 하는 생각에 ... 마음이 무거웠다임지현, 2000, p. 27

최근의 예능프로그램을 봐도 아이돌들은 서로간의 선후배 위계질서를 깍듯이 지킨다. 개인의 인권을 중시하는 서구 근대성의 잣대로 바라보면 이해되지 않는 이러한 행동 양식이 아시아적 감성이라는 측면에서는 건전한 예의로 보인다. 위에서 소개한 필리핀 팬들은 아이돌들의 이러한 모습을 보며 아시아적 근대성을 상상하고 있다. 결국, 지역적 수용에 있어서의 임의적 조건을 주목해야 한다. 다시 말해, 한류 콘텐츠와 수용국의 정치·사회·기술적 요인들 간의 상호작용이 불러일으키는 문화적 의미를 경험적으로 고찰해야 한다. 이를테면 동남아시아 여러 나라에서 한국 대중문화는 자본주의적 경쟁력을 갖춘 텍스트로 인식된다. 대부분의 나라에서 자국의 대중문화가 최고의 인기를 누리는 것은 사실이지만 캄보디아, 라오스, 베트남, 필리핀 등의 국가는 해외 시장에서 경쟁할만한 자국의 문화산업을 키울 여력이 없었다. 동남아의 부국 싱가포르만 해도 적은 인구로 인해 외래문화의 소비시장으로서의 위치에 만족하고 있다.[3] 이러한 상황에서 많은 동남아시아 수용자들은 한국 드라마와 K-pop의 세련된 스타일과 내용, 오락적 완성도 때문에 팬이 되었다고 고백한다 김수정 2012; 심두보 2007 .

동남아에서의 한류 수용을 분석하는 데 있어서 중요한 요소는 각 지역에서 실천된 "누적된 수용 경험"의 맥락을 파악해야 한다는 것이다. 민족주의적 자긍심에 근거해 일각에서 주장하는 것처럼, 아시아 대중문화의 개별성을 해체한 유일한 사례로서 한류가 존재하는 것은 아니다. 근대 이전은 차치하더라도, 탈경계적 아시아 대중문화는 20세기 내내 있어왔다. 가까운 예로, 1970년대 이래 홍콩 영화와 망가를 필두로 한 일본 대중문화가 아시아 전역을 뒤덮었다. 2000년대 초 대만판 〈꽃보다 남자〉인 〈유성화원〉은 필리핀에서 62%의 시청률을 기록했으며, 지상파에서 모두 여섯 번이나 방영될 만큼 인기를 끌었다. 일본 망가와 대만 드라마는 필리핀과 인도네시아 등지에 먼저 상륙해, 지역 수용자들에게 동북아시아적 텍스트에 대한 감수성을 형성시켜줌으로써 이후 진입한 한국 드라마의 수용을 용이하게 했다 심두보, 민인철 2011 .

동남아 각국은 인도·중국·이슬람 문명의 유입, 서구에 의한 오랜 식민주의 경험 등을 통해 "복수의 문화적 경험" 김수정 2012 을 실천해 왔다. 이러한 "외래문화 수용의 일상화"는 지역민들에게 외래문화에 대한 개방성과 관용적 태도를 함양시키는 한편, 문화적 리터러시에 있어서 일종의 자기권능화를 초래해 새로운 외래문화에 대해 다소 냉소적이거나 차분한 태도를 취하게도 이끌었다. 즉, 다양한 외래문화의 성쇠를 경험했기에 새로운 문화의 유입에 굳이 큰 의미를 두지 않겠다는 식이다. 이러한 맥락에서 한류의 동남아 유입의 역사는 길지만 열광적 팬덤 내지 대중화는 동북아의 그것보다 늦게 발생했다. 예를 들어 〈대장금〉은 일본, 대만 등 동북아지역에서 쇠퇴하던 한류를 회생시킨 드라마였지만 싱가포르, 말레이시아 등지에서는 미약하던 한류를 급성장시킨 텍스트였다.

한류 현상이 발생했다고 해서 인도네시아의 수용자들이 J-pop 팬에서 K-pop 팬으로 정체성을 바꾼 것은 아니며, 이들은 여전히 다양한 외래 및 국내 대중문화를 선택적으로 수용하고 있다. 탈경계적 문화 수용의 일상화에 따라 문화의 오리진origin 보다는 문화번역에 따른 결과물의 효용이 더욱 중요해지고 있다. 그렇다고 해서 "탈경계적"이 "탈경계"는 아니며, "외국 미디어 텍스트의 오리진 혹은 국적은 [여전히] 많은 수용자들의 텍스트 선택과 수용 여부, 수용자의 정체성 형성에 영향을" 미치고 있다 심두보, 민인철 2011, p. 172. 동남아시아 문화 흐름은 더욱 복잡해지고 다변화되고 있다. 이 글에서는 동남아 여러 나라 가운데 한류의 중심이라 할 수 있는 싱가포르를 선택하여 동남아의 한류 현상의 실제를 검토하도록 한다.

4. 싱가포르의 한류 전개사(展開史)

인도양과 태평양이 교차하는 말라카 해협, 말레이반도의 남단에 위치한 싱가포르는 유럽과 아시아를 연결하는 지리적 거점으로서 오랫동안 해상 무역의 중심지였다. 이러한 지리적 특성으로 인해 아시아와 유럽의 다양한 문화와 문명의 만남과 충돌은 싱가포르의 사회 문화적 지형을 형성한다. 현재 싱가포르의 민족 구성은 중국계 76%, 말레이계 14%, 인도계 8%, 기타 2%이다. 같은 중국계라 하더라도 어느 지방 출신인가에 따라 복건어Hokkien, 티오추어Teochew, 광둥어Cantonese, 객가어Hakka, 하이난어Hainanese 등 서로 의사소통이 쉽지 않은 다양한 방언을 사용한다. 이들은 1970년대 이후 푸통화Mandarin 중심 정책이 실시되기 이전까지는 동향인 중심의 사회·경제활동을 하던 상황이었다. 영국의 식민지였다는 이유 말고도 말레이어와 인도계 타밀어를 포함한 다 언어적 현실은 싱가포르가 영어를 공용어로 채택하는 이유가 되었다.

복합 민족 국가로서 싱가포르는 대중문화 소비의 영역에서 다양한 하위문화를 포함하고 있다. 말레이계 싱가포르인들은 인도네시아와 말레이시아에서 수입된 TV 드라마 및 인도의 볼리우드Bollywood 영화를 주로 소비하고 있으며, 인도계는 볼리우드 영화뿐 아니라 스리랑카에서 수입된 영화도 많이 즐기고 있다. 또한 영어 상용국답게 뛰어난 영어 구사력을 바탕으로 다른 아시아 지역에 비해 미국문화에 대한 가시성可視性이 높으며 특히 젊은 층의 미국문화 흡인력은 상당하다. 인구의 절대 다수를 차지하는 중국계의 대중문화 소비에 대해선 아시아의 '화교 대중 문화권'에 대한 이해를 필요로 한다. 대만과 홍콩이 이 문화권에서 생산자 역할을 한다면 싱가포르는 대중문화의 소비 시장으로서의 역할을 담당한다Chua, 2004. 마찬가지로 대만과 홍콩 시장이 중국어권 대중문화의 트렌드를 이끈다면, 싱가포르는 이를 따르는 편에 속한다Lee, 2001b.

한류는 바로 이 화교 대중 문화권의 네트워크를 통해 중국, 대만, 홍콩 등지에서 시작해서 싱가포르, 말레이시아, 인도네시아의 화교 사회로 차츰 그 범위를 넓혀가게 되는 것이다. 이러한 사실은 싱가포르 내의 한류 유통에 중요한 함의를 던진다. 즉, 한국 드라마나 영화가 홍콩과 대만에서 인기 있다는 사실이 알려지면 싱가포르의 배급업자는 홍콩과 대만으로부터 VCD와 DVD를 들여온다. 그러나 가격에 상당히 민감한 싱가포르 소비자들은 DVD 대신 값이 싼 VCD를 선호한다. 2000년대 중반까지 화교 문화권을 통한 VCD 중심 유통 상황은 중국어 이외의 언어, 다시 말해 말레이어나 타밀어로 된 자막과 더빙의 가능성을 차단해, 싱가포르의 한류가 대체적으로 화교 사회에 국한되는 결과를 낳았다. 2000년대 후반 〈꽃보다 남자〉의 인도네시아, 필리핀, 말레이시아에서의 인기는 동남아 내 한류가 화교 문화권의 제약을 벗어나 동남아 전역에서 가장 인기 있는 외래 대중문화 중 하나로 자리 잡는 데에 기여했다.

싱가포르에서의 한류는 무엇보다도 2001년 5월에 출범한 미디어웍스MediaWorks 방송사의 기여가 크다. 싱가포르는 2000년 미디어 산업 자유화 조치를 통해 1963년 이래 방송 독점 기업이었던 미디어코프Media Corp.로 하여금 신문 시장의 독점적 지위를 오래 누려온 SPHSingapore Press Holdings와 신문 시장에서 경쟁하도록 허용하였다. 반대급부로 SPH는 새로운 방송사 미디어웍스MediaWorks를 설립할 수 있었다. 이러한 두 개의 종합 미디어 기업 간의 경쟁 체제를 통해 싱가포르를 동남아시아의 미디어 허브hub로 키우자는 목적이었다Teo, 2001.

신생 주자로서 틈새시장을 개척할 필요가 있던 미디어웍스가 당시 화교 대중 문화권에 불기 시작한 한류를 이용하는 것은 당연한 선택이었다.

개국 다음날인 2001년 5월 7일 월요일, 미디어웍스의 두 개의 채널 중 중국어 방송 채널 채널유Channel U에서 첫 방송을 시작한 한국 드라마 〈초대〉는 월요일부터 목요일까지 밤 10시 30분에 한 시간씩 방영되었다. 이는 싱가포르 공중파 사상 최초의 한국 연속극 방영이었다. 〈초대〉는 15세 이상 시청자들 사이에 3.2%라는 시청률을 기록하는 "인기를 누렸"다고 평가된다Lee, 2001a; Sng, 2001. 한국 드라마의 독특하고 새로운 감수성에 반한 마니아층은 방송사측에 이 드라마를 두 시간짜리로 재편성해 달라고 요청했으며, 같은 해 8월에는 재방송도 이루어졌다. 이해 5월에서 8월 사이에는 〈토마토〉, 〈불꽃〉, 〈미스터 Q〉가 연이어 방영되어 〈초대〉와 비슷한 정도의 시청률을 보였다. 싱가포르의 방송가에서는 드라마가 이 정도의 시청률을 기록하면 후한 평가를 받는다. 왜냐하면 싱가포르는 제작과 소비의 양면에서 한국과 같은 '드라마 왕국'이 아니어서 드라마가 15% 정도의 시청률을 기록하면 '대박'으로 치는 TV 환경이다. 당시 채널유의 대변인은 다음과 같이 말했다: "(한국 드라마)는 시청률이 아주 만족스러울 뿐만 아니라 시청자들로부터의 피드백도 고무적입니다. 이들은 (한국 드라마) 더 방영해 달라고 요구하고 있습니다"Sng, 2001. 그러나 당시만 해도 한국 드라마에 대한 선호는 소수의 마니아층에 한정되었다.

2001년 9월에 방영을 시작한 〈가을 동화〉는 싱가포르 한류를 한 단계 상승시켰다고 할 만하다. 15세 이상 시청자들 사이에 5.8%의 시청률을 기록했으며 한국 드라마가 얼마나 뜨겁게 눈물샘을 자극하는지에 대한 입소문이 퍼지기 시작했다. 그해 11월에 〈가을 동화〉가 종영되자 1,000여 명의 시청자들이 전화와 이메일로 미디어웍스 방송국에 압력을 넣어 재방송을 요구했으며, 결국 다음해 4월 같은 채널유에서 재방송이 이뤄졌다Tan, 2002. 〈가을 동화〉의 VCD 판매 수치는 25,000편으로 집계되었다 Foong, 2003. 〈가을 동화〉의 인기는 한국 관광으로 이어져 2002년 2월 SAUIC 관광사와 다이너스 월드 관광사는 싱가포르 최초로 한국 드라마를 주제로 한 관광단을 모집했다. 이후 배용준 팬덤fandom에 의한 한국 관광과는 달랐기에 이 당시의 주 고객은 18~30세의 여성, 가족이나 젊은 커플이었다Sng, 2002.

한국 드라마 방영은 점차 증가하였다. 예를 들어, 2002년 9월 하순경 채널유와 경쟁 방송국 미디어코프의 중국어 전용 채널인 채널8은 일주일에 각각 3편의 한국 드라마를 방영하였다Tan, 2002. 2002년 9월 21일부터 매주 토요일 밤 11시에 방영된 〈겨울 연가〉도 한류의 확장에 기여했다. '상하常夏의 나라' 싱가포르에서 〈겨울 연가〉가 심어준 '눈 내리는 나라' 한국의 환상은 확실히 대단한 것이었다. 나라가 작은데다가 아시아와 유럽을 잇는 교통의 요지여서인지 휴가 때 외국 여행을 가는 것이 국민의 연례행사인 싱가포르에서 한국은 이제 새로운 '순례지'로 자리매김하게 된다. 특히 이즈음 이후 〈겨울 연가〉, 〈올인〉 등의 극중 장면 사진을 싱가포르의 시내버스 겉면에 부착하는 한국관광공사의 마케팅도 활발해지기 시작해서 한국 대중문화의 이미지는 싱가포르 사람들의 일상적인 삶의 일부가 되어갔다.

2004년 3월 18일 배용준이 자신이 출연한 영화 〈스캔들 조선남녀상열지사〉를 홍보하기 위해 싱가포르에 도착했을 때 1,000여명의 팬들이 창이공항에서 그를 환영했다. 다음날 팬클럽 Joon's Family가 주최한 팬미팅 행사에도 1,000여명이 모여 한류의 위세를 과시했다Foong, 2004. 배용준이 싱가포르에서 국빈급의 대우를 받았다는 사실은 이 방문 기간 중 '배용준란'이 생겼다는 점에서도 알 수 있다이애경, 2004. 싱가포르 정부는 세계적인 유명 인사나 국빈이 자국을 방문하는 경우 환영의 의미로 국립 난초원National Orchid Garden 에서 새로이 재배에 성공한 난초에 방문객의 이름을 붙여주는 전통이 있다. 배용준란은 영국 여왕 엘리자베스 2세란, 고 영국 황태자비 다이아나란, 전 남아공 대통령 넬슨 만델라란 등과 함께 나란히 국립 난초원에 전시되고 있다.

홍콩, 대만 등지에서 〈대장금〉은 흔히 〈겨울 연가〉 이후 시들어가고 있던 한류를 재점화했다고 평가되지만 싱가포르에서는 다른 지역에 비해 느린 속도로 진행되던 한류를 한 단계 높였다고 할 수 있다. 2004년 여름 대만과 2005년 봄 홍콩에서의 방영 후, 싱가포르에 유입된 〈대장금〉 VCD와 DVD는 한국 드라마 소비자들을 열혈팬 층으로 만들었으며, 일반인들은 미디어의 보도와 입소문을 통해 한국 대중문화에 대해 더욱 긍정적인 인식을 갖게 되었다. 이들은 한국의 사극이 대만, 중국, 홍콩 등지에서 얼마나 엄청난 인기를 누렸는지를 알게 되었을 뿐만 아니라, 〈대장금〉을 통해 '여배우가 반드시 죽는다,' '남녀 모두 징징 짠다,' '여성은 약자로만 그려진다' 등의 그 동안의 한국 드라마에 대한 편견을 깨트리게 되었다. 또한 한국의 역사와 문화가 깊고 풍부하다는 깨달음을 얻게 되어 한류가 썰물처럼 사라질 일시적 유행이 아닐지도 모른다고 생각하기 시작했다. 또한 〈대장금〉의 영향으로 한국 요리는 '건강식'으로 받아들여지기 시작했다.

다른 지역보다 많이 늦은 2005년 7월 8일에서야 〈대장금〉은 싱가포르의 중국어 드라마 전문 케이블 채널에서 방영을 시작했다. 역시 상당한 인기를 누렸으며 11월에는 재방송을 하게 된다Straits Times, 2005. 공중파에서는 2006년 3월 14일부터 매일 밤 10시에 방영되었으며 15세 이상 시청자들 사이에서 평균 15%의 시청률을 기록했다 Tan, Ong, and Yong, 2006. 싱가포르 최대의 비디오 체인chain 포킴 비디오에 따르면 〈대장금〉은 이 체인의 21년 역사상 가장 많이 팔린 타이틀이라 한다Kho, 2005. 반면, 1990년대 중반 이래 싱가포르를 사로잡았던 일본 드라마는 한류 이후 점차 브라운관에서 찾아보기 힘들어졌다. 2006년 3월 싱가포르 공중파에서 방영되고 있는 일본 드라마는 하나도 없었다. 이 추세는 VCD 판매량으로 연결되어 싱가포르의 비디오 전문 도·소매상 TS그룹에 따르면 2003년과 비교해서 2006년 3월 일본 드라마 VCD 판매량은 70% 줄었으나 한국 드라마 VCD 판매량은 같은 기간 동안 30% 증가했다고 한다Tan, Ong, and Yong, 2006.

2016년 싱가포르에서의 한류는 주류사회의 공식적인 인정과 지역 팬덤의 열정으로 확인된다. 싱가포르의 독립 50주년을 기념하는 행사인 〈SG 50〉이 2014년 12월 31일 저녁 9시부터 2015년 1월 1일 새벽 1시 30분까지 싱가포르의 마리나베이에서 개최된 바 있다. 싱가포르 지상파 채널 5를 통해 전국에 생방송된 이번 행사는 싱가포르 대통령이 연설하고 국무총리를 비롯한 정재계 고위 관계자들이 참석했는데, 독립 50주년을 축하하기 위해 싱가포르와 말레이시아의 최고 스타 연예인들이 출연해 축하 공연을 했다. 그런데 행사 후반부의 새해맞이 불꽃놀이가 끝난 후, 행사의 마지막을 장식한 가수는 바로 한국의 보이그룹 빅뱅이었다. 빅뱅은 열렬한 환호 속에 약 50분 간 공연을 진행했다권석정, 2015.

싱가포르에는 매년 음악, 영화, TV, 라디오, 공연 등 총 33개 부문에 걸쳐 탁월한 성과를 거둔 아티스트와 콘텐츠에 시상하는 〈싱가포르 엔터테인먼트 어워드〉가 있다. 2014년 5월 17일에 개최된 〈싱가포르 엔터테인먼트 어워드 2014〉에서 슈퍼주니어는 3관왕을, 그리고 슈퍼주니어 소속으로 솔로 활동을 펼친 헨리는 2관왕을 차지했다. 최고 인기 한국 가수상과 최고 인기 K-pop 뮤직비디오 상이 총 33개 부문에 포함된다는 점은 싱가포르 내 한류의 위상을 웅변하는 것이라 할 수 있다최진실, 2014

　동남아시아 내 싱가포르의 지리적 중심성과 싱가포르인의 높은 구매력은 한류 스타들의 잦은 방문과 콘서트 개최를 이끌고 있다. 배우 이민호가 2013년 12월 16일에 광고 촬영차 싱가포르를 방문했을 때, 싱가포르 창이공항은 그를 보려는 2,000여명의 팬들이 쇄도해 공항 업무가 마비되었다최진실, 2013. 2014년 9월~10월의 기간 동안, YG엔터테인먼트는 한국을 포함한 아시아 5개 지역에서 소속 아이돌인 2NE1, 빅뱅, 싸이 등을 망라한 〈와이지 패밀리 2014 갤럭시 투어〉를 진행했는데, 이때 동남아 지역의 공연 장소로 싱가포르를 선정했다윤소희, 2014.

　동남아 한류 팬덤의 깊이는 현지 팬들이 한류의 주류 스타들에게만 열광하지 않는다는 점에서 확인된다. 2014년 11월에 국내 인디밴드 십센치가 3집 앨범 〈3.0〉을 국내 음악 사이트를 비롯해 아이튠즈, 디저Deezer, 스포티파이 등 해외 음원사이트를 통해 동시 공개했을 때, 십센치의 신곡은 스트리밍 사이트 디저Deezer의 한국 차트와 싱가포르 차트에서 동시에 1위를 차지했다. 이는 싱가포르 내 한류의 깊이를 보여주는 사실이라 할 수 있다배선영, 2014. 해외에서 개최되는 한류 팬 미팅이 K-pop 아이돌 가수이거나 남자배우 중심인데 반해, 배우 하지원은 2015년 1월 10일 싱가포르에서 아시아 투어 팬미팅을 가졌다. 드라마 〈기황후〉를 통해 싱가포르에서 높은 인기를 얻은 하지원은 싱가포르의 최고 부수 패션 잡지인 〈프리미어 Premiere 〉의 2015년 1월호 표지모델이 되었다 황성운, 2015.

또한 싱가포르의 최대 포탈인 야후 싱가포르 Yahoo Singapore, https:// sg.yahoo.com/의 엔터테인먼트 섹션 페이지의 상단에는 라이프스타일, 쇼비즈 등과 함께 한류 Korean Wave 가 중요한 메뉴로 운영될 정도로 한류는 싱가포르 사회·문화의 중요한 제도로 자리 잡았다. https://sg.entertainment.yahoo. com/k-wave/home/

5. 결론: 한류에 대한 외국의 시각과 함의

위에서 살펴본 우호적인 분위기의 팬 담론과 달리, 보다 공적인 단계의 담론에서 한류는 아시아 국가들의 기존 문화적 질서에 대한 위협으로 인식되기도 한다. 필자가 국제 컨퍼런스에서 중국 및 동남아시아 학자들을 만나 대화할 때 간혹 놀라는 경우가 있는데, 이는 그들이 한류 현상을 한국 문화산업과 정부의 주도면밀한 기획의 결과물로 인식하고 있다는 점 때문이다. 미디어 생산과 유통의 국제질서 속에서 한국 문화산업이 차지했던 오랜 종속적 위치를 고려할 때, 한류 현상은 불과 1990년대 초만 해도 기획은 물론 상상조차 할 수 없었던 것이었다. 물론 국가는 자국의 대중문화 생산과 그 생산물의 해외 수출에 대한 물적, 행정적 지원을 한다. 미국의 경우도 국무부와 기타 관련 부처가 1920년대 이래 할리우드 영화의 국제적 확산을 위해 다양한 수준의 지원을 제공했다 Maltby & Stokes, 2004.

최근까지도 미국 무역 대표부는 외국시장 개방을 위한 양자 간 및 다자 간 협상에서 문화산업 개방을 우선적 의제로 삼는다. 이러한 미국의 문화산업 개방 압력에 위협을 느낀 전 세계 다수 국가는 1980~90년대에 자국의 문화산업 진흥책을 대거 수립하게 된다. 이러한 맥락 속에서 한국 정부도 1990년대에 들어 국내 시장 보호를 목적으로 한 영상 및 디지털 문화산업 진흥책을 본격적으로 전개하기 시작했다Shim, 2002.

즉, 1990년대 한국은 오늘날의 한류와 비슷한 수준의 문화를 기획한 것이 아니었다. 다만 한국 사회의 쏠림현상, 그리고 재벌 특유의 사업영역 확장주의로 인해 삼성, 현대, 대우를 비롯한 국내 주요 재벌이 모두 문화산업에 참여하는 특징을 보였다. 비록 이들이 1997년 경제위기를 전후하여 문화산업에서 철수했지만, 당시 대기업의 문화산업 참여는 그 이후 한국의 문화산업 경쟁력의 토대가 되었다. 즉, 1997년 이전까지 5~6년 동안에 문화산업 내에 이식된 대기업식 경영 노하우체계적인 기획과 마케팅의 축적, 창의적 인력의 유입·계발, 경쟁적 환경의 형성에 따른 문화적 생산물의 오락적 품질 및 완성도 향상, 제작 및 상영에 있어서 물적 인프라의 견고화 등이 이루어진 것이다. 이를 통해 한국 대중문화 산업의 선순환 구조의 초기적 형태가 마련되었다Shim, 2002. 한류는 이러한 내적 조건에 더해 1990년대 아시아 지역의 미디어 시장 개방과 1997년 아시아 전역의 경제위기라는 외적 조건의 임시성이 결합되어 형성된 것이다. 확대된 방송 시간을 보충할 프로그램을 찾던 중국, 베트남, 대만 등의 방송국은 한국 TV 프로그램을 방송하기 시작했으며, 경제위기에 따라 주머니 사정이 얄팍해진 동아시아 방송국 입장에서 볼 때 비교적 저렴한 가격에 구매 가능한 한국 프로그램은 매력적인 대안이었던 것이다Shim, 2006.

하지만 외국 프로그램에 대한 접근성이 증가한다고 해서 그것의 대중적 인기가 보장되는 것은 아니다. 접근성과 인기가 등가적으로 대응하려면 현지의 수용자가 그 프로그램의 오락 및 심미적 효용과 가치를 받아들이고 향유해야 한다. 그런데 수용자의 기호와 취향은 "변덕스러울 정도로" 가변적이다. 그렇기에 한국 정부가 외국 수용자의 기호를 좌지우지하고 또 10년 이상의 오랜 기간 동안 왜곡하는 것은 불가능하다. 이러한 점을 고려한다면 한류가 한국 정부의 기획이라는 주장은 심각한 인식의 오류를 담고 있다. 그럼에도 불구하고 이 같은 인식과 주장이 어떤 경로를 통해 발생하고 전개되었는지를 다음 세 측면에서 짚어보는 것은 한류 담론을 보다 깊이 이해하는 데 기여할 것이다.

첫째, 동남아시아와 중국의 정부가 미디어를 통제하고 있는 현실이 이들 국가의 학자 및 언론인들이 국제 문화 흐름을 바라보는 시각에 반영되고 있다는 점이다 김성해·심두보, 2010. 이들은 이 같은 경험 인식에 기초하여 - 또한, 오랫동안 한국도 독재국가였다는 점에 착안하여 - 한국 정부가 여전히 미디어와 대중문화 생산·유통의 전 단계를 통제하고 있으며, 따라서 한국정부의 의도에 따라 한류 현상이 조성되었다고 믿는다.[4] 게다가 이 시각에는 동아시아 문화 유통에 대한 몰이해가 담겨있다. 비록 국제 커뮤니케이션의 서구 헤게모니라는 구조에 가려져 있어서 실체에 상응하는 주목을 국제학계에서 받지 못했지만, 일본 만화, 대만 팝, 홍콩 영화 등 지속적으로 존재했던 동아시아 문화교통 cultural traffic 의 궤적 위에 한류 현상이 놓여있음을 인식하는 전체론적인 시각의 결여도 한류에 대한 오해에 기여하고 있다 Shim, Heryanto & Siriyuvasak 2010; 심두보, 2012a, 2013.

둘째, 한국 정부의 역할에 대한 검토가 필요하다. 1990년대 말부터 한류에 대한 언론보도가 나타나기 시작했는데 당시 국내 대중 독자뿐 아니라 정부도 의구심을 갖고 이를 대했다. 한국 대중문화가 해외에서 인기를 끈다는 사실 자체가 전례가 없었던 탓이다. 2000년대 초에 이르러서야 한류 현상은 비로소 "현실로 공인"된다. 이제, 한류를 이용해 북한과의 대치 상황이나 노사분규로 채색된 한국의 대외 이미지가 보다 긍정적으로 바뀔 수 있다고 인식한 정부는 한류를 적극 홍보하기 시작했다. 마침 IMF를 벗어난 한국 정부는 "국난"을 효과적으로 극복한 정부의 "업적"이라는 프레임을 갖고 대외홍보에 나섰는데, 한류와 한국 문화산업 발전은 이 프레임에 잘 부합되었다. 이러한 내용을 담은 홍보 문건은 동남아 각국의 언론 및 정부 각 기관에 배포되어 그들의 한류인식에 상당한 영향을 주었다. 게다가 국제 문화교통의 행위자로서 미미했던 한국의 변모에 놀라게 된 아시아 각국의 언론은 한국정부가 한류에 대한 지원책을 발표할 때마다 이를 주목 보도하였으며, 이러한 보도에 영향받은 동남아의 학자 및 오피니언 리더들은 한국 정부의 한류 형성에 대한 영향력을 과대평가하게 되었다.

그러나 이러한 정부의 홍보 공세는 역기능을 가져왔다. 주변국들은 한류를 한국정부에 의한 문화제국주의 기획의 사례로 해석하기 시작했으며, 이는 2000년대 중반부터 시작된 반한류反韓流 및 혐한류嫌韓流의 근거가 되었다심두보, 2012b. 가수이자 연예기획사 JYP엔터테인먼트의 대표인 박진영은 이를 우려해, 민족주의적 색채가 짙게 배어있는 "한류"란 단어를 사용하지 말자고 제언한 바 있다. 2010년 7월, 한류 확산에 대한 공로로 정병국 문화체육부장관으로부터 감사패를 수여받는 자리에서 SM엔터테인먼트 회장 이수만은 "정부 주도 한류 행사보다는 민간 주도의 한류 확산이 바람직하다"는 의견을 피력했다 곽민영, 2011. 이수만은 또한, "국가에서 한류 확산을 위해 열심히 일하고 있는 것은 알지만 정부와 기관들이 한류 콘서트를 남발하면 안 된다. 잘못하면 외국인들에게 좋지 않은 인상만 심어줄 수 있다"고 정부를 완곡히 비판했다 한겨레, 2011. 문화 및 외교 관련 부처에서 한류 홍보에 관여했던 공무원들도 상대국의 정서를 고려하지 않은 일방적 홍보 활동에 대해 반성을 할 정도였다 한국방송광고공사, 2006.

   마지막으로, 필자를 포함한 일부 국내 학자들의 책임을 거론할 수 있다. 그동안 한류 현상에 편승하여 다양한 전공의 학자들이 한류 관련 논문을 발표하였는바, 때때로 위와 같은 정부의 한류 관련 홍보물과 보고서에 다소 무비판적으로, 종종 자료에 대한 재검증 절차 없이 의존하는 경우가 있었다. 자료에 대한 취사선택에 있어서 학문적 엄격성이 약해지면 비판적 시각이 희석될 수 있다. 지난 10여 년간 발표된 한류 관련 논문들을 조사한 손승혜 2009의 연구에 따르면, 다음의 두 가지 특징을 찾을 수 있다고 한다. 첫째, 연구에 있어서 2차 자료 의존도가 상당히 높다는 점이다. 둘째, 한류 확산을 위한 정책 제안 및 경제주의적 시각에서 접근한 논문이 많다는 점이다. 즉, 라자스펠드가 경고한 행정적 연구가 많다는 것이다 Lazarsfeld, 1941. 필자는 이 두 가지 특징이 서로 무관하다고 보지 않는다. 손승혜 2009도 기존의 연구 목록에 한류의 사회문화적 의미를 궁구한 연구가 소수에 불과함을 지적한 바 있다. 결국 정책 제안 및 경제주의적 시각에서 접근한 논문과 그에 따른 주장들이 해외에 소개되는 경우, 한류 현상이 한국 정부의 기획과 의도에 따라 발생한 것이라는 인식은 외국 미디어와 학자들 사이에 더욱 확산될 것이다.

　하지만 한류가 처음부터 기획된 것이라는 오해를 교정하는 것과 현재 국내 한류 담론에 자리하고 있는 국가주의 과잉의 문제점을 지적하는 것은 별개의 것이다. 1990년대 초, 할리우드 영화 쥐라기 공원Jurassic Park의 수익성에 대한 정부 보고서가 세상을 놀래킨 이래, "문화가 돈이 된다"라는 정부와 주류 미디어의 구호는 한국 내 문화 담론을 장악했다Shim, 2002, 2006. 이런 맥락 속에서 결국 한류는 신자유주의에 포섭되어 한류가 가진 다양한 사회·문화적 의미에 대한 논의는 억압되게 되었다. 이 같은 신자유주의적 관점은 한국 특유의 민족주의적 태도와 절합되어 한류로 발생하는 국가적·경제적 이익을 확대하는 논의를 증폭시켰다. 특정 K-pop 가수의 국제적 인지도가 생기면 이들을 관광홍보대사로 임명하는 것은 관행이 되었으며, 2012년 9월에는 정부 고위 관계자가 싸이를 독도 홍보대사로 고려하고 있다는 기사가 외국에 보도되었다. 정부가 이런 점들에 대해 반성하지 않는다면 서구 문화제국주의에 대해 피해의식이 있는 아시아 각국에서 한류를 새로운 지역적 문화제국주의로 바라보는 시각이 쉽게 사라지지 않을 것이다.

1 태국에서는 2PM이 "닉쿤과 2PM"으로 불릴 정도로 닉쿤의 개인적 인기가 상당하다. 2012년 3월 30일 태국에서 열린 커드 어워드(Kerd Awards) 시상식에서 닉쿤은 한 해 동안 태국에서 가장 영향력 있는 활동을 펼친 연예인이 받는 대상(Kerd of the Year)을 수상했다(채민기, 2012).

2 이러한 변화는 미디어 테크놀로지의 발전에 따른 것이기도 하다. 특히, 인터넷의 발달 덕분에 한국 음악인들은 더 이상 일본을 통하지 않고도 서구 음악을 직수입, 전유하게 되었다.

3 1950년대 싱가포르의 영화산업은 짧은 전성기를 누린 바 있다. 그러나 1965년 싱가포르 독립 이후, 말레이계 및 인도계 영화 인력의 말레이시아로의 유출, 경제개발정책에 따른 문화의 소외, 텔레비전의 등장, 할리우드 영화의 인기 등의 이유에 따라 싱가포르 영화는 긴 침체기에 들어갔다 (Ong, 2003).

4 이승아(2011)에 따르면, 보이그룹 JYJ가 계약문제로 음악 활동에 어려움을 겪었을 때 여러 나라의 팬들이 각기 다른 반응과 해결책을 제시했다고 한다. 중국 팬들은 "힘 있는 정치인이 도와주면 좋은 것이 아니냐고 반문해왔다"고 한다. 이 에피소드는 중국에서 여전히 정치인과 국가가 사회 전반을 통제하고 있음을, 또한 많은 중국인들이 다른 국가의 상황도 그러할 것이라고 믿고 있음을 드러낸다.

〈참고 문헌〉

강일권 (2011). 아이돌 팝의 음악 스타일에 관한 짧은 소견서. 아이돌(이동연 엮음). 159-169, 서울: 이매진.

곽민영 (2011). 이수만 SM회장 감사패 받아 "정부는 지원에 힘써줬으면." 동아일보. 7월 28일. Retrieved from http://news.donga.com/3/all/20110727/39132597/1

권석정, (2015). 빅뱅, 싱가포르 독립 50주년 행사 대미 장식. 텐아시아. http://tenasia.hankyung.com/archives/404998

김성해·심두보 (2010). 동북아 언론의 이해: 한·중·일 언론의 갈등사례 보도를 중심으로. 동아연구, 58집, pp. 5-50.

김수정·양은경 (2006). 동아시아 대중문화물의 수용과 혼종성의 이해. 한국언론학보, 제50권 1호, pp. 115-136

김수정 (2012). 동남아에서 한류의 특성과 문화취향의 초국가적 흐름. 방송과 커뮤니케이션 13(1), pp. 5-53

류웅재 (2008). 한국 문화연구의 정치경제학적 패러다임에 대한 모색 : 한류의 혼종성 논의를 중심으로. 언론과 사회, 제16권 4호, pp. 2-27.

배선영 (2014). 십센치, 이제는 해외로, 싱가포르 차트 1위 등극. 텐아시아. http://tenasia.hankyung.com/archives/373542

성대석 (2010). '대한민국 파이팅' 유감. 조선일보, 7월 12일, Retrieved from http://news.chosun.com//site/data/html_dir/2010/07/12/2010071202176.html

심두보 (2007). 한류와 한국 드라마, 그리고 여성의 팬덤. 방송공학회논문지 12(5), pp. 414-422.

심두보 (2012a). 대중문화 허브로서 서울의 부상: 최근 한국 대중문화 속 "동남아 현상"과 관련하여. 스피치와 커뮤니케이션, 제17호, pp. 168-201.

심두보 (2012b). 다양한 외래문화를 선택적으로 수용할 뿐. 신문과 방송, 6월호.

심두보 (2013). The Korean Wave in Southeast Asia: The Case of Singapore. 동남아시아연구, 제23권 1호, pp. 277-311.

심두보, 민인철 (2011). 아시아 대중문화 지형과 한국의 대만 드라마 수용의 맥락. 아세아연구 54(2), pp. 157-185.

심재걸 (2012). K-pop 시대, 이대로 무너지나③. 스포츠서울. Retrieved from http://news.sportsseoul.com/read/entertain/1058658.htm

윤소희, (2014). YG패밀리, 싱가포르 콘서트 성황리에 마무리…싸이부터 빅뱅까지 총출동. 텐아시아. http://tenasia.hankyung.com/archives/318550

이승아 (2011). JYJ 공화국 - 선택을 강요받은 자들의 선택할 권리. 아이돌(이동연 엮음). 270-293, 서울: 이매진.

이애경 (2004), 싱가포르, 배용준에 '배용준 난' 선물. Good Day, (3월 23일).

임지현(2000). 일상적 파시즘의 코드 읽기. 우리 안의 파시즘(임지현 외). pp. 23-45. 서울: 삼인.

장규수 (2011). 한류와 스타시스템. 서울: Story House.

차우진·최지선 (2011). 한국 아이돌 그룹의 역사와 계보, 1996-2010년. 아이돌(이동연 엮음). 112-158, 서울: 이매진.

최진실 (2013). 이민호, 싱가포르 방문에 공항 마비 '2,000여 팬 운집.' 텐아시아. http://tenasia.hankyung.com/archives/192691

최진실 (2014). 슈퍼주니어, 헨리와 함께 싱가포르 엔터테인먼트 어워드 5관왕 등극. 텐아시아. http://tenasia.hankyung.com/archives/256126

한국방송광고공사 (2006). 동아시아 방송한류 저변확대 방안연구: 중국, 일본, 대만. 연구보고서 2006년 제16권.

한겨레 (2011). 이수만씨 "음원 무료 다운로드하면 1억 클릭 가능." 7월 27일. Retrieved from http://www.hani.co.kr/arti/culture/music/489315.html

황성운, (2015). 하지원, 10일 싱가포르에서 올해 첫 아시아 투어. 텐아시아. http://tenasia.hankyung.com/archives/408840

Chace, Zoe. (2012). Gangnam Style: Three reasons K-Pop is taking over the world. NPR (Oct. 12). Retrieved from http://www.npr.org/blogs/money/2012/10/12/162740623/gangnam-style-three-reasons-k-pop-is-taking-over-the-world

Chua, Beng Huat (2004), "Conceptualizing an East Asian popular culture," Inter-Asia Cultural Studies, Vol. 5, No. 2, pp. 200-221.

du Gay, Paul, Hall, S., Janes, L., Mackay, H., & Negus. K. (1997). Doing Cultural Studies: The Story of the Sony Walkman. London: Sage.

Foong, Woei Wan (2003), "K-mania still rules, ok?," Straits Times, 4 January, pp. L5-L6.

Foong, Woei Wan (2004), "Attack of the auntie brigade," Straits Times, 20 March, p. L5.

Kho, Dionne (2005), "Figure this out!," 8 Days, No. 781 (22 September), p. 33.

Lazarsfeld, P. (1941). Remarks on Administrative and Critical Communications Research. Studies in Philosophy and Social Science, 9, 2-16.

Lee, Samuel (2001a), "A Korean switch," Straits Times, 2 July, p. L6.

Lee, Samuel (2001b), "Switching on to new trends," Straits Times, 30 April, p. L7.

Maltby, R. & Melvyn S. (2004). Hollywood Abroad: Audiences and Cultural Exchange. London: BFI.

Ong, Sor Fern (2003), "Return to golden era," Straits Times, 11 September, p. L12.

Seabrook, J. (2012). Factory girls: Cultural technology and the making of K-pop. The New Yorker (Oct. 8). Retrieved from http://www.newyorker.com/reporting/2012/10/08/121008fa_fact_seabrook

Shim, D. (2002). South Korean Media Industry in the 1990s and the Economic Crisis. Prometheus, 20(4), 337-50.

Shim, D. (2006). Hybridity and the rise of Korean popular culture in Asia. Media Culture & Society, 28(1), 25-44.

Shim, D, Heryanto A., & Siriyuvasak, U. (eds.) (2010). Pop Culture Formations across East Asia. Seoul: Jimoondang.

Sim, M. (2012). Gangnam rides into overdrive. The Straits Times (13 Oct.). Retrieved from http://www.thejakartaglobe.com/archive/gangnam-style-rides-into-overdrive/

Sng, Suzanne (2001), "S'pore loves K-dramas," Straits Times, 13 August, p. L7.

Sng, Suzanne (2002), "There's autumn in their hearts," Straits Times, 10 March, p. L10.

Stokes, J. (2003). How to do Media & Cultural Studies. London: Sage.

Straits Times (2005), "Palace intrigues," 14 May, p. L14.

Tan, Hsien Chong (2002), "March of H.O.T. Korean hunks," Straits Times, 22 September, p. L5.

Tan, Corrie, Ong, Audrey, and Yong, Hazel (2006), "Japan vs Korea," Sunday Times, 26 March, p. L7.

Teo, Pau Lin (2001), "The heat is on," Straits Times, 18 May, pp. L8-L9.

제2장

우리 기업의
동남아 진출

이종하

현 조선대학교 무역학과 조교수.

1. 진출 배경

　다국적 기업들의 아세안 진출이 활발해지고 있다. 동아시아 생산네트
워크가 중국에서 동남아시아로 이동함에 따라 국제투자자본의 흐름도 중
국에서 아세안으로 이동하고 있는 것이다.[1] 또한 아세안 지역이 빠른 경
제성장과 함께 세계경제에서의 위상이 점차 상승하면서 중국에 이은 새
로운 소비시장으로 부상함에 따라 다국적 기업들의 진출 유인이 상당히
증가했다고 할 수 있다. UNCTAD에 따르면 전 세계에서 아세안으로 유
입된 직접투자는 2013년 1,261억 달러를 기록하면서 중국1,239억 달러 을 상
회하게 되었다. 따라서 우리나라의 기업들도 제조업체들을 중심으로 아
세안 지역 진출이 빠르게 확대되고 있다. 한국수출입은행의 해외직접투
자통계에 따르면 우리나라의 해외직접투자는 제조업을 중심으로 서서
히 증가하다가 2000년대 중반 이후 빠르게 증가한 후 최근에는 다소 감

소했지만, 신규법인의 수는 글로벌 금융위기 이후 지속적으로 증가하고 있다.

해외직접투자[2]는 일반적으로 해외의 자원과 노동력을 확보할 뿐 아니라 선진기술을 습득하고 새로운 시장을 개척하는 기회가 된다. 즉 해외진출을 통해 비용절감 및 시장 확대가 가능하고, 국내 산업구조의 고도화를 통해 기업 경쟁력을 모두 높일 수 있는 장점이 있다.

다국적기업의 해외진출의 목적은 크게 3가지로 구분된다. 첫째, 저렴하고 풍부한 노동력, 원재료 조달 용이성 등을 활용해 현지에서 수출하는 것이다. 즉 비용절감을 통해 가격경쟁력을 유지·향상시킴으로써 국제경쟁력을 강화하려는 것이다. 과거 우리나라의 신발·섬유공장들의 해외 이전

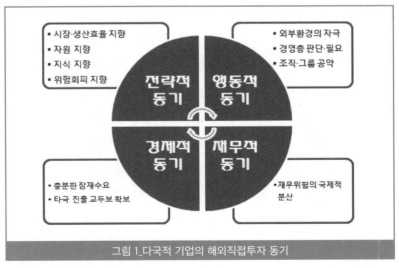

그림 1_다국적 기업의 해외직접투자 동기

| 자료: 김시경(2007), 국제경영기업론(5판), 삼영사.

이나 삼성전자의 베트남 진출 등이 대표적 사례라 할 수 있다. 둘째, 시장 확대, 관세장벽 회피 및 운송비용 절감 등을 목적으로 현지 시장에 진출하는 것이다. 이는 규모의 경제효과를 통한 매출 확대를 타겟으로 한 전략이라 할 수 있다. 최종소비재나 중간재를 생산하는 다수의 기업에게 상당한 유인이 될 수 있다. 셋째, 업종에 따라서는 전술한 두 가지 목표를 순차적으로 추진하는 것이다. 즉 비용절감을 이용해 현지에서 해외로 수출하다가 일정 시간이 흘러 현지에서 기업의 인지도가 상승하고, 현지 국가의 경제성장으로 수요가 확대될 경우 대상 시장을 현지 국가로 확대하는 것이다.

이와 같은 논의에 기초해 기업의 해외직접투자 동기는 크게 전략적, 행동적, 경제적, 재무적 등으로 구분할 수 있다. 우선, 전략적 동기는 첫째, 기업의 해외투자는 무역장벽이 높은 국가에 직접적으로 또는 우회적으로 진출하기 위해서 혹은 저임금 국가와의 경쟁에서 살아남기 위해 이루어진다. 둘째, 기업은 생산의 비용 절감과 효율성 개선을 위해 해외투자를 추진하는데, 이러한 투자는 주로 다국적 기업들에 의해 주도된다. 셋째, 자원 확보를 위해 전략적으로 해외투자가 이루어진다. 넷째, 기술 확보를 위해서 투자가 이루어지기도 한다.

다음으로 행동적 동기는 외부환경 변화에 따른 대응이나 최고경영자의 판단 등에 따라 이루어진다. 예를 들면, 외국 정부나 고객 등의 권유, 자사 제품의 경쟁력 상실에 대한 우려, 경쟁기업의 해외진출이 예상될 때 해외투자가 이루어질 가능성이 높아진다. 이를 통해 생산요소 및 관련 제품의 시장창조, 노하우의 자본화, 노후화된 기계 등의 생산설비 재이용, 투자

대상국가와 무역협정을 맺고 있는 제3국 시장으로의 우회진출 등이 장점으로 작용할 수 있다.

마지막으로 경제적 동기는 다국적 기업들이 수혜국이나 주변국에 잠재적 수요가 충분하다고 판단되면 해외직접투자를 감행한다고 보는 것이다. 다국적 기업들이 현지시장에 진출해서 성공할 수 있는 이유는 다음과 같다. 이들 기업들이 규모의 경제 scale of economy, 전문적인 경영관리 기법 higher-classed management systems, 제품 및 생산요소 시장에 대한 충분한 지식 knowledge of markets, 첨단 기술 high & new technology, 막대한 자금공급과 같은 능력 capabilities of capital supply 등을 보유하고 있기 때문이다. 이외에도 기업이 내부적 재무위험을 해외로 분산시키기 위해 해외직접투자를 선택하는 재무적 동기가 있을 수 있다.

다국적 기업들의 해외직접투자 결정요인에 관한 경제이론들도 기업들의 진출동기와 유사한 관점에서 접근해 왔다. 초기에는 국제자본이동의

시장규모, 경제성장, 경제발전수준, 산업화 정도, 무역개방도, 교통·통신 등 인프라, 노동비용, 물가, 환율, 금융시장 발달정도, R&D투자 등 — 경제적 요인

조세제도 및 인센티브, 무역장벽 및 무역정책, 국가의 투명성, 사업규제·신용규제·노동규제 정도, 부패, 법적 안정성, 정치적 안정성, 지적재산권 보장 정도 등 — 제도적 요인

인구수, 연령분포, 인구밀도, 도시화 정도, 교육수준 등 — 사회적 요인

민주주의 정도, 문화적 접근성, 종교 등 — 문화적 요인

그림 2_외국인 직접투자의 결정요인

┃자료 : 이종하·이준원(2015)

한 형태로서 자산선택이론portfolio theory에 기초하여 설명했다. 즉, 해외직접투자의 이동은 투자에 대한 수익률이 낮은 곳에서 높은 곳으로 이동한다는 것이다. 일반적으로 선진 국가에서는 자본이 풍부하지만 국내 경쟁 심화, 노동비용 상승 등으로 수익률이 낮아지는 반면, 개발도상국에서는 자본이 부족할 뿐만 아니라 상대적으로 경쟁이 심하지 않고 노동비용 등에 대한 부담도 작아 수익률이 상대적으로 높다. 따라서 선진국의 잉여자본이 개발도상국으로 이동한다고 설명한다.

이후에는 연구가 심화되면서 미시적 관점에서 다국적기업의 경영전략에 따라 해외직접투자가 이루어진다는 측면으로 논의가 집중됐다. 즉 글로벌 기업의 활동은 국경을 초월하여 이뤄지기 때문에 현지국 상황에 직·간접적으로 영향을 받게 된다. 상당히 다른 사회·문화적 환경에 직면하는 것은 물론 예측이 어려운 정치적 변화는 기업의 존립에도 심각한 영향을 미칠 수 있다.

따라서 해외직접투자의 결정요인에 대한 연구는 산업조직의 관점에서 분석을 시도한 Hymer 1960를 시작으로 독점적우위이론Kindleberger, 1969; Caves, 1971, 제품수명주기이론 Vernon, 1966; Wells, 1972, 내부화이론 Casson, 1970·1976; Rugman, 1981 으로 발전한 이후 Dunning 1980의 절충이론Eclectic Theory에 의해 통합되었다고 할 수 있다. 절충이론에 따르면 해외직접투자는 다국적 기업이 현지기업이 가지지 못하는 기업 특유의 우위를 선제적으로 보유하게 되면, 이러한 우위를 다른 기업에 판매하거나, 라이센싱을 가지는 것보다 투자 현지국에 내부화 시키는 것이 유리할 때, 그리고 이러한 기업이 가지고 있는 우위를 현지국 특유의 입지조건과 결합하여

사용하는 것이 더욱 유리할 때 발생하는 것이다. 만약에 그렇지 않을 경우
에는 해외직접투자보다는 수출의 방식을 통해 해외 진출을 할 것이기 때
문이다.

절충이론(Eclectic Theory)에서 제시한 해외직접투자를 위한 3가지 우위 요소

① 기업 특유의 독점적 우위(ownership-specific advantage)
- (기업의 다국적성에 기인하지 않는 우위) 동일한 입지 내의 다른 기업에 비해 우위
  - 기업이 이미 확보하고 있는 산업 내 기존의 지위, 제품 및 공정의 다양화,
    분업과 전문화 이점, 독점력, 자원 관련 기업의 능력 등
- (신규기업에 대한 우위요소) 기존 기업의 자회사가 신규 진입 기업에 비해 가
  지는 우위
- (기업의 다국적성에 기인하는 우위) 정보, 시장, 투입요소에 대해 보다 나은
  지식과 유리하게 접근할 수 있는 능력, 요소부존, 시장 및 정부의 개입 등에
  있어 국가 간 차이 활용 능력, 위험 분산 능력 등

② 내부화의 우위(internalization advantage)
- 기업이 해외직접투자를 통해 내부화시키는 것이 더 이익일 때 투자 발생
- (내부화의 이익) 시장에 대한 접근, 통제 등 외부시장 거래 과정에서 발생하는
  경비의 절감, 쿼터·관세·가격통제 등 정부의 각종 개입과 간섭을 회피하거나
  역으로 활용할 수 있는 이익, 외부경제를 통한 이익 등

③ 입지우위(location advantage)
- 노동비용, 수송비·통신시설 및 통신비용, 정부의 정책, 투자유인 및 투자환경,
  정치적 환경, 사회간접자본의 발달 정도, 연구개발, 생산과 마케팅의 경제성 등

2. 우리나라 기업의 동남아 투자 동향

우리나라의 대對아세안 해외직접투자는 1990년대 들어 제조업을 중심으로 빠르게 확대되기 시작했다. 우리나라 제조 기업들은 1990년대 우리나라의 외환 및 투자자유화 조치 시행, 국제수지 흑자로 인한 원화절상 압력과 통상마찰, 그리고 생산요소 가격의 상승 등에 대응하기 위해 아세안으로의 투자를 선택한 것이다. 아세안 투자 초기에는 저렴한 노동력 활용과 우회수출을 위한 생산거점의 확보 등을 목적으로 투자가 확대되었다. 이후 한국과 아세안 국가 간 무역 확대와 함께 ASEAN의 경제가 빠르게 성장함에 따라 ASEAN 지역에서의 제품판매를 위한 투자도 매우 활발히 전개되고 있는 양상이다. 구체적으로 우리나라 제조 기업들의 對아세안 투자의 규모는 1990년 약 2억 달러에서 빠르게 증가해 2014년 19.3억 달러로 약 9.8배 증가했다. 또한 한국의 제조업 해외직접투자 전체에서 차지하는 비중도 2004년 6.5%까지 감소했었지만, 다시 증가해 2014년에는 26.4%를 기록했다. 우리나라 제조업의 해외진출이 아세안으로 집중되고 있다는 것을 알 수 있다.

우리나라의 對아세안 투자를 투자대상 국가별로 살펴보면 대체로 주요 5개국 말레이시아, 인도네시아, 태국, 필리핀, 베트남에 투자가 집중되어 왔다는 것을 알 수 있다. 1990년대 초 인도네시아가 전체 아세안 투자의 44.5%로 가장 높은 비중을 차지했고, 필리핀, 말레이시아, 태국, 베트남 등에 투자가 이어졌으나, 최근에는 베트남이 31.9%로 가장 높은 비중을 차지하고 있으며, 다음으로 인도네시아, 말레이시아, 필리핀 순으로 투자가 이루어지고 있다.

특히 베트남의 경우 2005~2009년 기간에 아세안 전체투자의 59.7%를 차지할 정도로 주요 투자처로 각광을 받고 있다. 1990년대 초에 비해 對 아세안 투자규모가 급격히 증가했다는 점을 고려하면 베트남에 대한 기대가 상당히 크다는 사실을 알 수 있다.

이와 함께 아세안 내 신규법인 설립 건수도 꾸준히 증가했다. 아세안 내 신규법인 설립 건수는 1990년 연간 106건에 불과했으나, 2014년에는 연간 411건으로 사상 최대수준을 기록했고, 우리나라 제조업의 해외 신규법인 중 아세안 비중도 꾸준히 증가해 2014년 38.4%로 1992년 이래 최고수준을 보이고 있다. 이러한 현상은 지역적·문화적인 거리가 가깝다는 이유와 저임금을 활용하려는 소규모 투자가 이 지역에 집중되었기 때문이라 할 수 있다.

또한 최근 아세안의 높은 성장세, 역동성 증가 등에 따라 시장 진출 및 시장 확보 차원에서의 투자가 확대된 것도 주요 원인이라 할 수 있다. 국가별로는 1990년대 초 필리핀과 인도네시아에 집중적으로 신규 법인이 설립되었으나 최근에는 베트남과 인도네시아로 집중되고 있는 상황이다. 이러한 현상은 한국의 제조 기업들이 경제규모가 큰 인도네시아를 여전히 매력적인 시장으로 인식하고 있으며, 베트남을 새로운 메카로 인식하고 있다는 사실을 반영하는 결과라 할 수 있다.

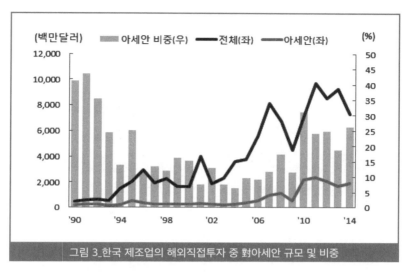

그림 3_한국 제조업의 해외직접투자 중 對아세안 규모 및 비중

┃자료: 한국수출입은행, 해외투자통계

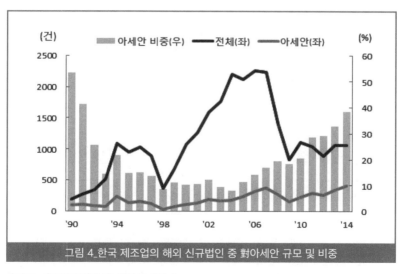

그림 4_한국 제조업의 해외 신규법인 중 對아세안 규모 및 비중

┃자료: 한국수출입은행, 해외투자통계

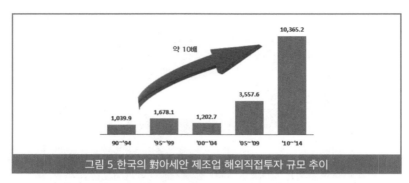

그림 5_한국의 對아세안 제조업 해외직접투자 규모 추이

┃자료: 한국수출입은행, 해외투자통계

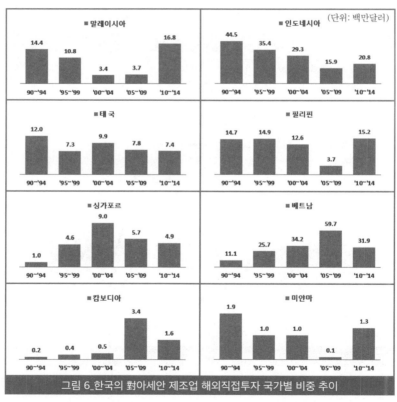

그림 6_한국의 對아세안 제조업 해외직접투자 국가별 비중 추이

┃주: 라오스와 브루나이는 비중이 1% 미만으로 매우 작아 제시하지 않았음
┃자료: 한국수출입은행, 해외투자통계

우리나라 제조 기업들의 對아세안 해외직접투자 증가와 함께 투자업종도 매우 빠르게 재편되어 왔다. 〈표 1〉의 우리나라 제조업의 對아세안 해외직접투자 10대 업종의 변화를 통해 이를 확인할 수 있다. 우선, 우리나라 수출의 대표 업종으로 알려져 왔던 '전자부품, 컴퓨터, 영상, 음향 및 통신장비'의 경우 전체 해외투자에서 차지하는 비중이 90년대 초 17%에서 최근 9.2%까지 하락했지만, 여전히 높은 비중을 차지하고 있고, '의복, 의복액세서리 및 모피제품'의 경우 90년대 초 8.3%에서 최근 8.1%로 큰 변화를 보이고 있지 않고 있다. 둘째, 10대 업종으로의 투자집중도는 90년대 초 84.4%에서 2000년대 초 90.7%까지 높아져왔으나 최근에는 85.4%로 다소 완화되는 추이를 보이고 있다. 셋째, 90년대 초에는 '섬유제품', '식료품', '의복액세서리 및 모피제품' 등 노동집약적인 업종의 해외투자 비중이 34.8%로 매우 높았던 반면, 최근에는 '1차 금속', '화학물질 및 화학제품', '기타 운송장비' 등 자본집약적이고 기술집약적인 업종의 비중이 47.4%로 매우 높게 나타나고 있다.

구체적으로 '섬유제품'는 90년대 초 15.6%의 비중을 차지했지만 최근에는 3.1%로 그 비중이 크게 하락했고, 90년대 초 10.9%를 차지했던 '식료품'은 최근에는 10대 업종의 순위에서 밀려난 반면, '화학물질 및 화학제품'의 경우 90년대 초 9.5%에서 최근에는 16.7%까지 비중이 상승했으며, 90년대 초 순위권 밖에 있던 기타 운송장비의 경우에는 최근 10대 업종으로 부상하였다.

이와 같은 우리나라 제조업의 對아세안 해외직접투자 10대 업종의 변화 추이에서 다음과 같이 세 가지 특징을 찾아볼 수 있다. 첫째, 우리나라의 對아세안 해외직접투자는 노동집약적 업종과 자본·기술집약적 업종이 다양하게 진출하고 있는 것으로 나타났다. 다만, 우리나라 해외투자의 규모가 급격히 증가했다는 점을 고려하면 투자의 다양성은 물론 업종별로 투자 규모 역시도 크게 확대되고 있다는 사실을 알 수 있다. 둘째, 시간이 경과함에 따라 상위 투자업종으로의 투자집중도가 높아졌으나 최근에는 보다 다양화되고 있다. 이는 ASEAN 지역의 경제가 빠르게 성장함에 따라 산업구조가 보다 다양화되고 있기 때문이다. 또한 우리나라의 시장이 포화상태에 이르면서 우리나라 기업들이 보다 다양하고 넓은 수요처를 찾아 해외로 이동한 결과라고 할 수 있다. 셋째, 상위 10대 투자업종의

표 1 한국의 對아세안 해외직접투자 중 제조업 10대 업종의 변화 추이

(단위 : %)

	'90~'94 기간 10.4억 달러				'10~'14 기간 10.4억 달러	
	(업종)	(비중)			(업종)	(비중)
1	전자부품, 컴퓨터, 영상, 음향 및 통신장비	17.0		1	1차 금속	19.5
2	섬유제품 ; 의복제외	15.6		2	화학물질 및 화학제품 ; 의약품 제외	16.7
3	식료품	10.9		3	기타 운송장비	11.2
4	화학물질 및 화학제품 ; 의약품 제외	9.5		4	전자부품, 컴퓨터, 영상, 음향 및 통신장비	9.2
5	의복, 의복액세서리 및 모피제품	8.3		5	의복, 의복액세서리 및 모피제품	8.1
6	금속가공제품 ; 기계 및 가구 제외	5.7		6	고무제품 및 플라스틱제품	5.8
7	기타 제품	4.8		7	가죽, 가방 및 신발	4.6
8	비금속 광물제품	4.4		8	전기장비	4.5
9	전기장비	4.3		9	섬유제품 ; 의복제외	3.1
10	펄프, 종이 및 종이제품	4.0		10	비금속 광물제품	2.7
	10대 업종 집중도	84.4			10대 업종 집중도	85.4

| 주: 선택된 업종은 기간별 누적 금액에 대한 순위와 비중을 의미
| 자료 : 한국수출입은행, 해외투자통계

종류가 노동집약적인 업종에서 자본집약적이고 기술집약적인 업종으로 확대되고 있다. 이러한 변화는 우리나라와 아세안 국가들의 산업구조와 정부 정책 등의 변화 그리고 기술혁신 등의 영향으로 해석할 수 있다.

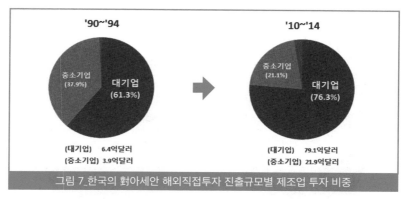

그림 7_한국의 對아세안 해외직접투자 진출규모별 제조업 투자 비중

┃주: 대기업·중소기업 이외에 개인기업·개인·비영리단체들이 있으나 투자규모는 미미
　　한 수준
┃자료 : 한국수출입은행, 해외투자통계

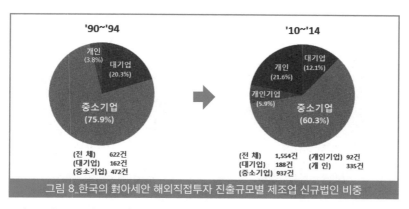

그림 8_한국의 對아세안 해외직접투자 진출규모별 제조업 신규법인 비중

┃자료 : 한국수출입은행, 해외투자통계

우리나라 기업들의 對아세안 해외직접투자를 진출기업의 규모별로
도 살펴볼 수 있다. 90년대 초 우리나라의 對아세안 제조업 투자는 대체
로 중소기업이 40% 내외의 높은 투자 비중을 보였으나 최근 들어 대기
업의 비중이 76.3%로 매우 크게 증가한 반면, 중소기업은 21.1%로 급격
하게 감소했다. 그러나 신규법인의 측면에서는 중소기업(60.3%)과 개인
(21.6%)이 주도적인 역할을 하고 있는 것으로 나타났다. 즉 90년대 초에

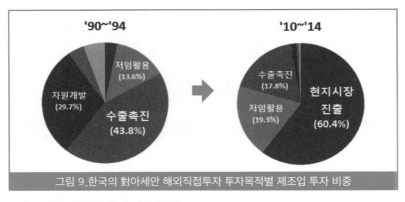

그림 9_한국의 對아세안 해외직접투자 투자목적별 제조업 투자 비중

|자료 : 한국수출입은행, 해외투자통계

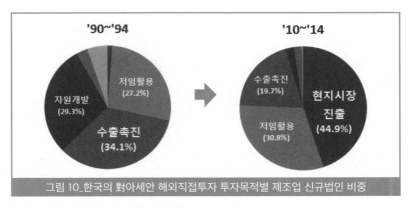

그림 10_한국의 對아세안 해외직접투자 투자목적별 제조업 신규법인 비중

|자료 : 한국수출입은행, 해외투자통계

는 아세안 내 신규법인 중 대기업에 의한 설립 비중이 20.3%로 다소 높았으나 최근에는 그 비중이 12.1%로 감소한 반면, 개인의 경우 90년대 초에는 1.6%에 불과했지만 최근에는 20%를 상회하고 있기 때문이다. 이러한 결과를 종합해보면, 우리나라의 진출규모별 對아세안 해외직접투자는 소수의 대기업들이 대규모 투자를 하고 있다는 사실을 알 수 있다.

한편, 최근 우리나라 기업들의 아세안 내 제조업 직접투자 목적도 상당히 변해왔다. 우리나라는 수출주도형 경제성장을 지향해왔고, 자원이 매우 부족한 국가였기 때문에 90년대 초에는 수출 촉진(43.8%)이나 자원개발(29.7%)이 매우 중요한 투자 목적이었다. 당시 우리나라와 아세안 국가들 간의 교류도 활발하지 않았을 뿐만 아니라, 아세안 국가들의 발전 정도가 매우 낮아 수요시장으로서의 매력이 크지 않았기 때문이다. 또한 현지 시장진출을 수행할 수 있을 정도의 능력을 갖춘 다국적기업을 보유하고 있지 못했던 우리나라의 현실도 한몫했다고 할 수 있다.

그러나 이러한 상황은 2000년대 들어 크게 변했다. 즉 2000년대 들어 한-아세안 FTA를 체결하는 등 아세안과의 교역이 크게 확대됐고, 아세안의 경제성장과 중산층 인구의 증가 등으로 아세안의 투자매력도가 매우 크게 상승했기 때문이다. 또한 삼성, LG, 현대 등 대기업을 중심으로 다국적 역량을 갖춘 기업들도 크게 증가했다. 따라서 2000년대 중반 이후에는 현지 시장진출을 목적으로 한 투자비중이 크게 증가하고 있다. 특히 최근에는 현지 시장진출을 위한 투자비중이 60.4%까지 증가했다. 물론 저임활용(19.3%) 및 수출촉진(17.8%)도 여전히 매우 중요한 투자목적이지만 이들의 비중은 최근 들어 크게 감소하고 있다. 이러한 결과는 신규법인의 설립 숫자를 통해서도 확인할 수 있다. 90년대 초에는 수출촉진을 위한 기업의 비중이 34.1%로 높았으나 최근 19.7%로 크게 감소한 반면, 현지 시장 진출을 위한 기업의 비중은 90년대 초 1.3%에서 최근 44.9%로 급격히 증가하고 있다. 이는 아세안 지역의 임금상승 등으로 저임활용이 한계에 부딪히고 있다는 사실을 보여줌과 동시에, 수출보다는 소득이 상승한 현지 소비자를 대상으로 한 생산이 증가하고 있다는 것을 의미한다.

3. 동남아 외국인 비즈니스 환경 분석

가. 사업 환경 전반

다국적기업들이 아세안으로의 해외직접 투자 시 가장 중요하고, 민감하게 고려하는 요인은 사업 환경이라 할 수 있다. 글로벌 기업의 활동은 정치·경제·사회·문화적 측면에서 자국의 환경과 크게 다른 국가에서 이루어지기 때문에 현지국 상황의 영향을 받을 수밖에 없기 때문이다. 또한 대부분의 국가들에서 자국 기업과 외국인 기업 간에 차별이 여전히 존재하기 때문에 자국에서의 경험과 전혀 다른 어려움에 봉착할 가능성도 매우 크다. 즉 자국에서 성공한 기업 혹은 인기 제품이 다른 나라에 진출해서도 반드시 성공하리라는 보장이 전혀 없다는 것이다.

따라서 우리나라 기업들은 아세안 국가들에 대한 진출에 앞서 아세안 국가들에서의 외국인 비즈니스 환경을 살펴볼 필요가 있다. 세계은행World Bank에서 매년 발표하는 'Doing Business'를 통해 아세안 국가들의 전반적인 사업 환경을 평가해 볼 수 있다. 가장 객관적인 사업 환경 평가 및 비교의 척도로 알려져 있는 'Doing Business'는 사업 활동의 전 과정을 창업, 인허가, 고용, 소유권 등기, 투자자 보호, 세금 납부, 통관 등 10개 분야로 나누어 각 분야별로 국가별 점수와 순위를 매긴 후 이를 총량적으로 합산하여 종합순위를 산출한다. 가장 최근인 2015년 평가결과를 살펴보면, 아세안 지역은 조사대상 189개 국가 중 가장 사업하기 좋은 것으로 나타난 싱가포르1위부터 상위권의 말레이시아18위, 중위권의 브루나이84위, 베트남90위, 하위권의 캄보디아127위, 라오스134위, 최하위권에 머문 미얀마167위에 이르기까지 상당히 다양하게 분포되어 있는 것으로 나타난다. 또한 10가지 구성항목별로 살펴보면, 국가별로 상당히 큰 차이를 보인다는 사실을 알 수 있다.

이와 같은 아세안 국가들의 사업 환경을 최근까지 우리나라 기업들이 가장 많이 진출해 있는 중국의 경우와 비교해 보면, 아세안 국가들의 사업 환경을 간접적으로 유추해볼 수 있다.

표 2 아세안 지역의 사업 환경 비교(2015년 기준)

국가명	종합 순위	창업	건축 허가	전력 수급	재산권 등록	신용 획득	투자자 보호	납세	대외 교역	계약 실행	부도 해결
말레이시아	18	14	15	13	38	28	4	31	49	44	45
인도네시아	109	173	107	46	131	70	88	148	105	170	77
태국	49	96	39	11	57	97	36	70	56	57	49
필리핀	103	165	99	19	112	109	155	126	95	140	53
싱가포르	1	10	1	6	17	19	1	5	41	1	27
베트남	90	119	12	108	58	28	122	168	99	74	123
캄보디아	127	180	181	145	121	15	111	95	98	174	82
라오스	134	153	42	158	66	70	178	127	108	92	189
미얀마	167	160	74	148	145	174	184	84	140	187	162
브루나이	84	74	21	68	148	79	134	16	121	113	98
중국	84	136	176	92	43	79	134	132	96	7	55

| 주 : 189개 국가 대상
| 자료 : World Bank, Doing Business 2016 Database

　중국의 사업 환경은 84위로 중위권에 해당한다고 할 수 있다. 아세안 국가들과 중국 간의 사업 환경을 항목별로 비교해보면, 건축허가, 전력수급, 신용획득, 투자자보호, 납세 등은 아세안 국가들의 사업 환경이 대체로 중국보다 앞서는 것으로 나타난 반면, 재산권 등록, 계약실행 등의 분야에서는 중국이 대체로 앞서있는 것으로 나타났다. 이러한 결과는 진출 기업의 업종이나 특성이 어느 분야에 민감하게 작용하는지에 따라 아세안에 진출하는 것이 장점으로 작용할 수도 있고, 경우에 따라서는 단점으로 작용할 수 있다는 것을 보여준다.

　뒤에서는 이와 같은 전반적인 사업 환경을 보다 구체적으로 경제 및 노동환경, 제조환경, 정책 제도 환경, 사회 환경을 구분하여 살펴보고, 실제 기업들의 아세안 진출 시 애로요인을 검토한 후 아세안에서 기업 운영 시 기회요인과 위협요인을 제시하고자 한다.

나. 경제 및 노동 환경

아세안 국가들은 놀라운 발전을 보여주면서 중국, 인도 등과 함께 세계의 주요 수요시장으로써 주목받고 있다. 아세안 국가들의 GDP는 2000년 6,368억 달러에서 2014년 2.5조 달러로 15년 간 약 3.9배 규모로 성장하였으며, 동 기간 연평균 성장률 또한 5.7%를 기록했다. 이는 유럽이나 남미, 북미 등 전 세계 어느 지역보다도 놀라운 성장률을 기록한 것이다. 또한 아세안 국가들의 평균 1인당 GDP는 2000년 약 5,380달러에서 2014년 12,710달러로 약 2.4배 증가했고, 연평균 증가율도 약 6.3%를 기록하면서 아세안 국가들의 구매력 역시 매우 빠르게 높아지고 있다. 이외에도 10개 아세안 회원국은 2015년 말 ASEAN 역내 상품 및 서비스는 물론 숙련 노동자와 자본의 자유로운 이동을 허용하는 아세안 경제공동체ASEAN Economic Community, AEC 를 출범하였으며, 태국, 말레이시아, 인도네시아, 필리핀, 베트남은 개별 국가 차원에서 FTA 확대를 적극적으로 추진하고 있어 외국인 직접투자 유입 확대, 교역 규모 증가 등에 우호적인 환경이 조성될 것으로 전망된다.

한편, 아세안 국가들은 풍부한 노동력과 생산 가능인구의 높은 비중 등을 고려할 때 중국을 대체할 수 있는 새로운 생산기지로 기대되고 있다. 아세안 국가들의 생산 가능인구는 약 4.2억 명으로 아세안 전체인구의

67.9%를 차지하고 있으며, 여전히 증가하고 있다. 이는 아세안 국가들이 젊은 노동시장을 보유하고 있다는 것을 의미한다. 또한 OECD에 따르면 아세안 중산층 인구수 및 비중이 2009년 8천만 명으로 세계 중산층 인구의 4.3%에 불과했으나 2020년에는 2억 9,600만 명으로 9.1%, 2030년에는 4억 9,900만 명으로 10.2%까지 증가할 것으로 예상하고 있다.

이외에도 아세안 지역의 국가들은 교육에 대한 열정이 커서 2000년 이후 대부분의 국가에서 고등교육 등록 인구 비율이 지속적으로 높아지는 등 인적자본의 질적 수준이 빠르게 개선되고 있다. 즉 생산 가능인구의 증가와 교육수준의 개선을 종합해 보면, 아세안 노동시장은 양질의 젊은 노동력이 지속적으로 유입되고 있으며, 점점 그 비중이 커질 것이라는 점을 유추해볼 수 있다. 이는 고등교육 경쟁력 높아짐에 따라 제조업 및 첨단기술 기반의 자본집약적 산업이 발전할 가능성이 높다는 점을 시사한다.

다만, 아세안 지역의 임금수준이 빠르게 증가하고 있는 것은 진출을 준비하고 있는 우리나라의 기업들에게 상당한 부담으로 작용할 것으로 예상된다. 즉 고성장과 고물가 지속 등으로 임금인상 요구가 심화되고, 외국기업의 진출 확대로 노동수요가 확대됨에 따라 아세안 대부분 국가에서 임금 수준이 빠른 속도로 상승하고 있다. 특히 인도네시아, 베트남, 라오스 같은 국가의 경우 연평균 최저임금 상승률은 약 21~24%를 기록하고 있다. 따라서 아세안 국가로의 진출 시 값싼 노동력에 대한 이점은 상당히 감소했고, 앞으로 더 심화될 것으로 예상된다.

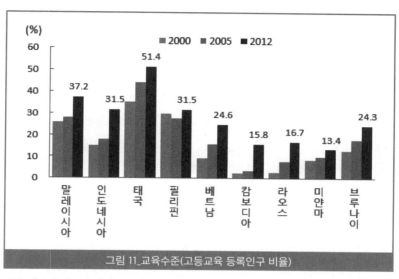

그림 11_교육수준(고등교육 등록인구 비율)

┃주: 가용한 자료의 한계로 인해 캄보디아 2012는 2011년 값을 사용하였으며, 미얀마의
　　경우 2000년은 1999년과 2001년 평균값을, 2005년은 2007년 값을 사용하였음
┃자료: World Development Indicators(2015)

표 3 아세안 주요국 최저임금 추이

단위 : 달러, %)

국가명	2006	2010	2011	2012	2013	2014.8	연평균 상승률[1]
말레이시아	-	-	-	-	285.8	283.2	-
인도네시아	89.4	123.0	141.9	168.2	220.0	208.5	21
태 국	-	150.3	149.0	154.4	201.0	206.7	10
베트남	54.4	67.0	77.5	100.0	117.5	127.8	21
캄보디아	50.0	61.0	61.0	66.0	80.0	95.0	9
라오스	-	42.2	43.3	78.2	79.7	77.9	24

┃주: 1) 인도네시아, 베트남, 캄보디아는 2006년 기준, 태국과 라오스는 2010년 기준으
　　로 계산하였음.
┃자료 : 대외경제정책연구원, 『동남아 주요국 노동시장의 환경변화와 우리나라의 대응
　　전략』, 표 2-10. 동남아 주요국의 법정 최저임금 상승률 추이(2010~14년)을 인
　　용 및 수정하였음.

다. 제조 및 진출환경

제조 기업들이 아세안 국가로의 진출타당성을 평가할 때 가장 중요한 고려요인 중 하나는 아세안 국가들의 제조환경이다. 아세안 국가들의 인프라 경쟁력 수준은 세계경제포럼World Economic Forum, WEF에서 발표하는 글로벌경쟁력지수Global Competitiveness Index, GCI를 통해 어느 정도 가늠해볼 수 있다. 다국적 기업들은 상대적으로 우수한 인프라를 보유한 국가로 진출하고자 하기 때문에 글로벌경쟁력지수는 상대적 제조환경을 살펴볼 수 있는 하나의 기준이 될 수 있다.

2015~2016년 기준으로 발표된 글로벌경쟁력지수를 살펴보면, 140개 조사대상 국가 중 싱가포르와 말레이시아, 태국을 제외한 대부분의 국가들이 하위그룹에 포함되어 있다. 이는 아직까지 아세안 국가들의 인프라가 상당히 열악한 수준이라는 것을 의미한다. 게다가 인프라 개선 노력도 다른 지역의 국가들과 비교했을 때 재정 부족 등의 이유로 상당히 지지부진한 상황이다. 따라서 이러한 인프라의 취약성이 제조환경을 악화시키는 주요인으로 작용함으로써 우리나라를 비롯한 해외기업들의 직접투자에 걸림돌로 작용하고 있다. 다만, 2011~2012년과 2015~2016년 기준 글로벌경쟁력지수에 따르면 태국을 제외한 모든 국가들의 인프라 경쟁력이 미미하게나마 개선된 것을 알 수 있다. 따라서 향후 경제성장이 이어지고, 각국 정부의 개선노력과 AIIB 등에서 대규모 인프라 투자가 이어진다면 최소한 현재보다는 개선될 것으로 기대해볼 수 있다.

한편, 아세안 국가로의 진출 시에는 제조환경에 매우 직접적인 영향을 미칠 수 있는 진출 방식에 대한 타당성도 검토해야 한다. 대부분의 아세안 국가들이 정책적으로 현지인의 참여를 일정 수준 이상 요구하고 있고, 진출 방식에 따라 각기 장·단점이 분명하기 때문에 어떤 방식을 선택하는 것이 유리한지 면밀히 검토할 필요가 있다. 진출 방식에 따라 크게 법인 설립, 지점 설치, 인수·합병, 전략적 제휴로 구분되는데, 법인 설립이 가장 적극적인 형태이고, 전략적 제휴가 가장 소극적인 형태라 할 수 있다. 예를 들어, 진출 초기부터 법인 설립을 추진할 경우 현지화에 용이하고, 신속하고 효율적인 의사결정이 가능하다는 장점이 있지만, 비용이 많이 소요될 뿐만 아니라 시행착오로 인한 위험이 증가할 수 있다. 반면, 전략적 제휴의 경우에는 시장에 빠르게 적응할 수 있고, 현지 우수인력, 현지 환경에 대한 지식·경험 등 부족한 경영자원 확보에 용이하지만 신뢰할 만한 파트너의 확보에 어려움이 있을 수 있고, 통제력이 낮을 수밖에 없기 때문에 핵심역량이 유출될 가능성도 있다. 따라서 기업이나 제품의 성격에 따라 어떤 진출 방식이 타당한지 조사가 필요하다.

표 4 아세안 인프라 수준 : WEF의 국가 인프라 경쟁력 점수 및 순위

(점 수)

(순 위)

국가명	2011-2012	2015-2016
말레이시아	26	24
인도네시아	76	62
태 국	42	44
필리핀	105	90
싱가포르	3	2
베트남	90	78
캄보디아	107	101
라오스	–	98
미얀마	–	134
브루나이	56	–

┃ 주: 1) 인프라 경쟁력은 교통인프라 6개 지표와 전기 및 통신 인프라 3개 지표로 구성되
며, 7점을 만점으로 산출
2) 대상 국가는 2011-2012년은 142개 국가, 2015-2016년은 140개 국가임
┃ 자료: WEF, The Global Competitiveness Index 2011-2012 / 2015-2016.

표 5 아세안 진출 방식별 장·단점 비교

구 분	장 점	단 점
법인 설립	• 지점에 비해 독립적 영업활동 가능 • 신속하고 효율적인 의사결정 • 현지화 용이 • 불필요한 통합비용 방지	• 다소 고비용 • 시행착오 위험 증가
지점 설치	• 상대적 적은 비용 • 본사의 현지통제 용이 • 법적 및 회계상 간편	• 지사의 책임이 본국 법인에 전가 • 운영효율성 및 신속성 저하 • 현지환경에 대한 지식·경험 부족 • 시장적응력 저하
인수·합병	• 빠른 신규시장 적응성 • 경영자원 확보 및 역량 향상	• 통합에 따른 인수합병 비용, 적응 비용 발생 • 문화적 차이에 따른 기업역량 저하
전략적 제휴	• 빠른 신규시장 적응성 • 모기업의 독립성 유지 • 파트너 변경 용이 • 경쟁자의 제거 • 부족한 경영자원 확보 • 불요불급한 투자 방지	• 낮은 통제력 • 핵심역량(기술, 노하우) 유출 우려 • 신뢰할 만한 파트너 확보 어려움

┃ 자료 : KOTRA, 2014 해외투자진출 종합가이드

라. 정책 환경

아세안 국가들은 최근 외국인들의 투자 유치 확대를 위해 세제 혜택은 물론 다양한 법·제도 정비 및 지원 체계를 강화하고 있을 뿐만 아니라 투자 제도를 개혁하고 투명성을 개선하고자 노력하고 있다. 우선, 세제 혜택은 크게 전반적인 세율을 인하하거나 지정된 경제구역이나 특정산업에 일정기간 동안 면세 또는 감세를 하는 방향으로 추진되고 있다.

국가별로 살펴보면, 말레이시아는 법인세율을 2009년 이후 25%를 유지해왔으나 2015년부터 24%로 1% 감면했고, 2016년부터는 중소기업들의 경우 법인 소득세를 19%로 인하할 예정이다. 또한 2015년 4월에는 저개발지역에 무질서하게 설립되고 있는 산업 단지에 대한 관리를 강화하고, 우수한 제조기업들의 역내 거점을 유치하기 위해 새로운 세제 인센티브를 중심으로 한 세제 혜택 개편안을 발표했다.[3] 인도네시아는 2012년 2월 투자환경을 개선하고, 투자제한 산업을 축소하며, 고부가가치 산업에 투자한 기업에 대한 세제 혜택 등을 담은 신투자계획안을 발표했다. 또한 2014년 2월에는 남부 수마트라 탄중아뻬아삐, 북부 말루꾸 모로따이, 서부 누사뜽가라 만달리까 각각에 수출 특별경제구역KEK 개발 방안을 발표했고, 입주업체들에 대한 세금 감면 인프라 사용 지원 등의 혜택을 제공하기로 했다. 태국은 외국인 투자유치를 위해 2011년 10월 법인세율을 기존 30%에서 2012년 23%, 2013년 20%로 점차적으로 인하하기로 결정하고, 이를 적극적으로 추진하고 있다.

필리핀은 중점투자유치 산업[4]을 선정 한 후 3~6년 간 법인세를 감면하고, 통관절차 간소화, 외국인 고용 허용 등 인센티브를 제공하고 있으며, 2009년 1월부터 모든 법인에 대해 기본 법인세율을 30%_{다국적 기업의 본사는} 0~10% 부과로 인하했다. 베트남은 2014년부터 법인세율을 22%로 낮췄고, 2016년에는 20%까지 추가 인하하는 정책을 추진하는 등 과감한 법인세 인센티브를 부여하고 있다.[5] 이외에도 사회경제적으로 낙후된 지역에서 프로젝트를 수행하는 신설법인의 경우 20% 우대세율_{수익발생 시부터 10년}을, 하이테크 부문 등 전문분야에는 10% 우대세율_{15년~30년}을 추진하고 있으며, 수입세의 경우 면세의 범위를 확대해 나가고 있다. 미얀마는 2014년 1월 경제특구법 개정으로 투자지역에 따라 법인세, 상업세 등에 대해 면세혜택이 적용되었으며, 2015년 4월 세법을 개정함으로써 외국기업도 현지기업과 동일한 상업세_{5%}와 소득세_{25%}를 부과하게 되었으며, 외국인 개인에 대한 소득세 역시 기존 35%에서 내국인과 동일하게 최대 25%수준으로 인하하였다.

이와같이 아세안 각 국가들은 외국인 투자의 적극적 유치를 위해 다양한 세제혜택을 부여하고자 노력하고 있다. 따라서 대부분의 국가에서 이윤 대비 세금비중이 지속적으로 낮아졌고, 특히 싱가포르와 브루나이의 경우에는 0.8%~2.0%로 14.5~25.3%인 다른 아세안 국가들에 비해 절대적인 수준에서 매우 낮다. 이러한 추세는 향후에도 상당기간 지속될 것으로 예상된다.

아세안 각국은 외국인 투자유치 확대를 위해 세제혜택 이외에도 외국인 사업과 관련된 규제 완화, 지원체계 강화, 투명성 개선 등의 정책도 추진하고 있다. 우선, 말레이시아[6]는 외국인 직접투자를 위해 2010년 10월

제10차 경제변혁프로그램Economic Transformation Programme, ETP를 발표하면서 석유, 가스, 팜오일, 금융 등 12개 산업을 중심으로 한 민간투자의 활성화 방안을 마련하고, 이를 2011년 12월 저작권법 개정으로 지적재산권 보호를 강화했다. 인도네시아는 2015년 1월 외국인 투자의 인허가 절차를 간소화하고, 신속한 행정처리를 위해 중앙정부에서 관리하는 단일청구 통합서비스를 도입했고, 태국은 2015년 1월 투자 장려 7개년 전략2015~2021에 따라 투자인센티브 체계를 개편했다.

필리핀은 1991년 제정된 기존의 외국인 투자법FIA을 유지하면서 일부 산업에 대해서는 외국인 투자를 제한하거나 금지하고 있다.[7] 다만, 중점 투자유치 산업[8]에 대해서는 법인세 감면3~6년, 통관절차의 간소화 및 외국인고용 허용 등 인센티브를 제공하고 있으며, 수출기업수출비중 50% 이상이나 산업특구, 수출가공지대, 자유무역지대 등 특별경제지대 내 입주기업

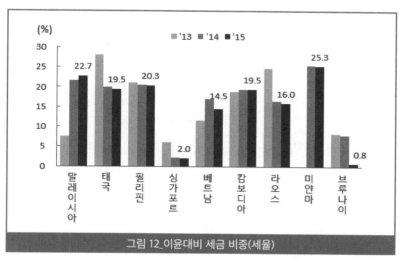

그림 12_이윤대비 세금 비중(세율)

┃자료: World Bank, World Development Indicators 2015.

등에 대해서도 다양한 인센티브를 제공하고 있다. 또한 2009년 1월부터 외국기업의 자유로운 외환 매매를 허용했고, 2011년 11월에는 외국인 직접투자 자금에 대한 페소화 환전 관련 규제를 폐지하였다. 한편, 필리핀은 주요 투자국인 미국, 일본 등 약 40여개 국가와 이중과세 방지 조약을 체결함으로써 투자자 유치에 힘쓰고 있다.

베트남은 '산업개발전략 2011-2020'을 통해 산업 육성전략을 추진하고 있으며, 이와 더불어 2015년 7월에는 개정된 투자법 및 기업법 그리고 주택법이 시행됨에 따라 외국인 투자에 대한 등록절차 간소화, 투자 대상 업종의 확대, 부동산 구입 조건 완화 등으로 외국인 투자환경이 크게 개선될 것으로 기대되고 있다. 미얀마는 다른 아세안 국가들에 비해 투자유치 성과는 부족한 편이나 외국인 투자유치 확대의 전기를 마련하고자 노력하고 있다.

미얀마는 2011년 8월 산업개발위원회를 설립하고, 2012년 11월 신외국인 투자법이 발효되는 등 제도적 노력을 기울이고 있다. 투자회사관리국의 2013년 발표 자료에 따르면 노동집약적 산업, 경공업, 수출 주도형 산업, 부가가치 산업, 비굴뚝산업, 중공업, 공급망 연계 산업의 투자를 장려하고 있는 것을 알 수 있다. 2014년 8월 외국인 투자법 개정으로 높은 기술력과 대규모 자본이 필요한 산업 등에 대한 외국인 단독 투자는 물론, 교통 인프라 개발이나 신도시 개발 등의 분야도 합작투자를 허용하는 등 외국인 투자 금지업종과 합작대상 업종이 각각 21개, 42개에서 11개, 30개로 축소됐다. 다만, 아직까지 외국인 투자유치를 위한 별도의 조직 없이 투자회사 관리국을 중심으로 외국인 투자 신청에 대한 실무적 행정 처리·관리에만 집중되고 있는 한계를 보인다.

표 6 아세안 주요국의 최근 외국인 투자 정책

말레이시아	• 제조업 투자 허가 자동화(안보·안전·건강·환경·종교 등 제외) (2008.12) • 산업개발청(MIDA)을 모든 투자 사업에 대한 원스톱 센터로 개편(2009.1) • 특별경제지대 설립 및 신성장 동력산업에 대한 각종 투자 인센티브 제공(2009.8) • 세제 인센티브 지침, 상품·서비스세 신설 등 세제 개편안 발표(2015.4)
인도네시아	• 조세법 총칙 개정(2007), 소득세법 개정(2008), 법인세법 및 투자법 개정(2010) • 중장기 경제개발계획(육성산업 지정 및 투자 금액) 발표(2011.5) • 토지수용법 개정으로 인프라 투자 확대 추진(2012.1) • 신투자계획안(투자절차 간소화, 투자 인센티브 제공, 에너지산업 투자 확대 등(2012.2)) • 수출 특별경제구역(KEK) 개발 방안 발표(2014.2) • 중앙정부 차원의 투자 인허가 절차 단일청구 통합서비스 도입(2015.1)
태국	• 법인세율 인하(기존 30%→12년 23%→13년 20%)(2011.10) • 법인세율 개정(2012, 2013), 소득세법 개정(2013.12) • 2015~2022년 인프라 개발 계획 발표(2014.7) • 투자 장려 7개년 전략(2015~2021)에 따라 투자 인센티브 체계 개편(2015.1)
필리핀	• 모든 법인에 대해 (기본)법인세율 30%로 인하(2009.1) • 외국기업의 자유로운 외환 매매 허용(2009.1) • 민·관협력(PPP)을 위해 PPP 센터 설립(2011.3) • 외국인 직접투자 자금에 대한 페소화 환정 규정 폐지(2011.11)
베트남	• 외국인 투자법과 내국인 투자법의 단일화(2006.7) • 국제적 기준에 부합하는 기업법 도입(2006.7) • 저작권 및 지적재산권 권리보호를 위한 법령 제정(2009.5) • 산업개발전략 2011-2020 • 투자법 및 기업법 개정안 시행, 투자법·기업법 및 주택법 개정안 시행(2015.7)
캄보디아	• 법인세법 개정(2003.3)
미얀마	• 산업개발위원회 설립(2011.8) • 신외국인 투자법 발효(2012.11) • 경제특구법(Special Economic Zone Law) 개정(2014.1) • 한-미얀마 투자보장협정 체결(2014.6) • 외국인 투자법 개정(2014.8) • 세법개정(2015.4)
라오스	• 국내 투자법과 외국인 직접투자법을 통합한 투자촉진법 시행(2011.4)

┃자료: 한국은행, "아시아 주요 신흥국에 대한 외국인 직접투자 분석", 국제경제분석, 제
2013-3호, 13페이지 참고자료 인용 및 저자 추가

이상과 같이 아세안 국가들은 외국인 투자 유치 확대를 위해 국내적으로 법적·제도적 노력을 기울이고 있을 뿐만 아니라 FTA 확대를 통한 노력도 지속적으로 추진하고 있다. 아세안 국가들은 아세안 역내 국가 간은 물론 다양한 선진국과 신흥국과의 FTA를 체결했거나 추진 중에 있다. 아세안 국가들의 FTA 체결이 확대되면서 아세안 국가들과의 협약 상대국들이 관세 인하 및 단계적 철폐가 진행됨에 따라 아세안의 수출 확대 및 시장 점유율 제고가 기대되고 있다. 이외에도 국가 간 접근성 제고를 위해 교통 및 물류망 연계도 확대하고 있다. 구체적으로 아시아 횡단 철도 연결을 통한 국제철도 운송망 구축 프로젝트를 추진하고 있으며, 아시안 하이웨이를 구축함으로써 아시아 32개국을 연결하기 위해 55개 노선으로 구성된 14만km의 고속도로 구축 프로젝트도 진행 중에 있다. 또한 아시아 횡단 철도, 아시안 하이웨이 등 기존 아시아 물류망을 연결하는 프로젝트도 조만간 시작할 예정이다.

한편, 이와 같은 아세안 국가들의 외국인 직접투자 유치 확대 노력에도 불구하고, OECD에서 발표한 외국인 직접투자 규제 지표에 따르면 아세안 국가들의 외국인 직접투자에 대한 규제는 세계 여타 국가들에 비해 여전히 매우 높은 수준이라는 것을 알 수 있다. 아세안 국가들의 외국인 직접투자 규제의 정도는 평균 0.24로 OECD 평균 0.07은 물론, 비OECD 평균인 0.17에도 크게 미치지 못하고 있다. 국가별 상황도 이와 크게 다르지 않았다. 싱가포르를 제외한 모든 아세안 국가들이 비OECD국가 평균보다 규제가 심한 것으로 나타났고, 전체 64개 대상국가 중 필리핀은 가장 규제가 심한 국가인 것으로 나타났으며, 미얀마, 라오스, 인도네시아, 태국도 아세안 평균보다 규제가 심한 것으로 나타났다. 이러한 결과는 아세

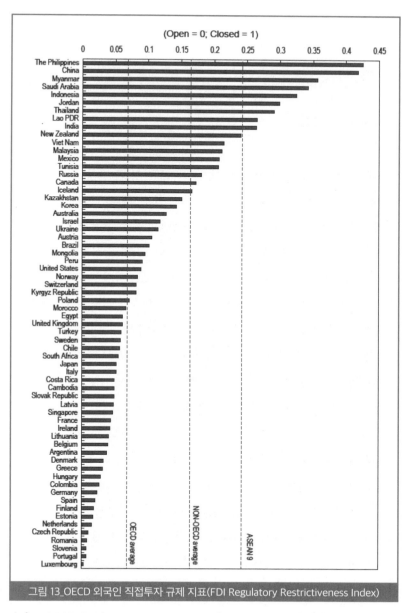

(Open = 0; Closed = 1)

그림 13_OECD 외국인 직접투자 규제 지표(FDI Regulatory Restrictiveness Index)

▎자료: OECD, Southeast Asia Investment Policy Perspectives(2014)

안 국가들이 외국인 직접투자유치를 확대하기 위해서는 규제를 보다 근본적으로 개혁할 방법을 모색할 필요가 있다는 점을 시사한다.

마. 사회적 환경

아세안 지역 국가들의 안정성은 크게 국가 안정성, 정치 안정성, 사회 안정성으로 구분해 볼 수 있다. 우선, 국가의 안정성은 국가신용등급을 통해 가늠해 볼 수 있는데, 2015년 기준 아세안 국가들의 국가신용도는 소득수준이 높은 말레이시아, 인도네시아, 태국, 필리핀, 싱가포르의 경우 대체로 Baa등급Moody's 이상으로 안정적인 것으로 평가할 수 있다. 다만, 상대적으로 소득수준이 낮은 베트남, 캄보디아의 국가신용등급은 과거보다 개선되고는 있지만 여전히 투자부적격 등급에 머무르고 있어 다소 리스크가 큰 것으로 평가된다. 또한 미얀마, 라오스, 브루나이의 경우 자료 불충분 등의 이유로 평가가 보류되어 있는 상태이기 때문에 국가의 안정성 측면에서는 진출기업에 부담으로 작용할 수 있다.

정치적 안정성은 공무원과 정치인의 청렴도 등을 통해 유추할 수 있다. 국제투명성 기구는 매년 국가별 부패 인식 지수Corruption Perceptions Index를 발표하고 있는데, 기업인과 전문가들을 대상으로 공무원과 정치인에 대한 청렴도 설문조사 결과 보고서에 기초해 산출한다. 부패는 공공투자 등 정부의 정책 결정을 왜곡시킬 수 있고, 투자와 같은 민간의 경제 활동을 저해하는 등 다양한 경로를 통해 안정적인 경제성장을 저해할 수 있기 때문에 국가의 불확실성을 나타낸다고 할 수 있다. 특히 다국적 기업의 경우에는 부패로 인해 현지 진출 시 커미션commission과 같은 문제가 야기될 가능성이 매우 크다. 2015년 국제투명성기구의 발표에 따르면, 전체 168개 조사대상 국가 중 아세안 국가들은 싱가포르8위, 말레이시아54위, 태국76위을 제외하면 대체로 하위권에 머물러 있다. 이는 일부 국가를 제외하면, 아세안 국가의 투명도가 대체로 중국83위에 비해서도 상당히 낮은 수준이라는 것을 의미한다.

　마지막으로 사회적 안정성은 세계경제포럼World Economic Forum에서 발표하는 세계 경쟁력 보고서The Global Competitiveness Report를 통해 알 수 있다. 동 보고서에서는 '테러에 따른 기업비용', '범죄·폭력에 따른 기업비용', '조직범죄', '경찰서비스의 신뢰도' 등의 항목에 기초해 국가별 사회적 안정성의 점수와 순위를 발표하고 있다. 2015~2016년 기준 발표에 따르면, 아세안 국가들은 싱가포르, 말레이시아, 라오스를 제외하면 대체로 순위가 하위권에 머무르고 있다. 특히 태국, 캄보디아, 미얀마의 경우 대부분의 항목에서 기업 비용이 매우 높다고 평가된다. 또한 2011~2012년과 비교했을 때, 비교가 가능한 국가 중 필리핀을 제외한 모든 국가들의 점수가 낮아져 아세안 지역의 전반적인 사회적 안정성이 다소 악화됐다는 것을 알 수 있다.

표 7 아세안 국가들의 신용등급 변화 추이

국가명	2005			2010			2015		
	S&P	Moody's	Fitch	S&P	Moody's	Fitch	S&P	Moody's	Fitch
말레이시아	A-	A3	A-	A-	A3	A-	A-	A3	A-
인도네시아	B+	B2	BB-	BB-	Ba1	BB	BBB-	Baa3	BBB-
태 국	BBB+	Baa1	BBB+	BBB+	A3	BBB	BBB+	Baa1	BBB+
필리핀	BB-	B1	BB	BB-	Ba1	BB	BBB	Baa2	BBB-
싱가포르	AAA	Aaa	AAA	AAA	Aaa	AAA	AAA	Aaa	AAA
베트남	BB-	Ba3	BB-	BB	Ba2	BB-	BB-	Ba2	BB-
캄보디아	-	-	-	B+	B1	-	B	B2	-

┃주: 2016년 5월 현재 미얀마, 라오스, 브루나이는 자료 불충분 등의 이유로 평가 보류
　　상태임.
┃자료: Moody's, Standard&Poor's, Fitch

표 8 2015년 아세안 국가들의 부패인식지수

국가명	순위	부패인식지수	점수 범위 (최소~최대)	사용된 설문조사의 수
말레이시아	54	50	40~64	8
인도네시아	88	36	17~50	8
태 국	76	38	26~43	8
필리핀	95	35	23~41	8
싱가포르	8	85	75~92	8
베트남	112	31	21~41	8
캄보디아	150	21	10~35	7
라오스	139	25	15~40	4
미얀마	147	22	11~35	7

┃주 : 조사대상 국가는 168개국으로 브루나이는 조사대상에 미포함
┃자료: 국제투명성기구

표 9 아세안 국가들의 사회 안정성

국가명	2011-2012		2015-2016					
				점 수				
	순위	점수	순위		테러에 따른 기업비용	범죄·폭력에 따른 기업비용	조직범죄	경찰 서비스의 신뢰도
말레이시아	49	5.3	48	5.2	5.3	5.0	5.2	5.1
인도네시아	107	4.2	101	4.1	4.3	3.9	4.1	4.1
태 국	91	4.6	115	3.8	4.0	3.9	4.2	3.2
필리핀	117	4.0	97	4.2	4.4	4.1	4.5	3.6
싱가포르	18	6.0	6	6.2	5.7	6.2	6.5	6.2
베트남	76	4.9	80	4.5	5.0	4.6	4.8	3.7
캄보디아	106	4.3	107	4.0	4.6	4.1	4.4	2.9
라오스	-	-	64	4.8	5.2	5.1	4.9	4.2
미얀마	-	-	128	3.2	3.2	3.4	3.5	2.9
브루나이	19	6.0	-	-	-	-	-	-

┃주: 7점을 만점으로 산출
┃자료: WEF, The Global Competitiveness Index 2011-2012 / 2015-2016.

바. 기업 운영 시 애로요인

　지금까지 동남아 외국인 비즈니스 환경을 살펴본 결과 아세안 진출한 우리나라 기업들의 주요 애로사항이 크게 임금 인상, 인프라 부족 등으로 예상해볼 수 있다. 그러나 아세안은 10개국이 존재하는 만큼 기업을 운영하는데 발생하는 세부적 애로요인은 국가별로 상당히 다양할 수 있다. 이는 실제로 일본무역진흥기구JETRO에서 조사한 아세안 국가별 경영 애로사항의 결과를 통해 확인해 볼 수 있다. 일본무역진흥기구JETRO의 조사결과에 따르면, 임금인상, 관세행정의 비효율성, 전력 공급의 불안정성, 현지 직원 성과 인식 부족 등이 주요 애로사항으로 지목되었다. 이외에도 외환제도에 있어 외환거래에 대한 사전 허가제도에 따라 외환거래가 제약되고 있으며, 정책당국의 기준 환율 변동에 따른 리스크도 상당히 큰 것으로 나타나고 있다.

기업운영에 따른 애로사항을 항목별로 구체적으로 살펴보자. 우선, 기업들이 가장 큰 애로요인으로 지적한 임금인상은 아세안의 경제성장과 함께 나타나는 필연적인 결과라 할 수 있다. 즉, 경제성장에 따라 그 동안의 성과를 배분해야 한다는 요구가 커지고, 선거과정에서 최저임금제를 도입하거나 최저임금이 인상되면서 저임노동력에 의존하던 제조업체들에게 큰 부담으로 작용하고 있다. 특히 중국의 급격한 임금상승으로 상대적으로 인건비가 저렴한 아세안 지역으로 이전한 기업들의 경우에는 더욱 부담이 커질 것이다. 그러나 임금인상 자체뿐만 아니라 고용과 관련된 기타 요인 때문에 임금인상의 부담이 가중된다는 지적도 있다. 예를 들면, 인도네시아의 해고수당 지급의무[9], 미얀마의 현지인 의무채용 규정[10] 및 외국인근로자 고용제약 등이 기업에 부담으로 작용하고 있다.

둘째, 아세안의 교통, 전력 등 인프라는 '제조 환경'에서 지적한 바와 같이 여전히 취약한 상황이다. 개별 국가는 물론 아세안 차원에서 인프라 구축이 적극적으로 추진되고 있으나 아직까지는 개선 속도가 매우 더딘 상황이라고 할 수 있다. 이는 아세안 회원국들의 재정 여건이 녹녹치 않아 인프라 개발 소요 예산을 충분히 확보하기 어렵기 때문이다. 게다가 일부 국가에서는 비교율적인 행정 체계와 만연한 부패 등도 걸림돌로 작용하고 있다. 일본무역진흥기구JETRO의 조사 결과에 따르면, 2012년을 기준으로 미국으로 수출하는 경우 아세안 신흥국의 컨테이너 당 운반비는 2,900~6,500달러 수준으로 나타났다. 이는 중국 2,700 달러, 싱가포르 3,000달러를 상회하는 것으로 아세안 국가들의 열악한 인프라 수준을 보여주는 대표적인 예라고 할 수 있다.

셋째, 양질의 노동력 부족도 문제로 지적된다. 이는 아직까지 절대적인 숫자에서 양질의 노동력이 부족하다는 아세안 경제의 발전 상황을 반영한다고 할 수 있다. 즉, 아세안 경제가 빠르게 성장함에 따라 양질의 노동력의 공급보다 수요가 상대적으로 빠르게 증가하고 있기 때문이다. 또한 과거 선진국들의 경험에 비추어 보면 제조업체들의 입지 상 발생하는 인력 수급의 미스매치 문제도 상당히 클 것으로 예상된다. 아세안 각국의 도시화가 급격히 진행되고 있는 과정에서 제조 기업들은 주로 도시 외곽이나 지방에 위치하는 반면, 고급인력 대부분이 도심지역에 위치하고 있기 때문이다. 따라서 아세안 지역에 진출을 준비하고 있는 기업들은 양질의 인력 확보를 위해 배후도심 지역의 위치 등 고려한 입지 전략을 추진하거나 별도의 인력 확보 방안을 수립할 필요가 있다. 다만, 아세안 국가 중 상대적으로 소득수준이 높은 말레이이사, 인도네시아, 태국, 필리핀의 경우에는 고등교육을 이수한 인력이 빠르게 증가하고 있어 향후 고급인력 공급 여건이 다소 개선될 것으로 예상된다. 반면, 베트남, 캄보디아, 라오스, 미얀마의 경우 경제가 일정한 수준까지 성장할 때까지는 고급인력 확보에 많은 어려움을 겪게 될 것으로 예상된다.

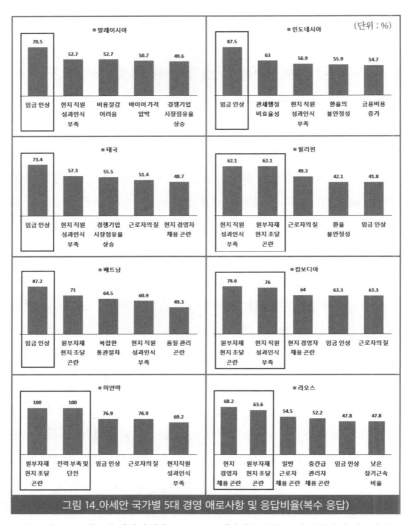

그림 14_아세안 국가별 5대 경영 애로사항 및 응답비율(복수 응답)

┃자료: 한국수출입은행 해외경제연구소(2014), "아세안 신흥국 내 기업경영 애로사항
과 기회요인" 6페이지 참고자료 재인용

4. 사업 성공 및 실패 사례

아세안에 진출하고 있는 우리나라 기업들의 진출 목적은 시장 확대, 저임금 노동력 활용, 새로운 시장 개척, 제3국 진출, 원자재 확보 등 다양하게 나타나지만 진출 기업의 성공·실패여부를 결정짓는 요인들은 매우 공통적으로 나타난다. 우리나라 기업들의 진출 사례를 살펴보면, 진출한 목적에 관계없이 사전 준비 정도, 진출 후 현지화 여부, 차별화 전략, 현지 인력 관리 등이 성공과 실패를 가르는 핵심적인 요인이라 할 수 있다. 즉 아세안에 진출해 성공한 기업들은 대체로 진출 초기의 단기적인 성과에 집착하기 보다는 중장기적인 수익에 집중했다.

우선, 아세안 진출에 성공한 기업들에서 공통점과 구체적 기업 사례를 살펴보면 다음과 같다. 첫째, 아세안 진출에 성공한 기업들은 진출 이전에 치밀한 사전 조사를 통해 현지에 진출하는 과정에서 시간과 비용을 절약하고, 신속한 생산체계를 구축하였다는 점은 물론 현지시장의 수요에 적합한 접근방법을 택하거나 현지 기업 및 기존 진출 기업들과 차별화된 접근 방법을 선택했다. 즉, 단순한 현지화를 통한 제품의 차별화를 지향하기 보다는 현지의 경제·문화여건을 고려한 제품·서비스·판매방법을 개발하였다. 인도네시아에 진출한 (주)지원산업은 카스테레오 제조업체로서 성공적으로 그 기반이 구축된 것으로 평가되는데, EU로부터의 덤핑제소 움직임이 있었던 1988년부터 아세안 국가에 대한 국가별 진출 및 사업 타당성을 조사한 것은 물론, 국내외 해외투자 관련 기관들로부터 해외투자 인·허가 절차 및 투자 관련 자료를 입수했고, 소요자금의 조달방법은 물론 현지 해외투자 관련 규제나 정부 지원 등에서도 면밀히 검토하였다. 또한 이러한 사전조사가 경영진의 진출 결정에 결정적인 역할을 함으로써 불필요한 비용 지출 없이 현지에 비교적 신속하게 생산시설 및 관련 인프라를 구축할 수 있었다.

둘째, 현지 밀착형 사회공헌과 현지인들에게 친숙한 브랜드 마케팅 등을 적극 활용하였다. 즉 진출 초기 인지도가 낮은 한계를 극복하기 위해 다양한 현지 활동을 추진한 것이다. 필리핀에 진출한 한진중공업은 수빅 조선소 완공 2년 전인 2007년부터 트레이닝센터를 설립해 현지인들에 대한 직업교육을 실시함으로써 현지 직원을 육성하여 고용했고, 현지 근로자들에게 주택단지를 저렴하게 제공하기 위해 '한진 빌리지'라는 마을을 조성함으로써 근로자들은 물론 현지 정부와도 두터운 신뢰관계를 형성했다. 이러한 노력으로 세계적 조선업 불황에도 불구하고 대형 조선소로 빠르게 성장해가고 있다. 말레이시아에 진출한 삼성전자는 다인종, 다종교, 다문화가 공존하고 있는 말레이시아 현지인들의 능동적이고 주체적인 기업 활동을 이끌어낸 점이 성공의 비결이라 할 수 있다. 종업원을 최우선으로 하는 경영방침과 그에 따른 기숙사 등의 복지시설은 물론 인종 간에 벌어질 수 있는 갈등을 각종 행사와 사회공헌 활동 등을 통해 융화시킨 사례는 미국의 시사주간지 〈Time〉을 통해 전 세계에 소개되기도 했다. 오리온은 1995년 초코파이 수출로 베트남에 첫발을 내딛은 이래 2006년 호치민, 2009년 하노이에 현지 생산 공장을 준공했다. 한국에서 유통되는 제품과 맛의 차이는 없지만 현지인들이 선호하는 경향을 반영해 서양식 브랜드 네이밍을 시도한 대표적 사례라 할 수 있다. 지난 10년 간 초코파이는 국민 브랜드가 되었고, 제사 음식으로 쓰일 만큼 명품 대접을 받고 있다. 초코파이 외에도 스낵 제품의 매출 확대에 힘입어 오리온은 제과시장 점유율 1위를 유지하고 있다.

셋째, 노무관리에 상당히 다양한 노력을 기울였다. 현지의 의사결정 권한을 강화하였고, 중간 관리자를 현지인으로 채용하였으며, 원칙으로 필요한 기술은 국내 본사의 인력을 파견하여 교육시켰다. 또한, 출퇴근 버스를 운행하는 등 근로자들의 복지에 집중하였다. 인도네시아에 진출한 미원(대상)은 현지인들이 시간 관념이 매우 부족할 뿐만 아니라 성취욕이 약해 부단한 교육 훈련과 함께 과감하게 권한을 이양함으로써 책임감을 고취시키는 것이 매우 중요했다. 이를 위해 현지인을 중간 관리자급으로 육성하여 부문별로 책임과 권한을 이양함에 따라 모든 일선 관리 업무가 현지인 중심으로 이루어졌다. 이러한 노력으로 대상은 인도네시아 조미료 시장의 3대 기업으로 성장하였고, 현재는 시장점유율 1위를 기록하고 있다.

넷째, 인사·경영의 현지화를 통한 현지 직원 및 현지 파트너와의 동반성장 추구하였다. 2005년 베트남에 진출한 대한전선은 베트남 최대 국영 케이블회사인 SACOM사와 합작법인Taihan Sacom Cable Company Ltd., TSC 을 설립하였다. 대한전선은 파트너를 의사결정 과정에 전략적으로 참여시키는 것은 물론 명확한 업무 분장을 통해 협력 구축하고, 협약계약서에 근거한 경영 실천함으로써 두터운 신뢰를 확보하였다. 이러한 노력으로 제품 판매 첫 해인 2006년부터 바로 순이익을 창출한 바 있다.

이외에도 최근에 성공한 기업들의 경우에는 한류를 적극적인 활용했다. 즉, 한류의 인기는 이제 대한민국이라는 국가 브랜드에 대한 호감도를 넘어 'Made in Korea' 제품의 수출 및 한국기업의 진출에 대한 호감도 상승으로까지 이어지고 있다. 따라서 많은 한국 기업들이 마케팅에 한류를 활용함으로써 해외 시장에서의 브랜딩 강화에 나서고 있다. 이러한 한류를 활용한 마케팅에 대한 보다 자세한 내용은 6장에서 살펴볼 수 있다.

한편, 아세안 진출에 실패한 기업들에게는 앞서 제시한 성공 요인들에 대한 부재가 결정적인 실패 요인으로 나타난다. 구체적으로 동남아 시장에 대한 정확한 정보 부족, 국내 파견 직원의 보수 및 관리 문제, 제품의 품질 유지 문제, 현지 인력의 낮은 기술력과 높은 이직률, 낮은 현지화 수준 등이라 할 수 있다. 이외에도 중요한 의사결정 권한들의 대부분을 본사가 소유하고 있거나 현지 인력 채용 및 관리 등에 소홀할 경우 성공 가능성은 더욱 희박해진다고 할 수 있다. 특히 과거 현지 법인 직원 채용 시 저임금 인력을 선호하고, 전략 기획이나 R&D 등 핵심 업무에 대해서는 국내 본사에서만 추진한 기업들은 심각한 어려움에 직면한 바 있다. 즉, 이들은 현지 환경의 변화를 알 수 없거나 제한적인 정보만을 알고 있기 때문에 신속하고 정확한 의사결정을 내리는데 상당한 어려움이 있을 수밖에 없다. 게다가 이러한 경우 국내에서 파견된 주재원들은 대체로 해외근무를 경력의 발판으로 인식함으로써 제품의 현지화, 마케팅 전략, 현지 기업과 지역사회와의 유대관계 구축 등을 추진하기보다는 본사나 소속 사업부와의 의사소통 및 정보 교환을 중시하는 도덕적 해이 문제를 발생할 가능성이 높다.

5. 성공적 기업 운영을 위한 제언

　세계의 다국적 기업들이 중국의 대체 생산기지로서 아세안에 주목하고 있다. 동아시아 생산벨트가 서쪽으로 이동함에 따라 우리나라의 제조 기업들의 아세안 진출은 더욱 확대될 것이다. 또한 최근 아세안과의 교류가 다양한 분야에서 활발히 진행되고 있는 가운데, 아세안의 성장 잠재력과 소비시장으로써의 가치가 더욱 커질 것으로 예상된다. 이는 이제까지는 저임금 위주의 생산기지만을 목적으로 진출했다면, 앞으로는 생산기지의 역할은 물론 소비시장을 대상으로 한 기업 활동이 더욱 중요해질 것이라는 점을 시사한다. 따라서 우리나라의 제조 기업들이 아세안에 진출해 성공적인 기업운영을 하기 위해서는 다음 몇 가지 사항들에 유의할 필요가 있다.

　첫째, 아세안 지역 내 국가별 시장의 특성에 맞는 맞춤형 전략을 수립하고, 효율적으로 접근해야 한다. 아세안 국가들의 발전단계가 다양하듯이 배후시장 여건이나 생산요소, 인프라 등 국가별 투자 환경이 매우 다양하다. 따라서 단기적으로 베트남, 캄보디아, 미얀마 등 경제발전 단계나 임금 수준이 아직까지 낮은 국가는 생산기지로 활용하고, 말레이시아, 인도네시아, 태국 등은 소비시장으로 활용하는 전략을 추진하는 것이 바람직할 것이다.

　둘째, 아세안에 대한 진출 시 초기부터 생산비용 상승에 따른 리스크에 관한 대비는 물론 우수인재 확보·관리를 위한 전략 방안을 마련해야 한다. 아세안 국가들은 중국보다 낮은 생산비용이 가장 큰 이점으로 작용하였으나 현재 임금 및 지대가 빠르게 상승하고 있고, 향후에 더욱 가속화될 것으로 예상되기 때문이다. 또한 양질의 노동력에 대한 공급보다 수요가 월등히 크고, 이러한 현상은 일정기간 동안 지속될 가능성이 매우 크기 때문에 현지에서 성공적 기업운영을 위해서는 우수인재를 확보하고 관리하는 방안 마련이 반드시 필요하다.

셋째, 생산비용 외 인프라, 안정성 등의 요인을 종합적으로 고려할 필요가 있다. 임금 수준, 지대 등 생산비용만 고려할 경우에는 생산기지로서 인도네시아나 미얀마의 매력도가 높아 보일 수 있지만, 인프라 수준 등을 고려하면 오히려 태국과 베트남이 상대적으로 우수한 조건을 갖고 있다고 할 수 있다. 정치권이나 관료들의 부패 문제 등으로 정치·사회적 불안정성도 여전히 높기 때문에 이에 유의할 필요가 있다. 따라서 아세안 진출 시 기업이나 제품의 특성에 적합한 환경을 갖고 있는 국가를 선택할 필요가 있다.

넷째, 중장기적으로 소비시장으로서의 성장 가능성까지 고려한 진출전략이 필요하다. 말레이시아와 인도네시아의 경우 인구 규모나 및 경제성장 가능성 등을 고려할 때 생산기지로서의 역할은 물론 글로벌 소비시장으로 부상할 가능성이 매우 크다. 따라서 잠재적 수요가 큰 국가에 대해 단순히 제3국 수출을 위한 상품 생산기지 전략이 아닌 현지 내수시장 판매를 위한 전략도 적극 검토할 필요가 있다.

다섯째, 상대적으로 인프라 수준이 낙후된 국가들의 경우에는 장기적으로 인프라 개발과 관련된 사업에 진출하는 것도 검토해 볼 수 있다. 필리핀, 라오스, 미얀마, 캄보디아 같은 국가들은 아세안 저개발 국가들로 인적자본의 질은 물론, 생산활동을 위한 기초적인 인프라 수준이 매우 열악하고, 투자자 보호 제도 등 제도적 측면에서도 상대적으로 리스크가 크다고 할 수 있다. 따라서 우리나라 정부의 ODA 사업 등과 연계하여 도로, 철도 및 통신 인프라 개발 등을 중심으로 관련 제품을 공급하는 형태의 진출 방안을 고려해 볼 수 있다.

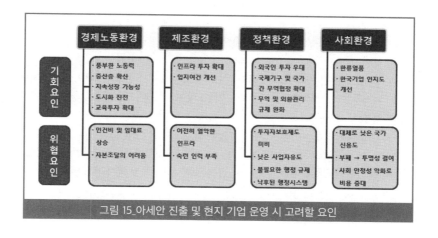

그림 15_아세안 진출 및 현지 기업 운영 시 고려할 요인

1 중국 내 외국인 투자가 감소하는 원인은 현지 인건비 상승, 각종 규제 등으로 중국의 투자 매력요인이 크게 감소했기 때문이다. 따라서 중국에 진출한 기업들은 국내로 유턴하거나 중국보다 인건비가 저렴한 동남아시아 등으로의 이전을 추진하고 있다.

2 해외투자통계는 경영참가를 목적으로 하는 국가 간의 장기적 자본이동으로 생산기술, 경영기술, 판매기술 등이 포함되는 투자를 의미한다. 자본, 기술, 경영능력 등을 해외에 이전시킴으로써 투자 본국 및 투자 상대국에 다양한 영향을 미치며, 특히 투자자 신용상태 및 국민경제에 큰 영향을 미칠 수 있다.

3 동 세제개편안은 투자세 공제를 받는 제조업, 첨단기술, 관광개발, 연구개발 기업들에게 최초 자본지출이 발생한 날로부터 5년 내에 발생한 자본 지출액에 대해 60%의 공제혜택을 부여하는 내용이 포함된다.

4 중점유치산업에는 제조업(자동차, 조선, 항공우주, 화학, 제지용 펄프, 철강), 농·어업(코코넛, 커피, 양계, 사탕수수), 창조산업·지식기반서비스(애니메이션, 소프트웨어, 산업폐기물), 보건·의료, 주택, 에너지, 인프라스트럭처 등이 포함된다.

5 연간 매출 200억 동 미만인 중소기업에는 현재 수준인 22% 법인 세율이 2016년부터 17% 수준으로 하락하며 정부가 지정한 낙후지역에 투자한 사업에 대해서는 면세기간 4년을 부여하고, 법인세 감면(9년) 등 추가 혜택이 제공된다.

6 말레이시아는 필리핀과 더불어 아세안 국가 중 외국인 투자나 철수시에 이익 배당, 임대 수입 및 이자 등을 자유롭게 본국으로 송금할 수 있는 몇 안되는 국가 중 하나이다.

7 투자금지업종은 대중매체, 소매업(자본금 250만달러 미만), 소규모 광산개발 민간경비 경호 핵무기 생화학 무기 등이고, 투자제한업종은 무선통신네트워크(최대지분율 20%), 국외 인력지원, 국방 관련 건설 사업(25%), 광고서비스(30%), 사회인프라, 교육(40%), 금융대출업(49%) 등이다.

8 중점유치산업에는 제조업(자동차, 조선, 항공우주, 화학, 제지용 펄프, 철강), 농·어업(코코넛, 커피, 양계, 사탕수수), 창조산업·지식기반서비스(애니메이션, 소프트웨어, 산업폐기물), 보건·의료, 주택, 에너지, 인프라스트럭처 등이 포함된다.

9 해고 시 해고수당(1년 근무 당 1개월 치), 근속수당(3년 근무 당 1개월 치), 보상금을 의무적으로 지급해야한다.

10 미얀마 투자위원회는 미숙련직의 경우 현지인 의무채용규정이 존재하며, 기술관련 사업투자 시 사업기간에 따라 0~2년은 25%, 2~4년은 50%, 4~6년은 75% 이상을 채용하도록 의무적으로 규정하고 있다.

이종하

현 조선대학교 무역학과 조교수.

1. 진출 배경

아세안의 경제성장과 함께 아세안 서비스 시장의 규모가 확대되면서 과거 제조업으로 집중되었던 아세안으로의 외국인 직접투자가 이제는 서비스업으로 다각화되고 있다. 아세안 지역이 신흥 소비시장으로서 그 매력이 높아지고 있다는 사실을 보여주는 것이라 할 수 있다. 우리나라 서비스 기업들 역시 해외투자 규제의 완화와 기업들의 경영전략 변화 등으로 해외투자가 급격히 증가했다. 특히 2007년에는 서비스업에 대한 외국인 직접투자가 제조업을 상회하기도 하였다. 글로벌 금융위기 이후 2009년부터 2015년 기간 동안 해외 진출한 우리나라 서비스 기업현지법인 기준은 10,392개로 이중 17%가 아세안 지역에 진출하였으며, 해마다 아세안 진출 비중이 높아지는 추세이다.

이와 같이 서비스업의 해외직접투자가 증가하는 원인은 서비스업의 본질적 특징에 기인한다고 할 수 있다. 첫째, 서비스는 일반상품과 달리 아직까지는 공급자와 수요자가 한 장소에서 만나야 거래가 성립하는 경우가 대부분이다. 둘째, 서비스는 시간적으로 수요와 공급이 동시에 이루어지는 특징을 지닌다. 즉, 서비스는 미래의 소비를 위해 미리 생산하거나 보관할 수 없다. 셋째, 서비스는 일반 상품과는 달리 대량 생산이 불가능하다. 즉, 공급자의 인적 요소가 상당히 큰 비중을 차지하기 때문에 동일한 규격이나 품질의 대량 공급은 불가능하다. 따라서 공급이 초과되고 있는 국내 시장을 넘어 해외로 서비스 시장을 확장하기 위해서는 현지에 진출하여 서비스를 공급하여야 한다. 따라서 이러한 서비스업의 해외직접투자 동기는 제조업의 경우와는 달리 대부분이 경제적 동기라 할 수 있다. 따라서 현지시장으로의 시장 확대나 주변국으로의 진출을 목적으로 진출하는 경우가 대부분이라 할 수 있다.

WTO의 서비스 교역에 관한 일반협정GATS이 제시한 분류에 따르면, 일반적인 서비스의 공급형태는 ① 1종 서비스: 국경을 넘는 서비스, ② 2종 서비스: 타국에 가서 구입하는 서비스, ③ 3종 서비스: 주재국에 상업적 기업 설치 및 영업, ④ 4종 서비스: 자연인의 이동과 같이 네 가지로 구분되는데, 서비스업의 해외직접투자는 대부분 '3종 서비스'에 해당된다고 볼 수 있다.

한편, 서비스업은 대부분의 국가에서 자국 산업을 보호하기 위해 제한된 분야만을 개방하고 있기 때문에 진출 전략 수립 시 이와 관련된 세부 내용에 대한 사전 조사는 필수라 할 수 있다. 서비스 교역은 기본적으로 관세 등 무역장벽을 통해 수입을 제한하는 상품교역과는 달리 시장 접근

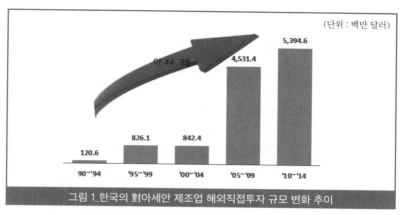

(단위 : 백만 달러)

약 44.7배

120.6	826.1	842.4	4,531.4	5,394.6
90~'94	'95~'99	'00~'04	'05~'09	'10~'14

그림 1_한국의 對아세안 제조업 해외직접투자 규모 변화 추이

ㅣ자료 : 한국수출입은행, 해외투자통계

에 대한 정책을 통해 수입을 제한하고 있다. Hoekman 2006 에 따르면 외국계 기업이나 자본의 서비스업과 관련된 법인 설립을 제한하며 투자나 서비스 공급을 제한하는 형태가 있는가 하면, 시장 접근은 허용하되 운영 상에 차별적인 조항 등을 이용해 영업활동을 제한하는 형태가 있다.[1]

2. 우리나라 서비스업의 아세안 투자 현황

아세안 주요국의 서비스 산업은 2000년 이후 연간 두 자릿수의 빠른 성장을 지속하고 있다. 이는 아세안 주요국에서 내수시장을 견인할 구매력을 갖춘 중간층 인구가 증가하고 있으며, 소비에 적극적이고 트렌드에 민감한 젊은 소비층이 크게 증가하고 있기 때문이라 할 수 있다. 따라서 우리나라의 對아세안 직접투자는 과거 제조 기업을 중심으로 이루어졌던 것과는 달리 이제는 서비스 기업들을 중심으로 빠르게 증가하고 있다. 우리

나라 서비스 기업들의 對아세안 투자의 규모는 1990년 약 2,464만 달러에 불과했으나 2000년대 중반부터 급격히 증가해 2014년에는 14.5억 달

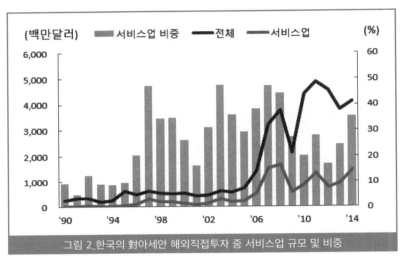

그림 2_한국의 對아세안 해외직접투자 중 서비스업 규모 및 비중

｜자료 : 한국수출입은행, 해외투자통계

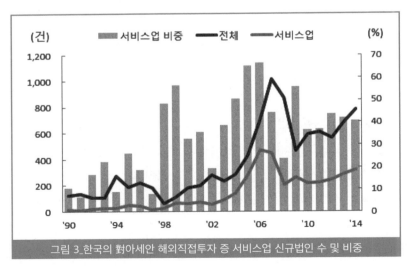

그림 3_한국의 對아세안 해외직접투자 증 서비스업 신규법인 수 및 비중

｜자료 : 한국수출입은행, 해외투자통계

러로 1990년에 비해 약 58.9배 증가했고, 전체 對아세안 직접투자에서 서비스업이 차지하는 비중도 1990년 약 10%에 불과했으나 2014년에는 약 36%로 약 25%p 증가하였다.

투자 대상 국가별로 살펴보면, 우리나라의 對아세안 투자는 주요 3개국 인도네시아, 싱가포르, 베트남에 투자가 집중되어 왔다. 90년대 초 인도네시아가 전체 아세안 투자의 48.4%로 가장 높은 비중을 차지했고, 싱가포르 17.3%, 베트남 22.5% 등 투자가 이어졌으나, 최근에는 싱가포르가 48.3%로 가장 높은 비중을 차지하고 있으며, 그 다음으로 베트남 21.4%, 인도네시아 9.9% 순으로 투자가 이루어지고 있다. 특히 싱가포르의 경우 2000~2004년 동안 아세안 전체투자의 60.3%를 차지할 정도로 주요 투자처로 각광을 받은 바 있으며, 최근에는 라오스에 대한 투자가 급격히 증가하고 있는 추세이다. 전술한 바와 같이 90년대 초에 비해 투자 규모가 급격히 증가했다는 점을 고려하면 싱가포르와 베트남을 중심으로 아세안에서 서비스업 성장에 대한 기대가 상당히 크다는 사실을 알 수 있다.

이와 함께 아세안 내 신규법인 설립 건수도 꾸준히 증가해왔다. 1990년 연간 10건에 불과했으나, 2007년에는 연간 469건으로 사상 최대수준을 기록했고, 글로벌 금융위기로 주춤했지만 그 이후 다시 꾸준한 상승세를 이어가고 있다. 이러한 현상은 아세안 주요국의 중산층 인구 증가와 한류 등을 바탕으로 한 젊은 소비층의 증가 등이 시장진출 및 시장 확보 차원에서의 투자 증가에 기인한다고 할 수 있다. 국가별로는 90년대 초 인도네시아, 태국, 필리핀, 싱가포르 등 상대적으로 소득수준이 높은 국가에 집중적으로 신규법인이 설립되었으나 최근에는 이들 국가들은 물론 베트남과 캄보디아에서의 설립도 빠르게 증가하고 있다.

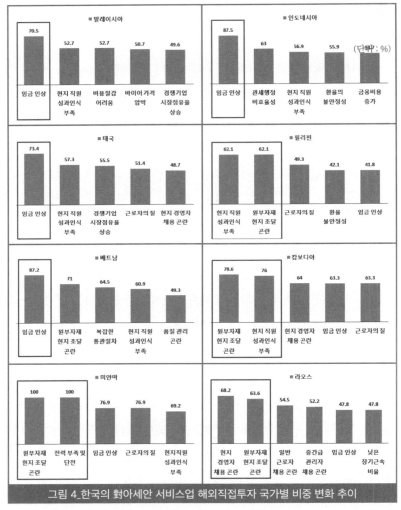

그림 4. 한국의 對아세안 서비스업 해외직접투자 국가별 비중 변화 추이

┃주: 라오스와 브루나이는 비중이 매우 작아 제시하지 않음. 다만, 라오스는 '10~'14년 5.4%를 차지
┃자료: 한국수출입은행, 해외투자통계

우리나라 서비스 기업들의 對아세안 해외직접투자 증가와 함께 투자 업종도 매우 빠르게 재편되어 왔다. 우리나라 서비스 기업들의 對아세안 해외직접투자 10대 업종의 변화를 통해 이를 확인할 수 있다. 첫째, 90년 대 초에는 '금융 및 보험 관련 서비스업(24.0%)', '부동산업(20.1%)', '금융업(17.7%)' 등이 매우 높은 비중을 차지했지만 최근에는 '금융업' 17.3%, '도매 및 상품중개업' 14.3%, '전문서비스업' 12.4% 등이 그 자리를 대신하고 있다. 둘째, 10대 업종으로의 투자 집중도는 90년대 초 99.9%에서 최근에는 85.7%로 다소 완화되는 추이를 보이고 있는 등 여러 업종으로 다각화되는 추이를 보이고 있다. 셋째, 90년대 초에는 10대 품목에 포함되었던 '자동차 및 부품 판매업', '수상 운송업', '통신업' 등에서 '전문 서비스업', '보험 및 연금업', '육상운송 및 파이프라인 운송업' 등이 10대 품목으로 새롭게 등장하였다.

　이와 같은 우리나라 서비스업의 對아세안 해외직접투자 10대 업종 변화 추이에서 다음과 같은 세 가지 특징을 찾아볼 수 있다. 첫째, 우리나라 금융회사들의 아세안 진출이 대규모로 매우 빠르게 증가하고 있다. 이는 국내시장이 포화상태에 이르자 새로운 성장 동력을 찾아 이동한 결과로 국내 금융회사 간 아세안 시장에 대한 진출 경쟁이 치열하게 전개되면서 나타난 결과이다. 우리나라 금융회사들의 아세안 진출에 대한 자세한 내용은 5장에서 보다 자세히 설명할 것이다.

　둘째, 도매 및 상품중개업과 소매업의 비중이 크게 증가했다. 2000년대 들어 지속된 한류열풍과 우리나라 제품의 질적 향상 등에 힘입어 국내 스마트폰, 화장품, 액세서리 등 여러 제품들이 아세안에서 큰 인기를 끌면서 이와 관련한 서비스 부문의 투자도 크게 증가한 결과라 할 수 있다. 향후에도 한류열풍이 지속될 것으로 예상되는 만큼 동 분야에 대한 투자 역시 동반해서 증가할 것으로 예상해 볼 수 있다.

셋째, 전문서비스업의 진출도 매우 활발해지고 있다. 우리나라 기업들의 진출 확대로 현지에서 필요로 하는 전문서비스에 대한 수요가 급격히 증가하고 있는 반면, 아세안 국가들의 전문서비스 수준이 아직까지 많이 미흡하기 때문에 나타난 결과이다. 또한 문화적 차이로 인해 현지 전문서비스 기업들의 업무 추진 방식 등이 우리나라 기업들과는 크게 상이하기 때문에 우리나라 기업들의 서비스 만족도가 매우 떨어진 결과로도 해석할 수 있다. 향후 아세안 지역의 전문서비스 부문이 발전할 것으로 예상되

표1 한국의 對아세안 해외직접투자 중 서비스업 10대 업종의 변화 추이

	'90~'94 기간 1.2억달러				'10~'14 기간 53.9억달러	
	(업 종)	(비중)			(업 종)	(비중)
1	금융 및 보험 관련 서비스업	24.0		1	금융업	17.3
2	부동산업	20.1		2	도매 및 상품 중개업	14.3
3	금융업	17.7		3	전문서비스업	12.4
4	소매업; 자동차 제외	15.3		4	부동산업	11.6
5	숙박업	15.0		5	소매업; 자동차 제외	10.2
6	도매 및 상품 중개업	2.5		6	육상운송 및 파이프라인 운송업	5.4
7	통신업	2.1		7	숙박업	4.4
8	자동차 및 부품 판매업	1.1		8	보험 및 연금업	3.9
9	창고 및 운송관련 서비스업	0.7		9	금융 및 보험 관련 서비스업	3.7
10	수상 운송업	0.5		10	창고 및 운송관련 서비스업	2.5
	10대 업종 집중도	99.0			10대 업종 집중도	85.7

| 주: 중분류 기준으로 선택된 업종은 기간별 누적 금액에 대한 순위와 비중을 의미
| 자료 : 한국수출입은행, 해외투자통계

지만, 분야의 특성상 단시간 내 육성이 쉽지 않은 만큼 향후에도 양질의 전문서비스 공급이 가능한 국내 전문서비스 부문 기업들의 진출이 빠르게 증가할 가능성이 매우 높아 보인다.

우리나라 서비스 기업들의 對아세안 해외직접투자를 진출기업의 규모별로도 살펴볼 수 있다. 우리나라의 對아세안 서비스업 투자의 규모 측면에서는 대체로 대기업에 의존해왔다고 할 수 있다. 대기업 비중은 90년대 초 70.7%에서 90년대 후반에는 87.2%까지 증가했다가 최근 75.7%로 다소 감소했다. 중소기업의 경우에는 90년대 초 27.7%에서 2000년대 후반 35.6%까지 증가했지만 최근에는 15.3%로 크게 감소했고, 개인들에 의한 서비스업 투자는 2000년에 들어 점차 증가하고 있다. 그러나 신규법인의 측면에서는 중소기업(43.8%)과 개인(35.6%)이 주도적인 역할을 하고 있는 것으로 나타났다. 즉 90년대 초에는 아세안 내 신규법인 중 대기업에 의한 설립 비중이 48.6%로 매우 높았으나 최근에는 그 비중이 17.1%로 감소한 반면, 개인의 경우 90년대 초에는 12.2%에 불과했지만 최근에는 35.6%를 기록하고 있기 때문이다. 이러한 결과를 종합해 보면, 우리나라의 진출 규모별 對아세안 해외직접투자는 소수의 대기업들이 막대한 투자를 하고 있다는 사실을 알 수 있다.

한편, 최근 우리나라 기업들의 아세안 내 제조업 직접투자 목적도 상당히 변해왔다. 90년대 초에는 현지시장 진출(44.7%)이나 자원개발(28.0%)이 매우 중요한 투자 목적이었다. 이는 전술한 바와 같이 공급자가 수요시장과 맞닿아 있어야 한다는 서비스 시장의 특징에 기인한다고 할 수 있다. 이러한 상황은 2000년대 중반 이후 크게 강화되었다. 2000년대 중반 이후 한류열풍 등으로 아세안 내 한국의 이미지가 크게 개선되었고, 아세안의 경제성장과 중산층 인구의 증가 등으로 소비시장으로서 아세안의 투자매력도가 매우 크게 상승했기 때문이다. 따라서 현지 시장진출을 목적으로 한 투자 비중이 66.5%까지 증가했고, 제3국 진출을 위한 교두보 마련 차원에서의 투자도 21.1%로 매우 높은 비중을 차지하고 있다. 이러한 결과는 신규법인의 설립 숫자를 통해서도 확인할 수 있다. 90년대

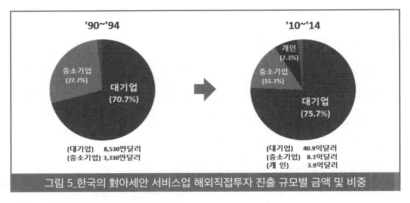

그림 5_한국의 對아세안 서비스업 해외직접투자 진출 규모별 금액 및 비중

| 자료: 한국수출입은행, 해외투자통계

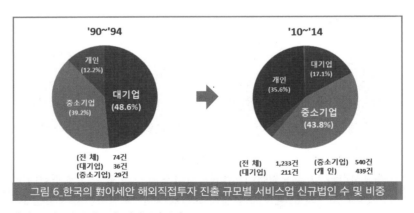

그림 6_한국의 對아세안 해외직접투자 진출 규모별 서비스업 신규법인 수 및 비중

| 자료: 한국수출입은행, 해외투자통계

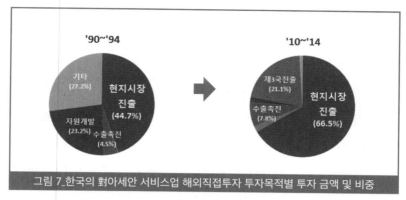

그림 7_한국의 對아세안 서비스업 해외직접투자 투자목적별 투자 금액 및 비중

| 자료: 한국수출입은행, 해외투자통계

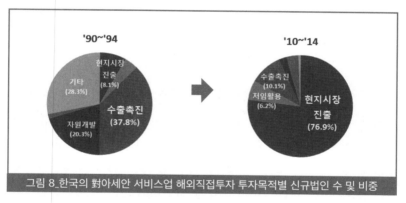

그림 8_한국의 對아세안 서비스업 해외직접투자 투자목적별 신규법인 수 및 비중

| 자료: 한국수출입은행, 해외투자통계

초에는 현지 시장진출을 위한 기업의 비중이 8.1%에 불과했고, 수출 촉진
이나 자원 개발을 위한 기업 진출이 다수였던 반면, 최근에는 현지 시장
진출을 위한 기업의 비중이 76.9%로 급격히 증가했고, 다른 목적을 위한
투자는 절대적 기업 수에서는 증가했지만 그 비중에서는 크게 감소했다.

3. 동남아 서비스 산업의 특징 분석

가. 동남아 서비스 산업 동향

아세안 경제의 성장과 함께 서비스 산업 역시 매우 빠르게 성장하고 있다. 이는 1인당 소득이 증가할수록 서비스 수요가 급격히 증가하는 일반적인 현상이 아세안 지역에서도 나타난 결과라 할 수 있다. 아세안 서비스 산업의 부가가치 규모는 글로벌 금융위기 직후인 2009년 7,400억 달러에서 2013년 1.2조 달러로 연평균 13.5% 성장했으며, 아세안 GDP에서 차지하는 비중도 2009년 48.3%에서 2013년 49.1%로 증가하며, 경제성장의 한 축을 담당하고 있다.

그러나 전술한 바와 같이 아세안 지역에는 경제발전 단계에 따라 매우 다양한 국가들이 공존하고 있다. 따라서 서비스 산업의 발전 수준도 국가별로 대단히 상이하다. 상대적으로 소득수준이 높은 말레이시아, 태국, 필리핀, 싱가포르는 이미 1980년대 후반부터 노동집약적인 농업이나 제조업 위주의 성장에서 벗어나 금융, 통신, 유통을 중심으로 서비스 산업 성장을 위한 정책을 추진하였다. 그 결과 이들 국가에서 서비스 산업이 GDP에서 차지하는 비중은 꾸준히 증가해 2014년에는 50%를 상회했으며, 서비스업의 성장률이 제조업의 성장률을 초과했다. 특히 도시국가인 싱가포르의 경우에는 2014년에 75%를 기록할 정도로 서비스 산업이 높은 비중을 차지하고 있다.

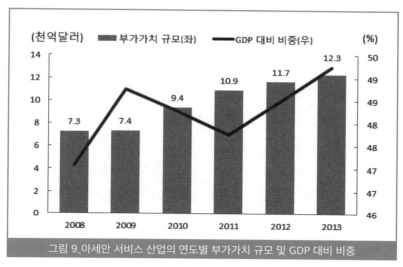

그림 9_아세안 서비스 산업의 연도별 부가가치 규모 및 GDP 대비 비중

┃자료: 각국 통계청

　　이외에 인도네시아, 베트남, 캄보디아, 라오스, 미얀마의 경우에도 서비스업이 빠른 속도로 성장하고는 있다. 하지만 그 비중은 40% 내외 수준으로 여전히 농림 어업의 비중이 매우 높고, 노동집약적 제조업과 광물자원 개발 등이 큰 비중을 차지하고 있다. 특히 캄보디아, 라오스, 미얀마의 경우에는 농림어업의 비중이 24.8%~30.5%로 여전히 매우 높다. 다만, 이들 국가의 경제성장 단계나 사회간접자본의 여건 등에 비추어봤을 때 현재 선진국과 중진국들이 과거에 경험했던 통상적인 수준과 큰 차이를 보이지는 않는다고 할 수 있다.

　　이와 함께 아세안 국가들의 서비스 교역 규모도 매우 빠르게 성장해 왔다. 2014년 아세안 국가들의 서비스 교역 규모는 1.2조 달러로 2005년 5,112억 달러에서 약 2.4배 성장했으며, 동 기간 동안 연평균 10.2%씩 성장해 왔다. 다시 말해 2008년 글로벌 금융위기 기간을 제외하고는 지속적으로 증가하는 추세에 있으며, 특히 최근에는 서비스 교역 규모가 가장 큰 싱가포르, 말레이시아, 태국이 여전히 8.1%~11.9%로 높은 성장률을 기록하면서 그 증가세가 더욱 커지고 있다. 이는 첫째, 전술한 바와 같이 경제성장에 따라 현지 서비스 수요가 크게 증가했고, 둘째, 다국적기업들의 아세안 진출이 활발해짐에 따라 이들이 필요로 하는 지적 재산권 등 사용료, 컴퓨터 및 정보서비스, 사업서비스 등 고부가가치 지식서비스 업종에 대한 서비스 수요가 크게 증가했으며, 셋째, 아세안 지역의 관광객 수요가 증가함에 따라 관련 서비스 수출이 크게 증가하였기 때문이다. 마지막으로 아세안 서비스 기본협정ASEAN Framework Agreement on Services, AFAS 이나 FTA 체결 등 관련 경제정책도 서비스 교역 확대에 일부 기여한 것으로 평가해 볼 수 있다.

아세안 서비스 산업의 특징을 분석하기 위해 아세안 주요국을 중심으로 서비스 산업을 세부 업종별로 살펴보면, 다음과 같은 몇 가지 공통점이 나타난다. 첫째, 모든 국가에서 도소매·음식·숙박업과 같은 전통서비스업이 전체 서비스 산업의 부가가치에서 차지하는 비중이 30%를 상회하는 등 여전히 가장 높은 비중을 차지하고 있다. 이러한 현상은 이들 국가들이 최근 중산층 인구의 빠른 증가 및 급속한 도시화 등으로 내수가 크게 증가했고, 관광서비스 개선 등에 따라 관련 서비스 산업이 크게 증가했기 때문이다. 둘째, 운송 및 통신과 금융업도 대체로 10%대를 기록하며, 높은 비중을 차지했다. 이는 거대국가인 중국과 인도 사이에 위치한 지정학적인 이점과 동시에 2007년 채택한 아세안 경제공동체ASEAN Economic Community 추진에 따른 역내 금융시장 통합의 진전 등이 크게 작용한 것으

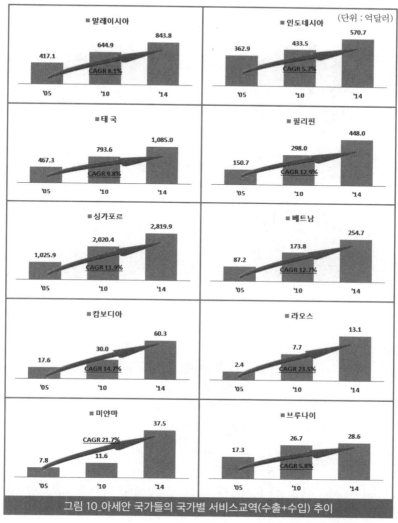

그림 10_아세안 국가들의 국가별 서비스교역(수출+수입) 추이

| 주: 라오스와 미얀마의 2014년 값은 2013년 값이고, 연평균 증가율은 2005~2013년 기준임

| 자료: WTO, Service in Trade Database.

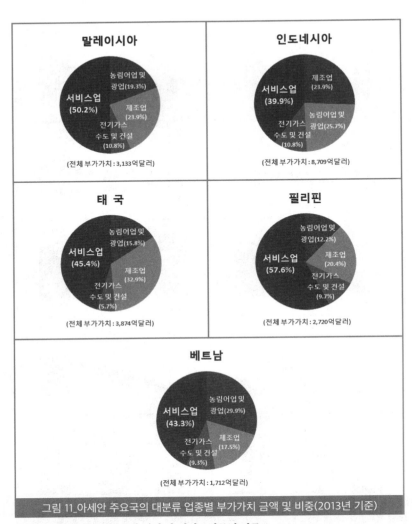

그림 11_아세안 주요국의 대분류 업종별 부가가치 금액 및 비중(2013년 기준)

┃주: (　)는 전체 서비스업 대비 각 서비스업종의 비중

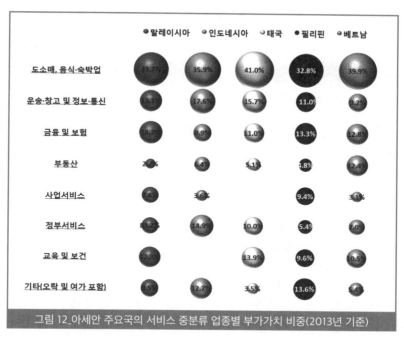

그림 12_아세안 주요국의 서비스 중분류 업종별 부가가치 비중(2013년 기준)

┃자료: 각국 통계청

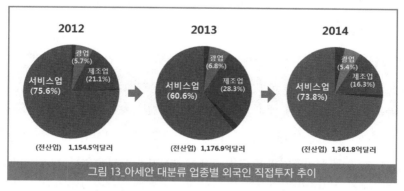

그림 13_아세안 대분류 업종별 외국인 직접투자 추이

┃주: (   )는 전체 서비스 산업 대비 각 서비스업종의 비중
┃자료: ASEANstats Database

로 볼 수 있다. 셋째, 대부분의 국가에서 교육 및 보건업의 비중이 상대적으로 높은 비중을 보이고 있다. 현지 기업의 성장과 다국적 기업들의 진출로 양질의 노동력에 대한 수요가 급격히 증가함에 따라 교육에 대한 투자가 증가하고 있으며, 경제발전이 지속됨에 따라 국민들의 사회복지 서비스에 대한 요구 역시 크게 증가했기 때문이라 할 수 있다. 넷째, 지식기반 서비스 등 고부가가치 서비스업의 비중은 아직까지 매우 낮은 비중을 차지하고 있다.

이와 같은 아세안 내 서비스업의 성장에 따라 최근 아세안으로의 외국인 직접투자도 서비스업으로 집중되고 있다. 이는 자국의 서비스 시장이 포화상태 이른 미국, 일본 등 선진국들이 아시아 지역을 제2의 시장으로 인식하고, 아세안 지역에 투자를 확대하고 있기 때문이다. 또한 아세안 국가들은 자국 산업보호를 위해 업종이나 품목 등 외국인 기업에 대한 진입규제를 상당히 엄격하게 관리해 왔으나, 최근에는 서비스 산업의 경쟁력 제고 및 육성을 위해 규제를 다소 완화하는 측면도 큰 영향을 미치고 있다고 할 수 있다. 2014년의 경우 전체 외국인 직접투자가 1천억 달러를 상회했으며, 그 중 73.8%가 서비스업에 집중되었다. 전반적으로 도소매 및 숙박·음식업, 금융 및 보험업, 부동산, 기타 서비스 등에 집중되고 있다. 이외에 전문 서비스에 대한 투자도 아직까지 그 규모는 매우 작지만 빠르게 확대되고 있는 상황이다. 특히 일본의 경우 광고·컨설팅 등 경영지원을 위한 전문 서비스업의 비중을 점차 증가시키는 추세에 있다. 향후 아세안 국가들의 서비스시장 통합에 따른 표준화가 진행되고, 서비스업 관련 규제가 더욱 완화된다면, 다국적 기업들의 아세안 내 정보·통신, 전문서비스, 사업서비스 등에 대한 투자 역시 더욱 확대될 것으로 예상된다.

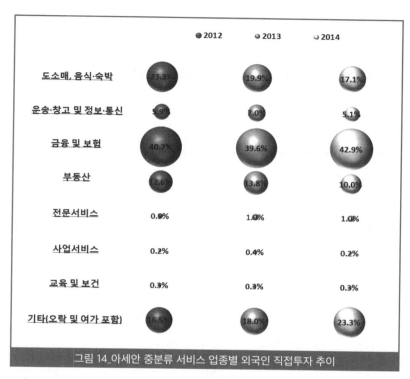

	● 2012	● 2013	○ 2014
도소매, 음식·숙박	23.3%	19.9%	17.1%
운송·창고 및 정보·통신	5.9%	7.0%	5.1%
금융 및 보험	40.7%	39.6%	42.9%
부동산	12.6%	13.8%	10.0%
전문서비스	0.9%	1.0%	1.0%
사업서비스	0.2%	0.4%	0.2%
교육 및 보건	0.3%	0.3%	0.3%
기타(오락 및 여가 포함)	16.5%	18.0%	23.3%

그림 14_아세안 중분류 서비스 업종별 외국인 직접투자 추이

❙자료: ASEANstats Database

나. 외국인 직접투자 정책 환경

아세안 국가들은 평균적으로 여타 지역의 국가들에 비해 서비스 산업
에 대한 규제가 엄격한 편이다. 이는 전술한 바와 같이 아직까지 경쟁력이
매우 취약한 자국의 서비스 산업을 보호하고 육성하기 위함이라 할 수 있
다. 특히 아세안 내 상대적으로 소득수준이 높은 말레이시아, 인도네시아,
태국, 필리핀의 경우 서비스 산업의 개방도가 오히려 더욱 낮은 수준에 머

물러 있는 것으로 알려져 있다. Thangavelu 2015는 이를 보다 명확하게 비교하기 위해 OECD의 FDI 규제지수 산출 방법에 따라 아세안 국가들에 대한 FDI 규제지수FDI Restrictiveness Index를 측정하였는데, 동 지수를 통해 아세안 서비스 산업에 대한 전반적 FDI 규제 현황을 살펴볼 수 있다.[2] 다음 보고서에서 제시한 아세안 서비스 산업 FDI 규제지수는 서비스 산업 전체는 물론 서비스 업종별로 구분한 지수도 제공하고 있으며, 아세안 내 지역 협력이 강화되고 있다는 특성을 고려해 아세안 역내 서비스에 관한 기본협정 ASEAN Framework Agreement on Services, AFAS에 기초한 지수와 서비스 FDI 정책 및 규제까지 포함한 지수를 구분하여 제공하고 있다. FDI 규제지수에 따르면 CLMV 국가들의 개방도가 더 발전된 아세안 국가들보다 더 높은 수준인 것으로 나타난다.

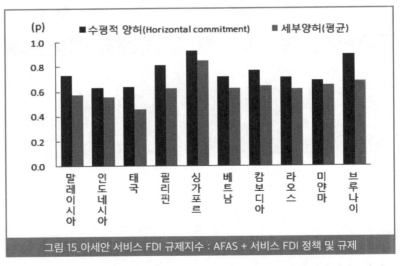

그림 15_아세안 서비스 FDI 규제지수 : AFAS + 서비스 FDI 정책 및 규제

┃주: AFAS(ASEAN Framework Agreement on Services)는 아세안 역내 서비스에 관한 기본협정을 의미
┃자료: Thangavelu, S.M.(2015), "FDI Restrictiveness Index for ASEAN: Implementation of AEC Blueprint Measures", ERIA Discussion Paper Series, 2015-43.

표 2 업종별 아세안 서비스 FDI 규제지수 : AFAS + 서비스 FDI 정책 및 규제

구 분	말레이시아	인도네시아	태 국	필리핀	싱가포르	베트남	캄보디아	라오스	미얀마	브루나이	평균
수평적 양허 (Horizontal commitment)	0.730	0.630	0.635	0.810	0.930	0.720	0.765	0.710	0.685	0.900	0.752
세부양허 평균 (Specific commitment)	0.593	0.590	0.466	0.670	0.873	0.650	0.647	0.637	0.651	0.732	0.651
사업서비스	0.560	0.529	0.500	0.743	0.915	0.688	0.401	0.869	0.679	0.764	0.665
통신서비스	0.463	0.435	0.314	0.710	0.848	0.471	0.373	0.687	0.678	0.524	0.550
건설 및 관련 기술 서비스	0.635	0.710	0.475	0.650	0.930	0.695	0.765	0.710	0.665	0.820	0.706
정보서비스	0.610	0.623	0.491	0.736	0.930	0.714	0.765	0.535	0.685	0.405	0.649
교육서비스	0.610	0.530	0.541	0.480	0.930	0.720	0.765	0.695	0.685	0.740	0.670
환경서비스	0.597	0.635	0.475	0.650	0.930	0.678	0.765	0.710	0.685	0.820	0.695
금융서비스	0.656	0.649	0.443	0.640	0.820	0.692	0.741	0.807	0.735	0.825	0.701
건강 및 사회서비스	0.660	0.649	0.496	0.690	0.879	0.680	0.757	0.650	0.645	0.900	0.701
여행 및 관련서비스	0.685	0.518	0.506	0.765	0.904	0.694	0.735	0.692	0.685	0.820	0.700
오락, 문화 및 여가 서비스	0.685	0.660	0.496	0.765	0.930	0.560	0.464	0.104	0.685	0.820	0.617
운송서비스	0.356	0.483	0.388	0.540	0.591	0.559	0.590	0.546	0.356	0.617	0.503

주: AFAS(ASEAN Framework Agreement on Services)는 아세안 역내 서비스에 관한 기본협정을 의미

자료: Thangavelu, S.M. (2015), "FDI Restrictiveness Index for ASEAN: Implementation of AEC Blueprint Measures", ERIA Discussion Paper Series, 2015-43.

예를 들어, 캄보디아와 베트남의 점수가 인도네시아와 태국에 비해 더 높게 나타나고 있다. 이는 후발국들에 비해 발전된 국가에서 자국 산업을 보호하려는 경향이 크기 때문에 나타난 결과라 할 수 있다. 그러나 소규모 개방경제인 싱가포르는 이미 알려진 바와 같이 다른 아세안 국가들과 비교할 때 개방도가 월등히 높은 것으로 나타난다. 업종별로는 개방도가 가장 높은 업종은 건설 및 관련 기술서비스이고, 가장 낮은 업종은 운송서비스와 통신서비스로 나타나는데, 전자의 경우에는 최근 아세안 국가 및 동 지역에 인프라 투자가 크게 확대되면서 관련 규제를 크게 완화한 결과라 할 수 있다. 반면에 후자의 경우에는 대체로 자국 산업을 보호하기 위해 외국인 투자를 상당히 규제하고 있다는 것으로 정책적 선택에 따른 결과라 할 수 있다. 예를 들어, 운송서비스의 가장 큰 부분을 차지하는 철도와 도로 수송부문의 경우에는 국내 경제에서 보호받는 대표적인 업종이라 할 수 있다. 한편, 라오스의 경우 금융서비스와 사업서비스 부문의 개방도는 보다 발전된 말레이시아, 인도네시아, 태국 등에 비해서도 매우 높은 것으로 나타났는데, 이는 라오스가 두 분야에 대한 투자자유화를 선택했다는 점을 시사한다.

한편, 이와 같은 분석을 통해 아세안 서비스 산업으로 전반적 FDI 규제를 살펴볼 수 있는 장점은 있으나 세부적 내용에 대해서는 이해하기 어려운 한계가 있다. 또한 아세안 국가들의 외국기업에 대한 비공식적인 규제나 차별적 관행 등도 상당히 많다는 점도 진출에 있어 각별한 주의가 필요한 부분이다. 실제로 아세안 각국은 국가별로 다소간의 차이는 있지만 대체로 자국 산업 보호를 위한 투자 제한, 수출입 통제, 통관규제 및 동식물 위생검역조치sps, 특소세 부과, 외국인 고용 제한 등 다양한 형태의 비관세 장벽을 운영 중이다. 반면에, 최근 아세안 지역의 일부 국가들은 서비스 산업의 경쟁력 강화 등을 목적으로 일부 규제를 완화하고 있는 추세이다. 따라서 아세안 국가들의 서비스 산업 정책이나 규제에 대해 보다 구체적으로 살펴보기 위해서는 국가별로 살펴볼 필요가 있다.

표 3 아세안 8개국에서 서비스 FDI에 관한 일반적 규제

말레이시아	• 6개 서비스분야 집중 육성 정책 발표(2007.3) • 서비스 산업 부문에 대한 투자지분 참여 자유화 조치 발표(2009.4) • 금융업 분야에 대한 자유화 조치 발표(2009.6) • 17개 서비스 분야의 추가 개방 계획 발표(2011) • 세제 인센티브 지침, 상품·서비스세 신설 등 세제 개편안 발표(2015.4)
인도네시아	• 건설(55% → 67%) 및 병원 서비스(65% → 67%) 부문에 대한 외국인 투자지분 확대, 외국인소유 병원의 허가지역 확대(2010.5) • 외국인 투자 금지 및 제한 관련 법률 개정, Negative list 수정 발표(2014.5) • 투자 인허가 절차의 간소화 및 신속화를 위해 중앙정부 차원의 단일청구 통합서비스 도입(2015.1)
타이	• 『외국인사업법(Foreign Business Act)』 유지 • 통신서비스법 개정(2001.11)
필리핀	• 『외국인 투자법』(1991년) • 외국기업의 자유로운 외환 매매 허용(2009.1) • 외국인 직접투자 자금에 대한 페소화 환정 규정 폐지(2011.11)
베트남	• WTO 가입을 통해 2~3년 이내의 건설업 부문 완전 개방, 5년 이후 운송 부문 완전개방, 통신부문의 부분적 개방 등 투자 환경 개선(2006.11) • 외국인 투자법과 내국인 투자법의 단일화(2006.7) • 저작권 및 지적재산권 권리보호를 위한 법령 제정(2009.5) • 투자법 및 기업법 개정안 시행(2015.7) • 투자법, 기업법 및 주택법 개정안 시행(2015.7)

|자료: 산업통상자원부·외교부, 『2014 외국의 통상정보』, 한국은행, "아시아 주요 신흥국에 대한 외국인 직접투자 분석", 국제경제분석, 제2013-3호.

우선, 말레이시아는 2009년 4월 서비스 산업에 대한 투자지분 참여를 자유화하는 조치를 발표하였다. 주요 내용으로는 첫째, 관광, 운송, 레저, 임대, 보건 등 27개 분야에 대한 말레이계 투자자본 참여 의무 비율_{종전 최}_{소 30%} 규정을 완전 철폐함으로써 말레이계 이외의 내국인_{주로 중국계 및 인도}_계과 외국인 투자자의 투자지분 참여 확대를 유도하고 서비스업 분야를 경쟁체제로 전환시켜 중장기적으로는 서비스업의 경쟁력을 강화시키는 데 주안점을 두고 있다.[3]

둘째, 금융업 분야에 대한 자유화 조치를 추가로 발표하였다. 즉 2009년 부터 상업은행 분야를 제외_{현행 30%}한 이슬람 은행, 투자은행, 보험 등에 대한 외국인 투자자의 지분 상한을 기존 49%에서 70%로 대폭 확대하였으며, 일부 금융업 부문의 외자기업 설립을 허용했고, 외국인 부동산 구매 조건 및 투자 승인 절차 간소화, 금융업분야 전문직 외국인 고용 제한 등을 대폭 완화하였다.

셋째, 2012년 예산안에서 서비스 산업에 대한 추가 개방 계획을 발표하였다. 동 계획은 17개 서비스 분야로 구성되며 통신, 기술 직업학교, 사립병원, 백화점, 회계세무법인 등 9개 서비스 영역에 대해서는 2012년 1월부터 외국인의 100% 지분보유를 허용하였다. 이외에 8개 분야, 즉 국제학교, 통신, 사립대학, 치과, 법률서비스, 건축, 설계 등은 법률개정이 추진 중에 있다. 한편, 외국인 투자에 대한 지분 개방 등의 조치와는 별개로 실제로 사업 수행 시에는 정부기관에서 발급하는 사업면허가 필요하다는 점에 주의할 필요가 있다. 예를 들어 외국인 지분 50% 이상의 기업이 도소매업을 운영하기 위해서는 유통소비자부에서 발급하는 WRT_{Wholesale} _{Retail Trader} 면허를 발급 받아야 하고 통신, 유통, 사업서비스, 금융, 광고, 방송 등의 분야의 경우에는 기본 통신 분야 및 부가통신 서비스분야에 대한 외국인 지분은 30% 미만으로 제한하는 등 제한된 부분만을 수용하고 있다. 금융업의 경우 말레이시아에서 은행업을 하기 위해서는 현지법인 설립 인가를 받아야 하고, 신규 은행업의 인가는 사안에 따라 별도로 검토하여 결정되며, 이슬람 금융과 관련된 인가를 우선적으로 허용하고 있다.

인도네시아는 제조업의 경우에서와 마찬가지로 투자 네거티브 리스트Investment Negative List[4], 외국인 인력 사용제한[5] 등의 비관세 장벽을 유지하고 있으며, 전통 시장을 보호하기 위해 현대적 시장과의 거리 및 영업시간 등과 관련된 규제나 제한이 존재한다. 소매분야는 외국인 투자 제한업종으로 지정되어 있기 때문에 일정 면적 이상일 경우에만 허용하고 있다. 영화필름 개수 제한, 방송사 외국인 소유 제한20%이하 등 문화 컨텐츠 관련 외국기업에 대해서도 다양하게 규제하고 있다.

태국은 금융, 통신, 건설 등 서비스 분야에서 외국인 투자를 규제하고 있다. 「외국인사업법 Foreign Business Act」에 따르면 서비스업은 외국인 지분이 50% 미만일 경우에는 별도의 승인 없이 외국인 투자가 가능하고, 50% 이상의 소유는 당국의 허가가 필요하며, 최소한의 투자요건이 요구된다. 이 경우에도 외국인 투자자의 역할은 경영 참여에 국한된다. 즉, 직업으로서 서비스를 제공하는 것은 엄격히 금지되어 있다. 허가를 받기 위해서는 합작하는 태국인에게 요구되는 각종 요건을 충족해야 하고, 태국에 거주해야 하며, 노동허가 취득 등이 요구된다. 주요 업종별로는 금융업의 경우 외국은행 지점 인가 기준으로 30억 바트의 채권을 의무적으로 구입해야 하며, 송금의 경우 10%의 세금이 부과된다. 보험업의 경우 외국인 투자지분이 25%로 제한되어 있으며, 신규회사 설립을 원할 경우 당국의 허가를 받아야 한다. 통신은 2001년 11월 통신서비스법 개정으로 외국인 지분 한도를 축소(49% → 25%)시켰으나 기존 업체들의 반발로 다시 49%로 환원되었다. 이 외에 관광안내원은 외국인에게 불허하고 있으며, 컴퓨터 관련서비스, 음반 제작 등 시청각 서비스, 외항화물수송, 화물운송 대리 등은 외국인 지분 한도를 49%로 제한하고 있다.

필리핀은 「외국인 투자법」 1991년 에 따라 방송매체, 엔지니어, 의료업, 회계업, 설계업, 화학 관련분야, 통관중개업, 법률용역 등 전문 서비스 분야와 소매업 등에 대한 외국인 투자를 금지하고 있다. 또한 업종에 따라 헌법 또는 법률에 위반되는 분야, 독점 가능 분야, 국내 업체가 이미 충분히 개발하고 있는 분야 등에 대해서는 외국인 투자가 제한되고 있다.[6] 게다가 외국인에 대한 투자비자 유효기간을 실질적으로 1년으로 한정하는 등 외국인 기업들의 경영활동에 대해 높은 수준의 제약을 가하고 있다.

싱가포르는 토지, 자원 및 노동력 등 근원적 제약을 극복하기 위해 다양한 인센티브 및 세제 혜택을 부여하는 등 외국인 투자를 적극 장려하고 있다. 즉, 국내 산업을 보호하기 위한 일부 분야를 제외하고는 외국인 투자에 대한 제한 조치를 취하지 않고 있다. 구체적인 투자진출 제한 분야는 방송서비스, 법률서비스, 엔지니어링 및 건축서비스, 회계서비스, 은행업 및 증권업 등이다.

베트남은 유통업의 경우 외국인 투자가 전면 허용된 반면, 무역업, 도소매업, 유흥 음식업 등은 제한되며, 결혼소개업, 직업소개소 등은 전면 금지되어 있다. 구체적으로 유통업에 대해서는 2007년 WTO 가입 이후 외국인 투자가 전면 허용되었다. 다만, 외국인 유통기업의 경우 사전 허가제를 통해 자국 내 확산을 억제하고 있을 뿐만 아니라 이념 문제 등으로 인한 검열과 정부 간섭을 통해 외국영화 배급 차별 및 투자 허가서 발급을 지연하는 등 경쟁 제한 조치를 시행 중이다. 또한 국가 간 또는 지역 내 통신망의 건설 및 운영, 신문·라디오·TV사업, 컨설팅 서비스업, 관광업, 문화 관련업 등은 외국인 투자가 제한되고 있어 정부 부처의 엄격한 심사와 정책적인 검토를 통해 허가가 이루어진다. 또한 합작투자나 경영협력계약의 형태만 가능하며, 이마저도 업종에 따라 설립 형태가 상이하다. 한편 2014년 12월 한-베트남 FTA의 타결로 향후 베트남의 서비스 장벽은 크게 완화될 것으로 예상된다. 즉, 이 협상에서 베트남은 건설서비스 시장의 개방 확대와 금융 및 통신 서비스에 대한 교역을 활성화하기로 합의하였으며, 특히 재협상 조합에 포지티브 방식의 양허표를 네거티브 방식의 유보 목록으로 전환하는 내용이 포함되면서 기대가 커지고 있다.

라오스는 공공의료, 문화유산 등의 분야에 대해서는 외국인 투자가 금지되어 있으나 대통령의 승인을 얻은 경우에는 가능하다. 관광업은 고급 호텔과 레스토랑은 외국인 투자가 허용된 반면, 3성급 미만의 호텔이나 게스트하우스 등은 금지하고 있고, 관광안내업의 경우 합작투자만을 허용하고 있다. 다만, 외국인 투자법에 의거 인적자원개발 사업, 직업 훈련, 보건 등 교육 분야에 대해서는 외국인 투자를 적극적으로 장려하고 있다. 법률서비스는 외국 국적 변호사가 라오스 내에서 의뢰인을 변호할 수 없고, 라오스인의 경우에도 변호사 자격을 해외에서 취득한 경우 라오스에서 효력이 없다. 통신업은 WTO 가입 조건에 따라 라오스 국영기업이나 정부와 합작회사를 설립할 수 있으나 합작회사의 외국인 지분율이 49%

로 제한되어 있다. 다만, 2017년 이후에는 60%까지 허용된다.

미얀마는 우편·통신, 항공, 철도, 은행·보험, 방송·TV사업, 전력 생산 등에 대한 외국인 투자를 제한하고 있다. 이러한 분야에 외국인이 진출하기 위해서는 동 분야의 국영기업과 합작투자를 하거나 정부의 특별허가를 받아야만 한다. 이외에도 해운은 미얀마 국영기업이 독점하고 있다. 2011년 민간정부 출범 이후 개혁·개방을 추진 중이나, 무역 및 소매업 등에서 외국인 투자지분 제한 및 수출입 허가제를 유지하고 있다.

4. 진출 사례

국내 서비스 기업들의 아세안 시장 진출은 최근에 시작된 것으로 아직까지 성공이나 실패 기업을 찾아 그 요인을 일반화하기에는 시기상조라 할 수 있다. 그러나 기존에 진출했던 혹은 현재 진출해 있는 기업들의 경험이나 전략 등을 살펴봄으로써 아세안 시장에서의 향후 전망에 대한 교훈을 도출할 수 있을 것이다. 현재는 유통이나 금융 분야의 기업들과 우리나라 제조 기업들로부터 파생되는 제조 연관 서비스 수요가 그 선두에 있다고 할 수 있다.

우선, 유통업체들은 포화상태인 국내 시장에서 벗어나 새로운 성장 동력을 발굴하고자 2000년대 후반부터 아세안 시장에 진출하기 시작했고, 현지에서 자리매김하고자 노력하고 있다. 대표적으로 롯데마트인도네시아, 베트남와 이마트베트남 등 대형 유통업체들은 현지 소비자의 특성에 맞는 제품의 차별화는 물론 적극적인 홍보와 마케팅을 통한 인지도 향상 등 다양한 측면에서 현지화에 집중하고 있다. 과거 월마트와 까르푸 등 글로벌 유통기업들이 우리나라에 진출했지만 소비자의 니즈를 충족시키지 못해 철수한 것을 반면교사反面教師로 삼고 있는 것이다. 또한 이들은 지점의 확대와 현지 경쟁업체의 인수 등을 통해 유통채널도 지속적으로 확대하고 있다. 최근에는 CJ오쇼핑, GS홈쇼핑, 롯데 홈쇼핑, 현대홈쇼핑처럼 홈쇼핑이나 온라인 몰 중심의 유통기업들도 아세안 시장에 적극적으로 진출하고 있다. 프랜차이즈 기업의 진출도 활발해지고 있는데, 이들은 대체로 한류를 발판삼아 상대적으로 안정적인 출발을 보이고 있다. 특히 BBQ베트남, 롯데리아베트남, 인도네시아, 할리스커피말레이시아, 필리핀, 불고기브라더스필리핀, 비비고싱가포르 등 외식 프랜차이즈 산업은 'K푸드' 음식한류 열풍의 중심에 있다고 할 수 있다. 이들 기업의 보다 구체적인 마케팅 전략 등에 관해서는 4장에서 살펴볼 것이다.

금융 분야의 경우에는 국내 시중은행들을 중심으로 글로벌 금융위기 이후 포화된 국내 금융시장을 벗어나 새로운 수익원 창출을 위해 성장 잠재력이 높은 아세안 지역으로 진출하려는 노력이 지속되고 있다. 특히 최근 아세안 경제공동체의 출범과 더불어 아세안 역내 금융시장 통합이 매우 급속하게 진행되면서 현지 선점을 위한 진출 경쟁이 치열하게 전개되고 있다. 아세안 역내 서비스에 관한 기본협정AFAS 에 따라 일정한 기준을 충족하는 아세안 적격은행Qulaified ASEAN Banks 들이 아세안 어느 시장에서 자유로운 영업에 나설 수 있게 될 것으로 예상됨에 따라 진출에 더욱 박차를 가할 것으로 예상된다.

최근까지 진출 사례를 살펴보면, 신한은행은 베트남과 캄보디아에 현지법인으로, 필리핀 등에는 지점 형태로 진출했으며, 최근에는 국내 은행 최초로 미얀마에 은행업 예비인가를 취득했다. 국민은행도 캄보디아에 현지법인을 설립하는 등 동남아로 영역을 확장하고 있으며, 우리은행도 지난해 인도네시아 소다라은행을 합병함으로써 교두보를 마련하고 있다. 하나금융도 인도네시아에서 하나-외환은행의 통합법인인 'PT 뱅크 KEB 하나'를 중심으로 소매금융 시장을 공략하고 있다. 그러나 이와 같이 아세안 시장에 대한 활발한 진출에도 불구하고, 성공 여부는 아직까지 예측하기 힘든 상황이다. 아세안 지역에서는 현지 금융기관들은 물론 글로벌 금융그룹과의 경쟁이 불가피하다. 따라서 성공의 관건은 현지화, 차별화 등을 통해 경쟁에서 살아남을 수 있는가에 있다. 우리나라 금융기관들의 아세안 진출에 대해 보다 구체적인 내용들은 5장에서 살펴볼 것이다.

한편, 최근에는 대기업들과 동반으로 진출하는 서비스 기업의 사례도 증가하고 있다. 이들 기업의 업종은 대체로 현지 기업들이 제공하지 못하거나 가능하더라도 그 기술력이 매우 낙후된 경우에 해당한다. 즉, 기술력이 우수한 국내기업들이 현지에 진출해 국내 제조 기업에 필요한 서비스를 제공하는 것이다. 그 예로 '아이커머'는 2015년 6월 베트남 하노이에 진출한 정보통신 분야의 중소기업으로 주요 분야는 시스템통합구축, 정보통신기기 및 주변기기 제조, 하드웨어/소프트웨어 개발, 자문 및 유지보수이다. 베트남의 정보통신 관련 시장에 오래 전부터 관심을 두고서 현지 사업소개 설명회 등을 통해 지속적으로 진출 의지를 보여 왔다. 최근 삼성 협력사들의 베트남 진출과 베트남 내에서 수행되는 지능형교통시스템ITS 사업 확대를 기회라 판단해 베트남 진출을 진행했고, 현지 법인설립을 통해 베트남 시장은 물론 동남아 시장 진출을 목표로 하고 있다.

5. 진출 시 고려(유의)해야 할 요소

아세안 국가들은 제조업의 경우와 같이 외국 서비스기업의 활동이 기술 이전 등을 통해 자국 산업과 기업에 순기능을 미치게 하기 위해, 현지 기업과 합작이나 현지 기업의 지분참여를 적극으로 권장하고 있다. 다만, 서비스업의 경우 내수산업 보호 등을 이유로 공식·비공식적인 정부의 규제를 많이 받기 때문에 정부 정책이나 조사·점검 등 감독 태도의 변화 등에 상당히 큰 영향을 받을 수밖에 없다. 따라서 진출 검토 단계부터 해당 업종의 요구 지분율 등 요구 조건을 사전에 조사하고, 필요할 경우 적합한 현지 파트너를 발굴해 해당국에서의 사업면허 취득이나 입찰 참여 등 진출 과정에서 불이익이 없도록 만반의 준비하는 것이 필요하다.

또한 아세안 국가들은 도시마다 구매력에서 큰 차이가 나타날 뿐만 아니라 느리고 불투명한 행정 처리, 만연한 부패, 현지 기업 우대 관행 등의 문제가 여전하다는 점 등을 면밀하게 고려할 필요가 있다. 서비스업의 특성상 제조업에 비해 이러한 요인들이 더욱 민감한 요인으로 작용할 수 있기 때문에 기업의 이윤 추구에만 집중하기보다는 각국의 고유한 정치·경제·사회·문화적 요인들을 충분히 검토하고 해당 국가의 관습과 환경에 맞는 최적 전략을 개발하는 것이 더욱 중요할 수 있다. 실제로 아세안에는 여전히 정치·사회적으로 부정부패가 만연한 국가들이 다수 존재하고 있다. 외국인 투자 및 사업 진출시 내국인에 비해 제도적·관행적으로 불리한 제약들이 상당히 많이 있다. 따라서 현지시장 진출에 앞서 충분한 사전 조사는 물론 해당 국가의 정부기관과 협회 등의 자문을 적극적으로 활용할 필요가 있다.

이와 같은 거시적인 부분 이외에 아세안 진출을 위해서는 다음과 같은 실질적인 사항에도 유의할 필요가 있다. 첫째, 모든 아세안 진출 기업들이 직면하는 가장 큰 어려움은 바로 낮은 인지도 문제라 할 수 있다. 서비스업은 대부분 소비자와의 접점에서 거래가 이루어지기 때문에 인지도를 어떻게 끌어올리느냐가 결국 성패를 가르게 된다. 특히 해당 분야에 이미 진출해 있는 글로벌 기업이 있거나 현지 기업이 있다면 심각한 어려움에 봉착할 가능성이 매우 크다. 또한 현지 기업과 합작을 해야 하는 경우 매우 불리한 조건에서 제휴나 합작을 하게 될 가능성도 크다. 이러한 경우에는 제품과 기술력으로만 극복하는 데에는 한계가 있을 수밖에 없고, 단기간 내에 성과를 올리는 것은 불가능에 가깝다고 할 수 있다. 따라서 현지의 타깃target 고객, 홍보 및 마케팅 전략, 신뢰할 만한 파트너 등에 대해 사전적으로 면밀히 검토해야 한다.

둘째, 현지 정보에 대한 부족 문제도 큰 어려움으로 인식된다. 현지 법률, 회계 등 기업을 운영하기 위해 필수적으로 알아야 할 모든 부분에 걸쳐서 정보 부족에 직면할 수밖에 없다. 이외에 현지 파트너나 고객군 등에 대한 정보가 절대적으로 부족해 영업과 마케팅 등 사업 추진 시 어려움을 겪는 경우가 대부분이다. 게다가 현지 사업 관행을 정확하게 인지하지 못할 경우 기술력이나 인지도 등에 관계없이 진입 자체가 어려울 수 있고, 진입하더라도 상당한 어려움에 직면할 수 있다. 예를 들어 베트남의 경우 민간 기업이라고 하더라도 대부분의 기업이 사실상 국가로부터 강력한 통제를 받거나 직접적인 영향력 아래에 있기 때문에, 정치적 상황에 의해 사업의 추진 여부나 예산의 확보 및 집행, 송금 등이 어떻게 영향을 받을지에 대해 사전에 검토하여 충분히 대응할 준비를 해야 한다. 따라서 현지에 신뢰할 수 있고 역량 있는 파트너를 선정하는 것이 진출 전략의 핵심이라 할 수 있다.

셋째, 현지 인재의 확보 및 관리 문제에 어려움을 호소할 가능성이 매우 크다. 제조업은 경쟁력 있는 제품을 만들기만 하면 소수의 인재만으로도 마케팅과 판매망 개척이 가능할 수 있지만, 서비스업은 고객과의 접점에 위치한다는 특징 때문에 근로자 대부분이 일정 수준 이상의 능력을 보유해야 한다. 서비스업은 상대적으로 물적 자원보다 인적 자원의 중요성이 더 크다고 할 수 있다. 따라서 고객들과 사회·문화적으로 인식을 공유하고 있는 현지의 전문 인력을 고용할 수밖에 없다. 그러나 실제로 진출하고 있는 다수의 서비스 기업들이 우수 인력 발굴의 어려움, 태만한 업무 태도, 잦은 이직 등으로 현지 인력의 확보 및 관리에 어려움이 크다고 지적한다. 따라서 인력의 고용과 유지를 어떻게 할 것인지에 대한 방안 마련도 필요하다.

6. 성공적 진출을 위한 제언

아세안은 과거와 달리 단순 저임금 위주의 생산기지에서 벗어나 잠재적인 내수 소비시장으로서의 가치가 더 높게 평가받고 있다. 따라서 아세안은 한국 서비스 기업들의 진출 대상 지역으로서 충분한 잠재력을 가지고 있다고 평가할 수 있다. 다만, 아세안 국가들은 지리적으로는 인접하고 있지만 각국의 소득 수준, 지리, 인종, 종교, 문화적 특성에 있어 국가별로 상당히 다른 특징이 존재하기 때문에 이러한 차이점을 충분히 고려한 진출 전략이 필요하다. 따라서 우리나라 서비스 기업이 아세안 국가에 성공적 진출을 위해서는 다음과 같은 사항들에 대한 충분한 준비가 필요해 보인다.

첫째, 우리나라 서비스 기업들은 생산성이 낮고, 전문 인력이 부족해 해외 진출 시 국제 경쟁력은 다소 부족하다. 즉, 우리나라 서비스 산업은 대체로 내수 지향적이기 때문에 해외 진출 경험이 미미하고, 수출 경쟁력도 취약하며, 해외 인지도도 부족한 상황이다. 따라서 단기적인 성과에 집착하기보다는 장기적인 관점에서 인재육성·확보, 현지 인지도 확보 등부터 시작하여 현지화하는 방안까지 단계적 전략을 수립·추진할 필요가 있다. 즉, 그 활동 규모와 현지시장에 대한 진출 정도에 따라 점진적으로 확대할 필요가 있다.

둘째, 우리나라 서비스 기업의 현지 진출 초기에는 이미 진출해 있는 우리나라 제조 기업으로부터 파생되는 제조 연관 서비스 수요를 활용해 기반을 구축할 수 있다. 이 과정에서 부족한 현지 경험이 상당히 축적될 수 있고, 현지 인지도 역시 일정 정도는 확보할 수 있을 것으로 판단된다. 또한 현지에서의 활동 과정에서 기업의 장기적 성장을 위해 성장 가능성이 높은 미개척 분야를 발굴하여 잠재 수요 및 시장을 확보하는 전략도 동시에 고려해야 한다. 기존의 서비스를 모방·개선·대체하는 후발 전략에서 벗어나 선도 전략으로 접근하는 방법도 추진해 볼 만하다.

셋째, 본국과 소득수준 및 정치·경제·사회·문화적인 차이로 인해 소비 성향이 매우 상이한 소비자를 대상으로 서비스를 제공해야 하기 때문에 사전 수요 조사 및 시장 특징 등을 면밀히 분석해야 한다. 즉, 현지화 상품 개발과 적정 수요층을 타겟팅targeting 하는 등 사전적으로 준비가 되어야 한다. 특히 현지에서 받기 힘든 차별화된 서비스를 개발하고, 이를 적극적으로 홍보할 필요가 있다.

넷째, 제도적 관행 등 현지에서 기업을 운영하기 위해 실질적인 정보에 대한 충분한 검토 및 대응이 필요하다. 해외 진출에 실패하는 기업 대부분은 이러한 내용을 충분히 인지하지 못한 상황에서 장기간의 대규모 투자금을 집행함으로써 리스크가 커져 어려움에 봉착하게 된다. 따라서 현지 사정에 정통하고, 사업화에 적극적 의지를 지니고 있는 현지 업체와의 제휴를 통해 현지 노하우를 활용하는 방안을 고려해볼 수 있다. 아직까지 대부분의 아세안 국가들이 현지 업체들과의 합작 형태를 요구하고 있기 때문에 이를 적절히 활용할 필요가 있다.

다섯째, 서비스 상품은 그 특성상 제조업 상품과 달리 균질성 확보가 매우 어렵고, 고객 접점에 있는 직원의 서비스 전달 능력에 따라 고객이 체감하는 서비스의 질이 큰 차이를 보일 수 있기 때문에 인재 육성 및 확보 방안에 대한 사전 준비와 전략이 필요하다. 궁극적으로 현지화에 성공하기 위해서는 전문성 있는 인력 확보가 중요하다는 것이다. 따라서 우수한 현지·국내 전문 인력 확보를 위한 방안 마련은 물론, 현재 국내 대학에서 공부하고 있는 우수한 현지 학생들을 채용하여 일정 수준 업무 교육을 한 후 현지로 파견하는 방법 등도 적극 고려해볼 필요가 있다.

마지막으로 정부의 아세안 서비스업 진출 지원 정책을 적극 활용해야 한다. 우리나라 정부는 제조업 중심의 수출이 한계에 봉착하면서 최근 서비스업의 해외 진출을 적극 추진하고 있다. 구체적으로 서비스 해외 진출 로드맵을 구축하고, 서비스업 해외 진출 육성 사업을 추진하는 등 업종별 해외 진출 촉진을 뒷받침할 구체적 정책 과제들을 발굴하고 있다. 또한 최근에는 유망 진출 서비스 업종에 대한 맞춤형 지원 정책의 수립도 추진되고 있다. 따라서 기존 정부 지원 정책을 적극 활용하고, 필요할 경우 정부에 적극적인 지원을 요청할 필요도 있다.

1 Hoekman, B. (2006), Liberalizing Trade in Services : A Survey, World Bank Policy Research Working Papers.

2 OECD는 회원국과 주요국가들을 대상으로 FDI 규제지수(Regulatory Restrictiveness Index)를 1997년 처음으로 발표했고, 2006년부터는 매년 발표하고 있다.

3 외교부, 분야별 통상환경보고서(2011), 말레이시아 경제 통상 환경 참조.

4 인도네시아는 2014년 5월 외국인 투자 금지 및 제한과 관련한 법률을 개정하여 Negative list를 수정하여 발표했다. 구체적으로 농업, 산림, 해양수산, 에너지광물, 제조, 방위, 공공사업, 무역, 문화 관광, 교통, 정보통신, 금융, 은행, 인력/이민, 교육, 건강, 보안 등 16개 분야를 제한산업군으로 지정하고 있다.

5 외국인 인력의 사용에 대해서도 외국인 인력 1인당 현지근로자 10명이상 채용을 강제하고 있으며, 외국인 관리직은 2년으로 비자 연장이 불가하며, 등재이사만이 5년 근무에 비자 연장이 가능하다.

6 필리핀은 외국인 지분 한도는 국내 및 해외인력 수급업, 건설업(공공 및 방위사업 분야)이 25%까지 허용되며, 광고업은 30%, 부동산 소유, 공공시설 운영 관리, 관급공사, 국영 및 공공기업에 관한 물자조달업, 국내 및 해외건설업·공공시설 건설업(민간 발주공사), 납입 자본금 20만 달러 미만의 국내 영업행위 등은 40%까지 허용된다.

이충열

현 고려대학교 세종캠퍼스 공공정책대학 경제통계학부 교수 및 공공정책대학장.

이영수

현 한국항공대학교 경영학부 교수, 한국항공대 경영연구소 소장.

제3절
동남아로의 금융 진출

1. 동남아 금융시장 현황

가. 금융시장 발전 정도 및 특징

아세안 10개국이 인구, 면적, 경제발전 정도 등에서 많은 차이점을 보이는 것과 마찬가지로 이들 국가의 금융시장의 규모, 발전 정도, 감독체계 등도 많은 차이점을 갖고 있다. 이는 금융제도와 기관의 발전 수준이 경제발전 및 사회구조와 밀접한 관계를 맺고 있기 때문이다.

특정 국가의 금융시장의 발전 정도를 객관적으로 비교하는 것은 쉽지 않다. 각국의 금융기관과 제도는 사회적·역사적인 현상을 반영하면서 발전하였기 때문이다. 몇몇의 경제, 금융 지표를 사용하여 살펴보면 아주 지협적인 면에 집중할 수 있다. 더욱이 각국에 공통적인 지표를 찾아서 비교하는 것 역시 쉽지 않다. 개발도상국인 경우 각국의 정부가 관련 통계를 제대로 발표하지 않기 때문이다.

본 연구는 이러한 문제점을 해결하기 위하여 국제통화기금이 2016년에 발표한 각국의 금융발전지수를 활용한다. 이 지표는 〈표 1〉과 같이 각국의 20개 주요 금융지표를 먼저 금융기관과 금융시장으로 구분하고 각각에서 심화도, 접근도, 효율성 등의 3개 부분으로 구성한 것이다. 아마도 지표는 현재 이용가능한 거의 모든 지표를 활용한 지표라고 할 수 있다. 이 각각의 지표는 가장 낮은 수가 0이고 가장 높은 수가 1이 되도록 표준화하고 그 지표와 순위를 발표하였다.

표 1 금융발전지수에 포함된 각 지표 설명

CATEGORY INDICATOR DATA SOURCE		
Financial Institutions		
심화도	Private-sector credit to GDP	FinStats 2015
	Pension fund assets to GDP	FinStats 2015
	Mutual fund assets to GDP	FinStats 2015
	Insurance premiums, life and non-life to GDP	
접근도	Bank branches per 100,000 adults	IMF Financial Access Survey
	ATMs per 100,000 adults	IMF Financial Access Survey
효율성	Net interest margin	FinStats 2015
	Lending-deposits spread	FinStats 2015
	Non-interest income to total income	FinStats 2015
	Overhead costs to total assets	FinStats 2015
	Return on assets	FinStats 2015
	Return on equity	FinStats 2015

Financial Markets		
심화도	Stock market capitalization to GDP	FinStats 2015
	Stocks traded to GDP	FinStats 2015
	International debt securities of government to GDP	BIS debt securities database
	Total debt securities of financial corporations to GDP	Dealogic corporate debt database
	Total debt securities of nonfinancial corporations to GDP	Dealogic corporate debt database
접근도	Percent of market capitalization outside of top 10 largest companies	FinStats 2015
	Total number of issuers of debt (domestic and external, nonfinancial and financial corporations)	FinStats 2015
효율성	Stock market turnover ratio (stocks traded to capitalization)	FinStats 2015

이 지표에 따라 아세안 국가의 금융시장 발전 정도를 보면 (1) 싱가포르, 말레이시아, 태국 (2) 브루나이, 인도네시아, 필리핀, 베트남 (3) 캄보디아, 라오스 미얀마 등 3개의 그룹으로 구분하여 설명할 수 있다.

먼저 종합지표인 금융개발지표는 싱가포르는 16위(0.731), 말레이시아 21위(0.685), 태국 26위(0.645)로 나타났다. 이중 금융기관의 개발지표에서 싱가포르 21위(0.752), 말레이시아 25위(0.739), 태국 33위(0.666)로 나타났고, 금융시장 개발 지표에서 싱가포르 16위(0.695), 말레이시아 22위(0.617), 태국 24위(0.612)로 나타나 싱가포르와 말레이시아는 두 지표 모두 비슷한 수준이나 태국은 금융기관보다는 시장이 보다 발전한 것으로 나타났다.

브루나이, 인도네시아, 필리핀, 베트남으로 구성된 두 번째 그룹에서 인도네시아의 금융기관발전 지표는 94위(0.379)인 반면 금융시장 개발 지표는 54위(0.259)였고, 필리핀의 금융기관발전 지표는 104위(0.342)인 반면 금융시장 개발 지표는 42위(0.381)로 나타나 금융시장의 발전이 금융기관보다 발전한 것으로 나타났다. 베트남은 각각 96위(0.364)와 76위(0.103), 브루나이는 66위(0.485)와 65위(0.181)로 대체로 금융기관과 금융시장의 발전 정도가 크게 차이가 나지 않은 것으로 나타났다.

캄보디아, 라오스, 미얀마로 구성된 세 번째 그룹은 모두 100위 이하의 낮은 순위를 보여주고 있다. 캄보디아의 금융기관 발전도와 금융시장발전도가 각각 136위(0.229)와 131위(0.010), 미얀마의 금융기관 발전도와 금융시장발전도가 각각 136위(0.229)와 131위(0.010), 미얀마의 금융기관 발전도와 금융시장발전도가 148위(0.203)와 149위(0.000)를 기록하였다. 반면 라오스는 금융기관발전 지표는 139위(0.224)인 반면, 금융시장 개발 지표는 81위(0.088)로 나타나 금융시장의 발전이 금융기관보다 높은 것으로 나타났다.

한편 금융기관과 금융시장의 발전도를 구성하는 각 6개 해당 항목들간의 상관관계를 살펴본 결과, 이들의 상관계수가 모두 0.65 이상이고 각 순위간의 상관계수 역시 FID와 FME 간의 관계를 제외하고는 모두 0.73 이상을 보여주었다. 이는 금융기관과 금융시장의 발달이 동시에 이루어지는 것을 의미한다.

표 2 각 금융기관 및 금융시장 지표 간 상관관계

	FID	FIA	FIE	FMD	FMA	FME
FID	1.00					
FIA	0.65	1.00				
FIE	0.64	0.66	1.00			
FMD	0.74	0.79	0.79	1.00		
FMA	0.90	0.68	0.68	0.68	1.00	
FME	0.52	0.85	0.85	0.74	0.74	1.00

	FID	FIA	FIE	FMD	FMA	FME
FID	1.00					
FIA	0.78	1.00				
FIE	0.73	0.64	1.00			
FMD	0.74	0.78	0.78	1.00		
FMA	0.88	0.73	0.73	0.73	1.00	
FME	0.64	0.75	0.75	0.83	0.83	1.00

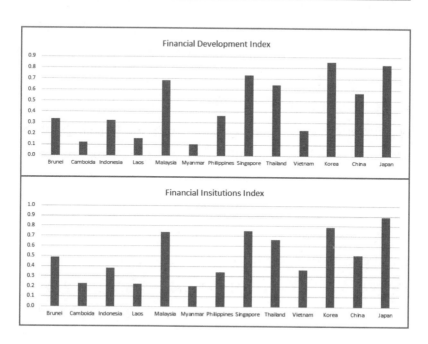

제3절_동남아로의 금융 진출   285

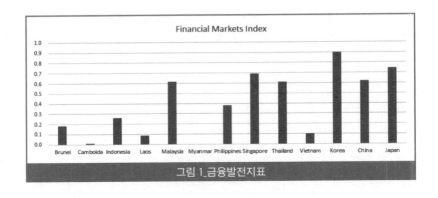

그림 1_금융발전지표

나. 아세안 경제공동체와 금융시장 통합

2015년 아세안이 경제공동체ASEAN Economic Community, AEC 탄생을 추진하면서 역내 금융시장 통합에 대한 논의가 매우 급속하게 진행되었다.[1] 2007년에 발표된 아세안경제공동체 청사진은 2015년까지 아세안이 이룩할 아세안 경제공동체의 비전과 향후 발전 방향 및 주요 실행 계획 등을 종합적으로 포함한다. 이때 아세안경제공동체의 핵심 요소는 크게 (1) 단일시장 확립, (2) 역내 경쟁력 강화, (3) 공정한 경제발전, (4) 글로벌 경제로의 편입 등으로 구성된다. 이중 금융시장 통합은 이중 단일시장 확립에 포함되어 지금까지 추진되었다.[2]

아세안 경제공동체 청사진에 따르면 아세안 금융시장 통합은 아세안 내에서 다양한 금융서비스가 자유롭게 제공되고 각국의 금융자원이 이동하는 것을 의미한다. 아세안 내의 경제주체들은 금융서비스를 사용하고자 할 경우, 본인 국가의 금융기관이 제공하는 금융서비스만을 사용할 수 있다. 만약 금융시장이 통합이 된 경우, 각국의 금융서비스 사용자들은 역내 다른 국가의 금융기관이 제공하는 금융서비스를 활용할 수 있게 되는 것이다.

일반적으로 금융서비스는 해당 국가의 금융 감독기관이 인허가를 한 이후에 제공되는 서비스다. 때문에 특정 국가의 경제주체들이 다른 국가의 금융기관이 제공하는 금융서비스를 사용하는 것은 원천적으로 불가능하다. 만약 이것이 이루어지려면 해당국의 금융 감독기관들이 서로 협력해야 하는데, 이는 금융시장 개방의 형태로 이루어진다.

아세안 역내에서 금융시장 통합이 광범위하게 이루어지려면 아세안 각국의 금융 감독기관들이 상호 합의하고 인정하는 제도적 기반을 구축해야 한다. 그리고 이것이 이루어지면 아세안 내 각 금융기관들은 각자의 이윤 동기에 따라 자유롭게 역내 국가에 진출하여 다양한 서비스를 제공할 수 있게 된다.

아세안 금융시장 통합은 ① 아세안 내에서 역내 금융시장 통합이 제도적으로 이루어지고, ② 이 제도 통합에 따라 각종 역내 금융활동이 자유롭게 이루어지는 것으로 구성되며 이는 역내 투자나 소비, 무역 등이 증가하여 경제성장이 촉진되는 효과를 위발하게 된다.[3]

아세안의 금융시장 통합은 가장 최근에 들어 시도된 것이다. 원래 아세안은 태국, 말레이시아, 인도네시아, 필리핀, 싱가포르 등 동남아 5개국의 외교장관들이 지역 안보 환경 변화에 공동으로 대응하기 위하여 1967년

8월 ASEAN 창립선언서 혹은 방콕선언서 Bangkok Declaration 을 채택함으로 써 결성된 것이다.[4] 때문에 아세안은 창립 당시 정치·안보 공동체로서 그 역할이 강조되었다.

1990년대 이후 공산주의의 몰락과 냉전체제의 종식으로 지역 안보 문제가 상당부문 해결되면서 아세안은 정치안보 공동체보다는 경제공동체로서 역할을 수행하기 시작하였다.[5] 아세안 각국들은 안보 안정성이 어느 정도 보장됨에 따라, 상호 협력을 통한 경제개발과 효율성 개선을 추구하게 된 것이다.

1997년에 발생한 동아시아 금융위기 역시 아세안의 금융시장 통합 추진의 중요한 계기가 되었다. 물론 아세안은 경제공동체 구축을 선언하기 이전에도 금융자유화 및 금융시장 통합을 위한 노력을 추진하여 왔다. 예를 들어, 아세안 중앙은행들은 1977년 8월 이미 상호간 통화스왑 협정에 대한 양해각서를 체결하여, 외환시장 불안에 대비하였다.[6]

그러나 1997~1998년 동아시아 금융위기 발생 이후 아세안 각국들은 금융위기의 전염성을 인식하게 되었고, 상호협력의 중요성을 더욱 고려하기 시작하였다. 이에 아세안의 금융 감독 기구들은 상호 정보 교환 및 협력을 추진하게 된 것이다.

아세안 국가들은 매년 재무장관 회의나 중앙은행 총재 및 부총재 회의, 실무진 회의 등을 개최하여 역내 금융시장 및 산업의 현황과 문제점, 발전 방향 등을 토론하게 되었다.[7]

아세안 금융시장 통합의 가장 중요한 기폭제는 아세안 정상들이 2003년 10월 제9회 아세안 정상회의에서 채택한 제2차 발리선언Bali concord II이었다. 이때 아세안 정상들이 2020년까지 아세안 경제공동체를 구축할 것을 선언하면서 그 구성항목으로 아세안 각국의 금융시장 개방과 통합을 포함한 것이다. 더불어, 2007년 1월 필리핀 세부의 제12차 아세안 정상회의에서 아세안 경제공동체를 2015년까지 구축하기로 결정함에 따라 각국 및 각 부문별 준비는 더욱더 가속화되었다.

한편, 2003년 8월 필리핀 마카티에서 개최된 제7차 아세안 재무장관 회의에서 아세안은 아세안 금융시장 통합 로드맵Road map for Integration of ASEAN in Finance, RIA-Fin을 제시하였고, 금융시장 통합에 대한 논의를 구체적으로 시작하였다. 아세안 각국의 금융감독 기관들은 금융시장 통합과 관련한 보다 구체적인 통합 방안을 수립하기 위하여 여러 분과를 금융서비스 자유화, 자본시장 발전 및 자본시장 자유화, 지급결제시스템 통합 등의 분야로 결성하고, 금융시장통합 방법에 대한 본격적인 연구와 시장개방안 협의에 들어가게 되었다.

표 3 아세안 금융시장 통합의 주요 과정

표 3 아세안 금융시장 통합의 주요 과정

구분	이 름	기 간	활 동
1	아세안 금융감독 기관들의 워킹그룹	1995년 이후 ~현재	금융서비스 자유화 워킹그룹, 자본시장 발전 워킹그룹, 자본계정 자유화 워킹그룹, 지급결제시스템 워킹그룹 등으로 구성
2	아세안 금융시장 통합 로드맵	2003년 8월	금융시장 통합에 대한 기초 로드맵
3	제2차 발리선언	2003년 10월	2020년까지 아세안 경제공동체 구축할 것을 선언
4	아세안 자본시장 포럼	2004년 이후 ~현재	2009년 4월 "아세안 경제공동체 형성을 위한 자본시장 발전 실행 방안"을 아세안 재무장관회의에서 추인받음
5	아세안 경제공동체 청사진	2007년 11월	아세안 경제공동체의 비전과 향후 발전 방향 및 주요 실행 계획 등을 종합적으로 포함하며 아세안 정상회의에서 채택
6	아세안 금융시장 통합 연구	2011년 4월	아세안 중앙은행 주체로 추진되어, 아세안 중앙은행 총재 회의 및 재무장관회의에 보고

┃자료: 이충열, 「아세안 금융시장 통합 : 현실과 통합가능성」, 동남아시아연구, 21권 3호, p.145

이어 아세안은 2009년 자본시장통합 실행 계획Implementation Plan for ASEAN Capital Markets Integration 발표하였고, 2011년 4월에는 은행서비스 시장개방 계획안이 중심이 된 금융통합 종합계획The Road to ASEAN Financial Integration: A Combined Study on Assessing the Financial Landscape and Formulating Milestones for Monetary and Financial Integration in ASEAN" Combined Study 을 발표하여 금융시장 통합을 보다 구체적으로 추진하였다. 또한 2015년에는 보험 시장 통합의 종합계획인 An ASEAN Insurance Integration Framework이 발표되어 시장통합에 한걸음 더 가깝게 되었다.

이렇게 금융통합 종합 계획과 자본시장 통합 실행 계획안이 발표된 이후 각국의 정부와 금융 감독 기관들은 자국의 금융시장 발전 계획에 이들 아세안 금융시장 통합을 위한 계획을 고려하기 시작하였다. 이때 상대적으로 아세안 내에서 금융선진국에 해당되는 싱가포르와 말레이시아는 자국 금융기관의 아세안 회원국 내 진출에 보다 적극적으로 추진하게 되었고, 금융 후진국인 캄보디아, 라오스, 미얀마, 베트남 등은 금융시장 육성책을 보다 적극적으로 추진하기 시작하였다.

예를 들어, 2012년 아세안 6개국_{인도네시아, 말레이시아, 필리핀, 싱가포르, 태국, 베트남}도 '아세안 거래소_{ASEAN Exchange}' 설립을 추진하였다. 이에 대한 시작으로 싱가포르, 말레이시아, 태국은 '아세안 트레이딩 링크_{ASEAN Trading Link}'를 설립하여 상호 주식거래 네트워크를 공유하기 시작하였고, 새롭게 웹사이트를 개장하여 아세안 주식시장에 대한 거래 자료와 통계 및 분석 자료를 공유하기 시작하였다.

한편 아세안 내의 금융기관들은 이러한 시장 통합의 움직임에 힘입어 아세안 국가 내 상호 진출을 추진하였다. 〈표 4〉는 2010년 말과 2015년 말 아세안 국가 내 은행의 해외점포 현황이다. 이는 아세안 5개 고소득 국가의 대형 은행들과 글로벌은행들의 아세안 내에 지점과 현지법인의 보유현황이다. 이 표를 보면 지난 5년 동안 아세안 내에 아세안 은행의 지점과 사무소의 수가 크게 증가한 것으로 알 수 있다. 특히 말레이시아의 Maybank는 이 기간 동안 태국, 라오스, 미얀마 등, CIMB는 캄보디아와 미얀마에 각각 지점을 설치하고 아세안 시장 개척에 매우 적극적인 전략을 추진하고 있다.

아세안 고소득 국가의 역내 금융시장 진출 움직임과 함께 저소득 국가 역시 금융시장 발전을 추진하기 시작하였다. 그동안 주식거래소가 없었던 캄보디아와 라오스는 주식시장을 각각 2012년과 2011년에 개장하였고, 미얀마 역시 2015년 말 주식거래소를 개장하였다. 미얀마는 2014년 외국 금융기관의 국내 진출을 허락하기 시작하였다. 또한 각국 금융 감독 기관은 계속적인 협의를 추진하였다.

이러한 노력에도 불구하고 아세안이 단기적으로 금융시장 통합을 추진하기에는 어려움이 많다. 아세안의 일부 국가들은 예금보험제도나 중앙은행 전자결제시스템 등 기본적인 금융시스템을 보유하고 있지 않기 때문이다. 또한 아세안 전체 국가들의 각종 제도들에 대한 기초 연구도 부족하며 관련 인력의 확보 역시 어렵다. 또한 이들 국가에서 표준화된 제도에 대한 합의도 이루어지지 않았으며 이 합의에 따라 각국이 제도 및 법률을 모두 개정하고 조정할 경우에도 상당한 시간이 소요된다.

예를 들어, 2012년 아세안 7개국이 2015년까지 아세안 트레이딩 링크ASEAN Trading Link'를 '아세안 거래소ASEAN Exchange'로 확대하려는 계획을 발표하였지만 아직까지 기존의 3개국 거래소 공통 플랫폼에 그치고 있다. 또한 아세안 내에 타국 은행시장 진출 시 용이한 Qualified ASEAN Bank(QAB)를 지정하여 통합을 추진하였지만 이 제도는 아직까지 도입되지 않고 있다. 아세안 내의 대금 지급 결제를 원활하기 위한 공동네트워크 구축을 추진하였지만 이 역시 이루어지지 않았다. 또한 QAB에 기초하여 은행시장 통합을 추진하려는 국가는 현재 싱가포르와 말레이시아 2개국에 불과하다.

표 4 아세안 금융시장 통합 추진

(a) 2010년 12월

		인도네시아	말레이시아	필리핀	싱가포르	태국	브루나이	캄보디아	라오스	미얀마	베트남
글로벌은행	HSBC	●	●	●	●	●	●				●
	Standard Chartered	●	●	●	●	●	●	Rep	Rep	Rep	●
	Citibank	●	●	●	●	●	●				●
인도네시아	Mandiri	●			●						
	BCA	●									
	BNI	●			●						
말레이시아	Maybank	●	●	●	●			●	●	Rep	●
	Public Bank		●					●	●	Rep	
	CIMB	●	●		●	●	IB			Rep	
필리핀	Metrobank			●	Rep						
	BDO			●							
	BPI			●							
싱가포르	DBS	●	●	Rep	●	Rep				Rep	Rep
	UOB	●	●	●	●	●	●			Rep	●
	OCBC	●	역외		●	●	●			Rep	●
태국	SCB				●	●		●	●		●
	Bangkok	●	●	●	●	●	●		●	Rep	●
	B.Ayudhya					●			●		

|자료: 각 금융기관 웹사이트

(b) 2015년 12월

		인도네시아	말레이시아	필리핀	싱가포르	태국	브루나이	캄보디아	라오스	미얀마	베트남
글로벌은행	HSBC	●	●	●	●	●	●				●
	Standard Chartered	●	●	●	●	●	●	Rep	Rep	Rep	●
	Citibank	●	●	●	●	●	●				●
인도네시아	Mandiri	●	Rem		●						
	BCA	●			Rep						
	BNI	●			●						

		인도네시아	말레이시아	필리핀	싱가포르	태국	브루나이	캄보디아	라오스	미얀마	베트남
말레이시아	Maybank	●	●	●	●	●	●	●	●	●	●
	Public Bank		●					●	●	Rep	
	CIMB	●	●		●	●	IB	●		●	
필리핀	Metrobank			●	Rep						
	BDO			●							
	BPI			●							
싱가포르	DBS	●	●	Rep	●	Rep				Rep	Rep
	UOB	●	●	●	●			●		●	●
	OCBC	●	역외			●	●	●		●	●
태국	SCB				●	●	●		●	Rep	●
	Bangkok	●	●	●					●	●	●
	B.Ayudhya					●		Rep	●	●	●

|자료: 각 금융기관 웹사이트

  결국 위의 사항들을 종합적으로 고려할 때, 아세안은 장기적으로는 계속 금융시장 통합을 추진할 것이나 이것을 단기간에 달성하기 어려울 것으로 전망된다. 다만 아세안 정상들이 이미 2015년에 아세안 경제공동체를 달성한다는 것을 선언하였기 때문에 이를 반영하기 위한 가장 현실적인 대안으로 금융시장 통합을 위한 제도를 2015년까지 구축하고, 실제 역내 금융기관의 활발한 진출은 이후에나 일어날 것으로 예상할 수 있다.

2. 동남아의 한국 금융기관 진출

가. 동남아로의 진출 현황

2016년 6월말 현재 우리나라의 금융기관은 현지법인, 지점, 사무소 등 다양한 형태로 총 401개의 해외점포를 갖고 있다. 이를 지역별로 보면 아시아 지역, 특히 동남아 지역(30.4%)과 동북아 지역(28.9%)이 가장 많고 이어서 북미(14.2%)와 유럽(11.2%) 지역이 차지하고 있다. 동북아 지역은 주로 중국과 홍콩을 중심으로 금융투자업종자산운영 13개 기관, 증권 36개 기관과 보험을 중심으로 진출해 있고, 동남아 지역은 여전업과 은행53개 기관을 중심으로 진출하였다.

2009년 말 우리나라 금융기관의 해외 점포수는 322개였으나 2016년 6월에는 이보다 25% 내외 증가한 401개로 증가했다. 이렇게 각 금융기관의 수가 증가한 것뿐만 아니라 기존에 진출하였던 금융기관의 규모도 증가하여 전반적으로 국내 금융기관의 해외진출이 활발한 것으로 평가되고 있다.

표 5 우리나라 금융기관의 지역 및 업종별 해외진출 현황

(a) 기관수

	금융투자		보험		여전	은행	지주	계
	자산운용	증권	생보	손보				
동북아	13	36	11	14	7	35	0	116
동남아	8	20	6	16	16	53	3	122
남아시아	1	0	0	1	1	13	0	16
중동	0	0	0	3	0	8	0	11
중앙아	0	1	0	0	1	4	0	6
유럽	2	5	5	8	4	21	0	45
북미	10	8	6	13	2	18	0	57
중남미	1	1	0	1	1	10	0	14
아프리카	0	0	0	0	0	4	0	4
오세아니아	2	0	0	0	1	5	0	8
기타	0	0	0	0	0	2	0	2
계	37	71	28	56	33	173	3	401

	금융투자		보험		여전	은행	지주	계
	자산운용	증권	생보	손보				
동북아	35.1	50.7	39.3	25.0	21.2	20.2	0.0	28.9
동남아	21.6	28.2	21.4	28.6	48.5	30.6	100.0	30.4
남아시아	2.7	0.0	0.0	1.8	3.0	7.5	0.0	4.0
중동	0.0	0.0	0.0	5.4	0.0	4.6	0.0	2.7
중앙아	0.0	1.4	0.0	0.0	3.0	2.3	0.0	1.5
유럽	5.4	7.0	17.9	14.3	12.1	12.1	0.0	11.2
북미	27.0	11.3	21.4	23.2	6.1	10.4	0.0	14.2
중남미	2.7	1.4	0.0	1.8	3.0	5.8	0.0	3.5
아프리카	0.0	0.0	0.0	0.0	0.0	2.3	0.0	1.0
오세아니아	5.4	0.0	0.0	0.0	3.0	2.9	0.0	2.0
기타	0.0	0.0	0.0	0.0	0.0	1.2	0.0	0.5
계	100.0	100.0	100.0	100.0	100.0	100.0	100.0	100.0

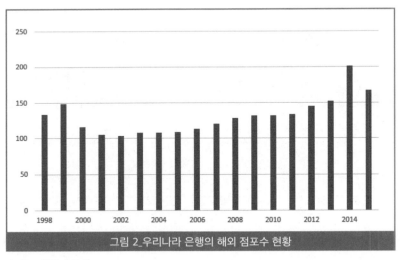

그림 2_우리나라 은행의 해외 점포수 현황

|자료: 금융감독원

나. 진출 원인

(1) 해외 진출 원인

우리나라의 금융기관들이 2000년대 들어 해외 진출을 본격적으로 시작한 이유는 크게 다음과 같다.

첫째, 각 은행들의 국내 시장포화에 따른 신시장 개척 시도이다. 국내 금융시장이 저성장 구조를 갖게 됨에 따라 이들이 외형경쟁에서 성공하는 길은 해외에 있다고 판단하였기 때문이다. 특히 1998년 금융위기를 겪은 후, 은행, 증권, 보험 등 전반적인 국내 금융시장의 구조조정이 어느 정도 이루어짐에 따라 각 금융기관들은 본격적인 경쟁에 뛰어들었다. 그러나 경제 성장세의 둔화와 함께 금융시장의 성장 역시 과거와는 달리 낮아지면서 국내 금융기관들은 새롭게 성장할 방법으로 해외 금융시장의 진출을 고려하기 시작하였다.

둘째, 국내 시장개방에 따라 국내시장의 경쟁이 더욱 심화되었다. 1998년 경제위기 이후 국내 시장의 대폭 개방됨에 따라 해외 금융기관의 진출이 확대되면서 국내 시장에서의 경쟁이 더욱 치열하게 되었다. 때문에 국내 금융기관들은 이들에 대한 경쟁력을 확보하는 문제와 더불어 다른 한편으로는 대외적으로 진출하는 방향을 고려하게 되었다. 이때 우리 금융기관의 해외 진출은 해외시장 확대를 통한 규모의 경제 효과를 극대화하여야 한다는 필요성에 기인한 것이었다.

셋째, 국내 시장이 개방되면서 대외의존도가 높아짐에 따라 국내 각종 위험을 분산하기 위하여 글로벌 네트워크 구축의 필요성이 제기되었다. 또한 수익기반의 지역적 편중에 따른 국가위험도를 줄이기 위한 위험분산의 필요성도 제기되었다. 리스크 관리 차원에서 규모의 경제 효과를 인식하게 된 것이다.

넷째, 국내은행의 국내 수익추구에 대한 비판적 여론이 제기되면서 해외시장 진출의 당위성이 제기되었다. 국내 금융기관들이 국내의 독과점 시장 구조를 영위하면서 단순히 수수료 수입에 의존하여 수익을 극대화하는 것이 바람직한지에 대한 여론이 형성되었다.

(2) 동남아 진출 원인

우리나라의 금융기관이 해외진출을 고려하는 과정에서 굳이 동남아를 선택한 이유를 살펴보기 위하여 앞서 해외진출이 가능한 지역을 살펴보고 이 지역 간의 진출 가능성을 비교하여 설명하였다. 이는 여러 지역 간의 상대적인 경쟁력을 비교한 것이 된다.

첫째, 우리나라 금융기관은 경쟁력 부족으로 선진국에 진출하기 매우 어렵다. 아직까지 우리나라의 금융기관이 수백년 전통과 역사를 보유한 선진국 금융기관과 경쟁하는 것은 시기상조라는 것이다.

둘째, 해외금융시장에 진출하려면 먼저 실물 경제적인 연관성이 깊은 나라를 택하게 된다. 여기에는 여러 이유가 있다. 먼저, 대체로 금융기관이 진출하여 영업을 하려면 매우 오랜 시간이 소요된다. 서비스 업종이기 때문에 현지에 대한 이해도가 높아야 하는데 이를 단기적으로 이룩하기 힘들다. 따라서 현지에 국내 기업이 많이 들어가 있는 지역을 선호하게 된다. 이미 동남아에 많은 국내 기업이 들어가 있기 때문에 우리의 금융기관들은 이들 지역을 중심으로 영업을 시작할 경우 위험을 줄일 수 있는 것이다. 국내 금융기관들이 베트남과 인도네시아를 중심으로 영업하는 이유가 바로 이 경우이다.

셋째, 동남아시아는 우리와 문화적인 면에서 상대적으로 가깝다. 현재 우리나라 사람들이 유럽 및 미국 문화에 많이 동화되었다고 해도, 아직까지 문화적인 뿌리는 아시아적 가치에 기초한다. 특히 중국의 유교와 인도에서 파생되어 동남아에 퍼져있는 불교문화를 오랜기간 바탕에 두었다. 따라서 이러한 문화적 공통점을 많이 갖는 지역으로 동남아시아를 선호하는 것은 매우 당연한 것이다. 반면 상대적으로 이해도가 낮은 인도나 중동지역을 꺼리게 되는 것이다.

넷째, 동남아시아는 최근 가장 빠르게 성장하고 있는 지역으로 이 지역의 금융수요가 빠르게 증가하고 있다. 앞에서 본 바와 같이 동남아 지역은 지난 10년 동안 연평균 6%를 넘는 높은 경제성장률을 보여주었고 이와 관련하여 금융수요 역시 크게 증가하였다. 특히 이들 지역의 저축률이 20%를 상회하고 많은 투자수요가 있기 때문에 금융기관의 역할이 매우 크다고 볼 수 있다. 이러한 금융수요 증가에 따라 적절한 금융서비스가 제공되어야 하지만 이는 현지 금융기관의 힘으로만 달성하기 어려운 상황이다. 특히 동남아의 경제성장이 외국인 직접투자 및 수출에 크게 의존하고 있기 때문에 이러한 현상을 쉽게 느낄 수 있다. 특히 동남아 저개발 국가에 진출한 국내 기업은 현지 금융서비스의 부족을 매우 불편해 하고 있다.

다섯째, 아직까지 동남아시아의 현지 금융시장이 크게 발전하지 않았기 때문에 우리 금융기관이 상대적으로 경쟁력이 있다. 아직까지 동남아 대부분의 국가 1인당 소득 5천 달러 미만의 저소득국가로 금융산업이 발달되어 있지 않다. 때문에 이들 국가의 금융기관과 경쟁할 경우 우월성을 보일 수 있는 것이다.

다. 동남아 진출 평가 및 진출 시 고려할 사항들

앞서 제시한 여러 이유 때문에 우리나라 금융기관은 동남아를 주요 진출지로 결정하여 지난 수년 동안 진출하기 위하여 많은 노력을 하였고 그 결과 〈표 5〉과 같이 일정한 성과를 얻은 것은 사실이다.

그러나 아직까지 국내 금융기관의 해외진출이 크게 활성화되지 못한 것도 현실이다. 대부분이 소규모로 영업하며 현지 대형 금융기관과 같은 수준의 시장점유율을 갖고 있지 않다. 또한 개별 금융기관 면에서 각 금융기관의 진출 국가도 많지 않다. 예를 들어, 아세안 10개국 중에서 5개 이상의 국가에 네트워크를 형성하고 있는 금융기관은 많지 않다. 더욱이 대부분 진출이 2000년 중반 이후 이루어졌기 때문에 영업기반이 확충되지 못한 것이 사실이다.

이러한 점에서 국내 금융기관이 향후 동남아 지역에 진출을 확대하기 위해서는 다음과 같은 사실을 이해하고 유의하여야 할 것이다.

첫째, 동남아 금융시장의 진출 전략은 현지 각국에서의 경쟁구도와 상대적인 경쟁력의 비교 분석을 통하여 수립되어야 한다. 우리나라 금융기관이 동남아에 진출할 경우, 현지 금융과의 경쟁은 물론 기존에 진출한 타 국가의 금융기관과도 경쟁하여야 한다. 이때 진출 국가나 업종에 따라 현지 금융기관과 경쟁할 수도 있고 또한 현지에 진출한 타 국가의 금융기관과도 경쟁할 수도 있다. 따라서 이러한 점을 종합적으로 고려하여 진출 업종 선택 및 진출 전략을 수립하여야 한다.

현재 동남아에서 영업을 하는 주요 선진국 금융기관들은 국제적인 신뢰를 기반으로 오랜 기간 현지에서 영업을 한 기관들이다. HSBC나 Standard Chartered 은행은 이미 식민지 시절부터 영업을 하던 기관들과 현지에 대한 신뢰도가 높은 기관들이다. 따라서 이러한 기관들과 경쟁을 하여 신뢰를 확립하려면 보다 장기적인 안목에서 진출 전략을 수립하여야 한다.

보다 직접적인 예로 2014년 미얀마는 최초로 외국계 은행에 국내 영업 허가를 제공하면서 각국의 은행에 신청서를 받았다. 이때 우리나라의 신한, 국민, 기업은행이 신청하였으나 허가를 얻지 못하였다. 이때 태국의 은행들이 허가를 받았는데 이들은 이미 1995년에 사무소를 만들고 지속적으로 관련 업무를 했던 기관들이다. 때문에 2010년도 이후에야 사무소를 설치하고 영업을 준비하였던 한국과 크게 차이가 있었다.

둘째, 아직도 우리나라는 동남아 지역과 문화적으로 멀기 때문에 이들을 이해하는 노력이 수반되어야 한다. 동남아 지역은 제2장에서 살펴본 바와 같이 다양성에 기초한 사회이다. 단일민족으로 동일성에 기초하여 빠르게 성장한 우리의 입장에서 이들을 이해하기는 어렵다. 때문에 이들과 문화적인 협력을 추진하는 방향을 고려하여야 한다.

다행히 최근 한류의 확산과 더불어 한국의 문화를 현지에 알리는 노력이 많이 일어나기 때문에 이러한 문제점은 일부 해소할 수 있다. 그러나 문화의 이해는 쌍방의 이해를 전제로 하는 것이기 때문에 우리 역시 이들의 문화를 이해하는 것이 필요하다.

셋째, 동남아 국가들과 한국의 경제적인 관계는 아직까지 그렇게 높은 것이 아니다. 비록 우리 입장에서 보면 아세안 10개국이 중국에 이어 2대 무역국이면서 투자국 관계가 이루어진 것은 그렇게 오래된 것이 아니다. 하지만 동남아에 진출한 유럽의 선진국들은 이미 수백 년 동안 현지화 된 금융기관들을 보유하고 있다.

더욱이 앞에서 설명한 바와 같은 금융서비스는 신뢰를 기초하여 발전하는데 이 신뢰는 실물거래에 기반하여 수립되는 경우가 많다. 실물 경제적인 관계를 볼 때 이미 선진국들은 제국주의 시대부터 현지와 무역 및 투자관계를 수립하고 금융 비즈니스를 수립한 기관들이다. 최근 동남아 국가와 한국간의 무역 및 투자가 활발하게 이루어지고 있지만 아직까지도 주요 선진국들에 비하면 우리나라와의 무역 비중이나 투자 비중은 그렇게 높은 것이 아니다. 때문에 보다 점진적인 접근이 필요하다고 볼 수 있다.

결국 아세안 금융시장에는 선진국 금융기관들이 이미 많이 들어와 있기 때문에 이들에 대한 경쟁력 확보가 필요하다. 이미 싱가포르와 말레이시아는 영국 식민지를 경험하여 영국식 법과 제도를 구비하고 영국의 선진화된 금융기관이 많이 진출하여 있다. 태국의 경우, 그동안 일본과의 다양한 협력으로 인하여 많은 일본 금융기관이 진출하여 있다. 또한 중국의 영향력 확대로 중국 금융기관의 진출이 라오스나 캄보디아 등에서 활발하게 이루어지고 있다. 때문에 각국에 대한 진출 전략을 수립할 경우 각국에서 우리나라 금융기관과 경쟁하고 있는 기관을 분석하는 것이 필요하다.

넷째, 현지 금융기관도 매우 빠르게 발전하고 성장하고 있다. 동남아의 실물 경제가 발전하는 것과 유사하게 동남아 국가의 금융기관도 빠르게 성장하고 있다. 앞에서 설명하였듯이 동남아 국가들은 금융시장을 통합하는 과정에서 역내 금융기관을 키우려고 한다. 이러한 과정에서 상대적으로 동남아 국가 금융기관의 규모가 확대되고 경쟁력이 높아지면서 국내 금융기관의 진출이 어려워질 수 있는 구조다. 이 과정에서 각국 정부역시 자국 금융기관의 대형화를 적극적으로 유도하고 있다.

예를 들어, 말레이시아의 은행들은 동남아 각국에 은행 지점을 확대하고 범 아세안 금융기관을 만들려고 노력하고 있다. 지난 3~4년간 말레이시아의 메이뱅크와 CIMB는 아세안 모든 국가에 지점이나 현지법인을 수립하고 업무 확대를 추진하였다.

다섯째, 국내 금융기관의 해외 진출에 대한 적극성을 갖춰야 한다. 사실상 동남아 전체의 경제규모는 우리나라보다 조금 큰 규모이다. 때문에 이들 국가에 어렵게 진출하는 것보다는 차라리 국내 영업 확대 전략을 보다 적극적으로 추진하는 것이 바람직하다는 의견이 제시될 수 있다. 알다시피 금융기관 경영진들은 대부분 보수적이고 진취적이지 않다. 또한 현재의 경영진들이 볼 때 아직 해외 경험이 많지 않기 때문에 위험이 높은 것도 사실이다.

그러나 장기적인 전망을 보면 국내 금융시장은 성장세가 둔화되고 동남아 지역 금융시장은 확대될 가능성이 높다. 때문에 가까운 시일에 진출에 실패한다면 글로벌 시장에서 도태되거나 국내 시장에서 경쟁력이 약화될 가능성이 매우 낮게 된다. 때문에 이에 대한 중요성을 인식하는 것이 중요하다.

여섯째, 국내 금융기관이 해외에 진출할 경우, 가능한 다양한 방법을 선택하여야 한다는 점을 고려하여야 한다. 독자적으로 법인을 설립할 수 있고, 현지 투자자와 조인트벤처를 설립할 수 있으며, 혹은 현지 금융기관을 인수하여 접근할 수도 있다, 이때 이들 방법은 모두 차이점을 갖고 있다. 예를 들어, 독자적으로 법인을 설립할 경우, 현지시장에 접근하기에는 어려우나 독자적인 영업 전략을 수립하고 접근할 수 있으며, 현지 투자자와 조인트벤처로 접근할 경우 현지 투자가의 영업능력이나 접근성 등을 적극 활용하고 자금조달 부담을 줄일 수 있다. 또한 각국은 각각의 접근 방식에 대하여 다른 조세제도를 운영하는 특혜를 줄 수 있다. 때문에 진출하고자 하는 금융기관들은 각 국가별 해당사항을 면밀히 조사하고 접근하는 것이 필요하다.

라. 한국 금융기관의 진출 전략 수립 원칙

앞에서 살펴본 금융기관의 해외 진출 과정과 원인 및 성과를 살펴보면 향후 우리나라 금융기관의 해외진출은 더욱더 확대될 것이다. 아직도 일부 국가 및 업종에 진출이 제한된 가운데 기존 진출 국가에서의 활동도 활발하지 않다.

금융기관의 해외 진출은 진출국에서의 1) 장기적인 지속 가능성, 2) 단기적인 수익성, 3) 지역 혹은 세계경영으로의 확장성, 4) 인허가 획득 방법 등을 종합적으로 고려하여 이루어져야 한다.

첫째, 일반적으로 금융기관의 해외 진출 전략은 매우 장기적인 면을 고려하여 이루어진다. 금융 산업은 금융기관과 고객 간의 신뢰에 기초하여 이루어지는 것이기 때문에 단기간에 고객을 확보하거나 수익성을 얻기는 힘들지만 일단 수립된 신뢰는 장기간 이루어지는 것이 보통이다. 또한 문화적인 이해에 기초하여 서비스가 이루어져야 현지인들에게 접근할 수 있다. 때문에 해외 진출 시 의사 결정은 금융기관의 진출 후 장기적인 지속 가능성에 기초하여 이루어져야 한다.

이를 위해서는 1) 상대국에서 사용할 수 있는 비즈니스 모델 수립과 2) 상대국에 대한 문화적인 이해 등이 선행되어야 한다. 동남아 각국은 경제 및 금융 발전단계나 문화, 인프라 등에서 모두 차이를 보인다. 때문에 각국은 나름대로 필요한 금융서비스가 서로 다르다. 따라서 동남아 각국을 진출하려면 각국의 상황에 적합한 서비스와 관련 비즈니스 모델을 찾아야한다.

예를 들어, 말레이시아는 1인당 소득 만 달러의 중소득 국가이기 때문에 여신금융과 같은 소비자금융의 수요가 빠르게 증가하고 있는 반면, 베트남, 캄보디아, 라오스 등은 중소기업을 중심으로 기업 수요가 빠르게 증가하고 있다. 또한 베트남, 캄보디아, 라오스 등은 은행 지점수가 매우 부족한 가운데 관련 모바일 기기의 보급이 확대되어 이를 활용한 송금서비스의 수요가 증가하고 있다. 인도네시아와 필리핀 역시 많은 섬으로 이루어져 은행을 활용한 금융서비스 제공이 제약을 받고 있다. 때문에 이러한 각국의 상황을 인식하고 이들에게 적합한 서비스를 찾아내는 것이 중요할 것이다.

둘째, 단기적인 수익성을 해결할 방안을 찾아야 한다. 앞에서 설명한 바와 같이 외국 금융기관이 해외에 진출하여 단기적으로 수익성을 높이기는 쉽지 않다. 금융 산업이 신뢰성과 정보에 기초한 사업인데 현지인의 신뢰성을 단기에 획득하기 쉽지 않고 관련 정보를 얻기도 쉽지 않기 때문이다. 더욱이 동남아 개도국의 경우 정보공시나 관련 통계의 투명성이 확보되어 있지 않기 때문에 외국 금융기관이 관련 업무에서 높은 생산성을 보이기 쉽지 않다. 때문에 해외에 진출할 때에는 단기적인 수익성을 얻을 수 있는 방법이나 적어도 적자를 줄일 수 있는 방법을 찾아보고 진출하는 것이 바람직할 것이다.

셋째, 금융기관의 해외 진출은 해당 진출국에서의 수익성뿐만 아니라 주변국 및 한국 내 영업과의 관계를 고려하여야 한다. 각국 금융시장은 발전 정도나 규모 등에서 모두 개별적인 특징을 갖고 있다. 예를 들어, 싱가포르는 아시아와 유럽, 미국을 연결하는 국제금융시장의 역할을 하는 반면, 베트남은 국내 기업들의 활동을 지원하기 위한 금융서비스 수요가 많은 곳이다. 따라서 각국에 진출할 때, 각국 금융시장의 특징과 그 특징을 고려한 영업모델을 구축하고, 세계적인 네트워크를 형성하는 것이 중요하다.

넷째, 현지 정부나 금융 감독기관으로부터 인허가 받을 수 있는 방법을 잘 찾아야 한다. 이는 국내 금융기관이 현지에 사무소를 설치하고 각종 정보를 수집하며 정부와 접촉하는 것에서 시작한다. 현지에 진출하려는 금융기관은 현지 정부와 밀접한 관계를 형성하는 것이 매우 중요한데, 이 과정에서 우리나라 정부가 많은 역할을 할 수 있다는 점을 유의하여야 한다. 예를 들어 국내 금융 감독기관은 현지 금융 감독기관에게 우리나라의 금융시스템이나 금융기관에 대한 신뢰도 형성에 크게 기여할 수 있기 때문이다. 특히 중앙은행간의 각종 업무 협력과 만남, 재무부 및 금융 감독기관과의 협력 등을 통하여 우리나라의 금융기관을 소개하는 프로그램을 정부가 추진하고 금융기관이 이를 잘 활용하는 것이 필요하다. 더욱이 현재 동남아 국가의 대부분은 개발도상국으로 금융시장의 자유화가 우리만큼 진행되어 있지 않은 가운데 정부의 역할이 매우 크다고 할 수 있다.

한편 위에서 제시한 네 가지 사항을 준비하고 추진하는 과정에서 다음과 같은 사항을 고려하여야 한다.

첫째, 아세안 진출을 위한 현지화 전략이 수반되어야 한다. 금융업의 성공적인 진출을 위해서는 차별화된 현지화 전략이 필요하다. 금융업이 신뢰에 기반을 둔 대출과 다양한 서비스 제공이라는 측면에서 신뢰의 수준을 높일 수 있는 다양한 방안이 모색되어야 한다. 단편적으로 한국과 현지를 연결하는 금융서비스를 제공하는 것만을 목적으로 진출하는 경우 성공 여부는 장담할 수 없음을 사례를 통해 확인할 수 있다.

이때 현지 인력의 채용과 교육 등과 같은 인적 관리에 유의하여야 한다. 금융회사의 최고 경쟁력은 인재이므로, 현지 금융 인력을 양성하고 국내 연수나 인력 교류 등을 통하여 이들에 대한 관리에 유의하여야 한다. 현지에 적합한 비즈니스 모델 수립, 금융상품 개발, 주요 인사나 기업에 대한 영업, 감독 당국과의 소통 등을 위해서는 현지의 '고급인력'을 널리 채용할 필요가 있다는 점을 이해하여야 한다.

또한 사회공헌 활동 및 우리나라의 발전 경험을 통한 서비스 개발 등 다양한 전략을 활용하여야 한다. 현재 우리가 진출하려는 대부분의 국가들은 우리보다 소득이 낮은 저개발 국가이면서 향후 미래 발전 가능성이 높은 국가들이다. 이들 국가에 대한 각종 사회공헌 활동은 이들에게 많은 신뢰감을 심어줄 수 있는 좋은 수단이 된다. 또한 우리나라의 과거 발전 경험에 기초할 때 이들에게 적합한 다양한 서비스를 개발할 가능성이 있게 된다.

둘째, 국내 투자 및 ODA 사업과의 연계성을 활용하여야 한다. 동남아 지역은 현재 미국과 중국에 이어 우리나라의 직접투자가 가장 활발하게 이루어지는 지역이고 많은 국내 기업이 진출해 있는 곳이다. 이들 국내 기업들은 글로벌 생산 체인 속에서 국내 기업과 연결되어 생산 및 판매 활동을 하고 있다. 예를 들어, 캄보디아 프놈펜과 베트남 호치민 시티의 많은 봉제공장은 한국에서 생산된 원사와 원단을 사용하여 가공하고 있다. 또한 라오스의 자동차 판매 및 서비스 회사는 국내에서 생산된 자동차를 판매하고 있다. 이때 이들 기업은 현지에서 필요한 금융서비스를 받기 어려운 실정이고, 국내 관련 자금 결제를 많이 하기 때문에 현지 금융기관으로부터 받기 어려운 서비스를 필요로 한다. 때문에 단기적으로 이들에게 필요한 금융서비스를 제공하는 것은 좋은 비즈니스 모델이 된다.

한편 국내 ODA 사업의 상당 부분은 동남아에 집중되고 이들 사업은 현지의 국내 ODA 기관들을 중심으로 지출되고 있다. 비록 많은 지원금이 비국속성 자금으로 활용되고 있다 할지라도 이들 집행 기관의 업무를 국내 금융 기관들을 통하여 제공하도록 할 수 있을 것이다.

ODA 사업의 또 다른 중요성은 현지인들에게서 신뢰성을 얻고 현지인과 접촉할 기회를 얻는 길이다. 현재 많은 국내 금융기관은 국내 및 해외에서 매우 다양한 봉사활동을 추진하고 있다. 이러한 봉사활동을 현지 진출과 연결하여 실시하는 것도 매우 중요한 전략이다. 이때 주의할 사항은 단기적으로 특정 국가에 집중하는 것도 중요하지만 꾸준히 현지인들과 접촉하는 봉사 활동을 추진하여야 한다는 점이다.

셋째, 진출 방법을 고려할 때 글로벌 금융회사 및 현지 금융기관과의 제휴를 통해 정보 부족, 현지통화 자금조달 한계, 네트워크 부족 등의 단점을 보완할 필요가 있다. 아직까지 국내 금융기관의 해외 진출 역사가 오래되지 않았고 국가 수도 제한되었기 때문에 여러 어려움을 갖고 있다. 이때 항시 단독적인 진출을 추진하기보다는 보다 다양한 방법으로 진출하는 것을 고려하여야 한다.

3. 주요 사례

가. 하나은행 - 인도네시아

(1) 현황 및 연혁[8]

인도네시아KEB하나은행 PT Bank KEB Hana Indonesia [9]은 2014년 인도네시아 외환은행과 인도네시아 하나은행을 통합한 인도네시아 내 최대 한국계 은행이다. 인도네시아 외환은행은 1968년 한국계 은행 최초로 인도네시아에 진출하였으며, 인도네시아 하나은행은 2007년 현지은행 인수를 기점으로 현지 영업을 활용하여 빠른 성장을 이뤘다. 두 은행은 2014년 통합되었으며 한국계 은행으로는 인도네시아 내에서 최대 규모로, 2014년 기준 총자산이 약 20조 루피아, 전체 45개의 지점망에서 10만여 고객을 보유하고 있다. 현재 15명의 본국 직원과 700여명의 현지 직원이 근무하는 인도네시아 내 중상위권 규모의 은행으로 성장하였다.

표 6 연혁

구분(연도)	내용
1968	PT Bank KEB(외환은행) INDONESIA 설립
2007	현지은행(빈탕 마눙갈)을 인수해 인도네시아 현지 법인 PT BANK HANA 설립
2014	하나-외환은행 인도네시아 현지 통합법인인 'PT Bank KEB Hana' 출범

(2) 비즈니스(서비스) 내용 종류[11,12]

(가) 주요 서비스

인도네시아KEB하나은행은 2007년 하나은행 진출 당시 빈탕 마눙갈PT Bank Bintang Manunggal을 인수하여 인도네시아 현지 우량 기업을 유치하는 영업 전략을 선택하였다. 이후 인도네시아 고객 기반의 하나은행과 한국 고객 기반의 외환은행이 인도네시아KEB하나은행으로 통합되면서 리테일 중심 금융서비스를 제공하고 있다. 은행의 주요 업무인 요구불예금, 정기예금, 정기적금, 요구불예금에 대한 수표발행 서비스를 제공하고 있다. 또한, 대출 서비스인 운전자금대출, 시설자금 대출, 외상채권담보대출ARC Loan, Stand-by L/C 담보대출, 수출입관련 자금대출Nego, L/C개설, T/R Loan, 지급보증업무Bid/P/AP Bond 등 기업대출이 있다. 한국계 은행으로 한국 Speed Remittance Service, 송금, 환전, 환율 안내 등 전문적인 외환 서비스를 제공한다. 또한 예금 잔액, 송금내역, 수출입거래내역, 대출 잔액/이자 조회 등의 각종 조회 서비스는 물론 자금이체, 송금, 수출입 등 모든 은행 업무를 인터넷을 통해 제공하고 있다.

(나) 한국-인도네시아 연계 자산관리 서비스

현지법인 PT Hana Bank는 PB센터 설립을 통해 현지의 한국 교민과 인도네시아 고객의 금융 서비스를 돕고 있다. 해당 센터를 통해 현지 교민들은 한국에 있는 금융자산을 인도네시아 금융자산과 연계하여 관리할 수 있게 되었다. 이처럼 한국 교민회를 비롯하여 많은 하나은행 거래 고객들에게 종합자산 관리 서비스를 제공하고 있다.

(다) 한국기업 대상 서비스

자카르타에서 차로 두 시간 정도 떨어진 찌까랑Cikarang의 지점은 가장 많은 고객을 보유한 점포로 현대공단 옆에 위치하고 있다. 현대공단은 총 50여개의 기업이 공장을 운영하고 있으며, 이 중 한국기업은 22개이다. 이 외에도 KEB Hana Bank의 주 고객에는 삼성, LG전자 협력사, 한국타이어 등이 있다.

(3) 진출 특징[13,14]

(가) 현지화 전략

인도네시아KEB하나은행의 진출 전략은 현지 직원 채용을 통한 현지화 전략이다. 한국계 은행이 해외로 진출하는 경우 국내 직원을 파견하여, 현지 한국인과 한국기업을 대상으로 영업을 하는 방식이 일반적인 형태이다. 하지만 인도네시아 KEB하나은행은 기존의 방식을 벗어나 현지인 채용을 통한 현지화 전략을 수립하였다.

인도네시아 하나은행의 전체 475명 직원 중 한국인은 법인장과 부행장을 비롯한 임원 10여명이며 나머지 457명은 인도네시아 현지인으로 구성되어 있다. 하나은행의 다른 해외법인의 경우 지점장이 한국인인 경우가 대부분이나 인도네시아 법인은 현지인을 지점장으로 채용하고 있다. 영업에 있어서도 한국 기업만을 대상으로 하는 것이 아니라 인도네시아 현지인 및 현지 기업들을 집중적으로 유치하여 2013년 6월 기준 79.2%라는 높은 현지 고객 비율을 달성하였다.

(나) 빠른 업무처리

하나은행의 또 하나의 전략은 빠른 업무처리이다. 예를 들어 기업이 대출을 위해 심사를 받는 경우 현지 법인과 한국 법인이 기업 정보를 공유하고 심사하는 데 두 달 정도가 소요된다. 그러나 하나은행 인도네시아는 이 기간을 2주까지 단축하였다. 현지의 임원과 현지인 3명이 대출신청 기업을 심사 및 평가하여 부실을 낮추고 한국에 서류를 보내는 시간 등을 줄이는 방식을 사용하여 기업에 보다 짧은 기간 내에 서비스를 제공하고 있다.

또한 핀테크 분야에서는 지문인증만을 통해 로그인은 물론이고 계좌이체, 상품가입, 대출신청 등 대부분의 거래가 가능한 서비스를 제공함으로써 빠른 업무처리를 가능케 하고 있다.

나. 신한은행 - 베트남

(1) 현황 및 연혁

신한베트남은행은 1993년 베트남 정부가 금융시장을 개방하여 외국계 은행들의 진출이 가능해지자 호치민시에 사무소를 설치하여 국내에서 최초로 베트남에 진출할 수 있는 교두보를 마련하였다. 1995년에는 첫 지점을 베트남 수도인 호치민에 설립하며 한국계 은행 최초로 베트남에 진출했다. 2009년엔 한국계 은행 중 처음이자 유일하게 법인 전환에 성공했다. 이후 2011년 11월에 신한 비나은행옛 조흥 비나은행과 통합하면서 '신한

베트남은행'으로 공식 출범했다.

  신한베트남은행은 보유한 30여만 명의 고객 중 95%가 현지인이며, 외
국계 은행 중 대출 및 연간 손익 규모 또한 HSBC 다음으로 2위를 차지
하고 있다. 2014년 말 기준, 총자산은 약 19억 달러이고, 당기 순이익은
3700만 달러다. 2014년 당기순이익은 3000만 달러로 전년대비 약 23%
증가하였다. 2015년 5월 기준 전체 12개의 지점을 갖고 있으며, 2개를 추
가 설치하여 14개점으로 확대할 예정이다. 2명의 현지인 지점장이 있으
며, 전체 직원의 현지인 비율은 약 95%이다. 여신을 사용하고 있는 베트
남 기업체는 전체 기업 여신 거래처 중 50% 수준이다.

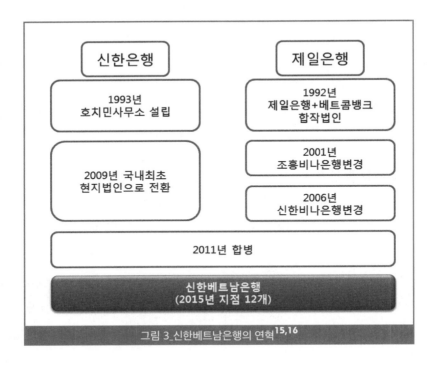

그림 3_신한베트남은행의 연혁[15,16]

(2) 비즈니스(서비스) 내용 종류[17,18,19]

(가) 기업금융

신한베트남은행은 한국의 정책금융 상품을 베트남 진출기업을 대상으로 판매하고 있다. 한국의 수출입은행이 해외투자를 진행하고 있는 중소·중견기업의 자금 공급 시 신한베트남은행이 이를 중개하고 있다. 수출입은행이 중소·중견기업의 해외 현지공장 설립, 기계설비 도입, 운영자금 등을 대상으로 자금을 공급하고, 신한베트남은행이 대상기업을 선정해 자금을 지원하는 방식이다.

2013년에는 법인카드 사업을 통해 3,000여 기업의 고객을 확보하였다. 신한은행의 법인카드 사업은 베트남 비자 카드사가 주최한 '비자 리더십 어워드 2013'의 법인카드부문에서 1위 사업자로 선정되기도 했다.

(나) 리테일 분야(신용카드, 은행 복합 상품, 개인대출, 핀테크)

1) 신용카드 사업 및 복합 상품

신한은행은 2011년 베트남에서 신용카드 사업을 시작하였다. 사업 초기에는 주재원 및 현지 한국인을 대상으로 영업을 진행하였으나, 2013년부터 현지 영업을 본격화하여 신용카드와 직불카드를 10만장 수준까지 발급하였다. 이러한 현지영업의 본격화를 바탕으로 2014년 월 신용카드 취급액이 1000만 달러를 돌파했다.

신한베트남은행은 한국계 은행으로는 최초로 현지에서 '신한 safe적금'이라는 은행과 보험이 복합된 상품을 출시하여 3개월 만에 5000여좌 이상 판매하는 높은 실적을 달성했다. 신한 safe 적금은 한국의 한화생명과 업무 제휴를 통해 출시된 상품으로 리테일 영업기반을 확대하고 있다는 측면에서 의미가 있다.

2) 개인대출

신한베트남은행의 소규모 개인대출은 모기지론과 자동차 대출 두 가지가 대표적이다. 특징적인 부분은 연체율이 1% 미만이라는 점이다. 이는 베트남 중앙은행에서 제공하고 있는 기업정보를 활용하지 않고, 신한베트남은행이 직접 구축한 신용등급모형을 활용하고 있기 때문이다. 개인이 근무하는 기업에 대한 정보는 단순히 기업의 자산건전성에 대한 정보만 포함하고 있기 때문에 이를 통한 대출심사는 어렵다고 판단하고, 자체 신용등급모형을 바탕으로 대출을 진행하고 있다.

3) 핀테크 사업

신한베트남은행은 리테일 경쟁력을 높이기 위해 인터넷뱅킹 업그레이드, 모바일뱅킹 도입, 기업자금관리 시스템 CMS 사업 확대 등 비대면 채널을 적극적으로 확대하고 있다. 2016년 모바일 전문은행인 '써니뱅크Sunny bank'를 선보이면서 핀테크 사업 모델을 구축했다. 현지인들은 써니뱅크 앱을 통해 지점을 방문하지 않고 신용카드 및 대출 상품 신청할 수 있는 O2O Online to Offline 서비스와 맞춤형 추천 상품 서비스를 이용할 수 있다. 더불어 베트남 신한카드와 연계하여 서비스를 이용할 수 있으며 현지인들이 높은 관심을 보이는 한류·패션·문화 콘텐츠도 제공하고 있다.

(3) 진출 특징[20]

신한베트남은행은 2013년 Visa Annual Leadership Awards 선정 법인카드 1위, 2012년 사회 책임경영CSR 최우수 근로기업, 2015년 베트남 사회 책임경영CSR 우수기업으로 선정되며, 각종 분야에서 우수 외국계 은행으로 인정받고 있다. 이러한 외국계 우수 기업으로 인정받을 수 있었던 요인은 글로벌+현지화 전략과 높은 사회공헌도를 들 수 있다.

(가) 글로벌+현지화 전략

신한은행은 '글로컬라이제이션글로벌+현지화' 전략을 통해 아시아 각 국가별로 차별화된 현지화를 추진하고 있다. 현지화는 글로벌 사업의 가장 중요한 전략 방향으로, 국가별로 특화된 상품 및 서비스 제공을 통해 현지 고객에 맞는 금융서비스를 제공하고자 인력, 조직, 인프라 구축에 주력하고 있다. 또한 현지 영업의 승패는 현지 직원을 대하는 태도에 달려있다고 믿고, 현지 직원들에게 다양한 프로그램을 제공하여 현지화 전략 안착을 노력하고 있다. 이들은 교육을 통해 직원에게 신한베트남은행의 미래비전과 향후 전망을 수시로 설명한다. 또한 워크숍, 체육대회 등을 통해 동료 간 원활한 커뮤니케이션을 유도하고 있다. 특징적으로 현지 직원을 서울 본사로 보내는 연수프로그램을 통해 신뢰감을 높이고 있다.

(나) 높은 사회 공헌도

신한베트남은행은 적극적으로 사회공헌 활동을 펼치면서 어려운 이웃과 함께하는 기업이라는 이미지를 세웠다. 초기에는 고아원 방문, 환경미화와 같은 단순 봉사활동을 했다면, 2006년 하노이 한인학교 신축기금 지원을 시작으로 지속적이고 체계적인 사회공헌 활동을 보여주고 있다. 이

러한 사회공헌 활동의 결과로 베트남 정부가 종합적인 평가(영업, 납세실적, 사
회공헌, 수상 경쟁력 등)를 거쳐 성과가 우수한 민간기업에 주는 상인 '2012 최
우수 근로기업'에 선정되기도 했다.

다. 미래에셋증권 - 베트남

(1) 현황 및 연혁[21]

미래에셋증권은 2007년 호치민 현지법인 설립을 시작으로 2009년에는
하노이에 지점을 열었다. 미래에셋증권의 베트남 진출은 베트남 증권시
장의 최초 외국계 증권사라는 점에서 의미가 있다. 미래에셋증권은 선진
금융역량을 바탕으로 현지화된 종합증권회사로의 위상 정립을 목표로 홍
콩법인, 북경사무소에 이은 미래에셋증권의 세 번째 해외 진출에 성공하
였다. 이는 개도국과 신흥시장 성장펀드를 연결하는 글로벌 네트워크 전
략의 교두보를 마련하는 계기가 되었다.

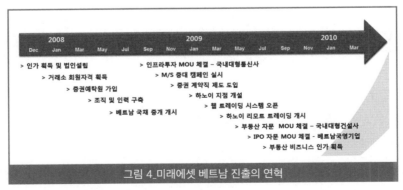

그림 4_미래에셋 베트남 진출의 연혁

┃자료: 미래에셋, '중국 베트남 지역 글로벌 경영사례 세미나' 발표자료, 2010.

(2) 비즈니스 내용 종류

(가) 중개업

증권사의 대표적인 업무영역인 중개업을 중심으로 사업을 진행하고 있다. 우선 베트남 현지 및 외국계 기관 투자자를 대상으로 주식을 중개하고 있으며, 해외 주식 거래 서비스를 중개하고 있다. 또한 소매대상 중개 및 투자자문을 제공하고 있으며, 우수한 IT 및 온라인 마케팅 역량을 바탕으로 웹 트레이딩 솔루션을 제공하고 있다.

(나) 조사 분석

투자자에게 양질의 정보를 제공하기 위해 현지 기업 및 투자대상에 대한 조사 분석을 주요 업무영역으로 설정하고 있다. 베트남 현지 우수 분석 전문가로 구성된 조사 분석팀을 조직하고, 영문리서치 자료를 발행하고 있다.

또한 베트남 산업 및 주요 기업에 대한 심층 분석 자료를 제공하고 있으며, 현지 기업분석 보고서를 발간하여 베트남 투자자들에게 정보를 제공하고 있다. 더 나아가 홍콩에 위치한 미래에셋증권 글로벌 리서치 센터와 협력하여 시너지 창출에 노력을 기울이고 있다.

(다) 투자은행(Investment Bank)

베트남 시장 진출을 고려하는 외국계 기업을 위한 맞춤 컨설팅을 제공하고 있다. 베트남에 특화된 투자 상품을 구성하여 외국계 기업에게 제공하고 있다. 또한 베트남 유망 비상장기업을 선별하여 투자 상품을 개발하고, 직접적인 투자까지 진행하고 있다.

더불어 베트남 현지 기업 IPO자문, 호치민, 하노이 등 주요 도시의 유망 부동산 조사 및 투자 자문 등 다양한 자문과 관련된 서비스를 제공하고 있다. 그 외에도 주식담보대출 서비스, 베트남 국채 중개와 같은 종합 금융서비스를 제공하고 있다.

(라) 대형 자산 인수[22, 23]

미래에셋증권은 2016년 베트남 랜드마크 72빌딩 인수에 선순위대출 3,000억 원, 전환사채 1000억 원을 투자, 총 4,000억 원을 투자하였다. 하노이 신도심에 위치한 랜드마크 72빌딩은 베트남 내 최고 높이와 최대 규모를 자랑하는 빌딩으로 국제적 기업과 한국 대기업 사무소 등이 입주해 있는 오피스, 인터컨티넨탈이 운영하게 될 호텔, 서비스 레지던스, 상가, 아파트 등으로 구성돼 있다. 미래에셋증권은 2015년 유상증자를 통해 자기자본을 확충했는데, 이를 활용해 유망성이 높은 글로벌 대체투자자산에 투자한 사례이다. 이후에도 이와 같은 글로벌 대체투자 기회를 적극적으로 찾아 자기자본 투자를 비롯하여 국내 자산관리 시장에 공급도 증가시키겠다는 계획이다.

(3) 진출 특징

(가) 현지화 노력[24]

미래에셋증권은 해외 진출에 가장 성공했다는 평을 얻고 있는데 여기에는 적극적인 투자와 장기적인 안목이 한몫한 것으로 보인다. 미래에셋증권은 2003년 국내 운용사 중에서는 가장 먼저 해외홍콩로 진출하여 운용회사를 설립하였다. 이후 18개의 법인을 중국, 인도, 영국, 미국 등 11개국에 걸쳐 설립했다. 2008년 베트남 진출 후 현지 직원 비중 90%를 유지하고 있다는 점이 현지화 노력의 핵심이다. 이러한 현지 직원 채용을 중장기적인 인재육성의 맥락에서 접근하고 있으며, 한국의 우수인력을 파견하여 현지 직원을 교육하고 있다는 점이 특징적이다.

(나) 홍보 전략

진출 특징 중 하나로 투자자를 구분한 홍보 전략을 들 수 있다. 기성세대를 대상으로 일간지와 경제잡지에 주요 투자정보를 제공하면서 기업홍보를 진행하고 있다. 청장년층을 대상으로는 온라인 매체를 중심으로 홍보 활동을 펼치고 있다.

(다) 사회적 기여 활동[25]

미래에셋증권은 진출 초기단계에서는 베트남의 자연재해에 따른 피해 복구를 위한 성금 모금에 집중한 사회 기여활동을 펼쳐왔다. 이후 저변 확대를 통해 민간 봉사단체 우물사랑교류협회와 함께 베트남 지역에서 봉사 활동에 참여 중이다. 또한 베트남 호치민시에 위치한 응옥 링 Ngoc Linh 병원 및 띠엔장Tien Giang성 미토My Tho 시에서 민간 봉사단체인 우물사랑교류협회와 공동으로 의료 및 사랑의 집짓기 봉사활동을 진행했다. 미래에셋증권은 14명의 의사와 한의사로 구성된 우물사랑교류협회의 봉사 활동을 후원했으며, 해당 활동을 통해 약 400명의 현지 환자가 안과 진료를 포함하여 의료진료 및 시술을 받았다.

라. 시사점

인도네시아KEB하나은행, 신한베트남은행, 베트남-미래에셋 진출은 성공적인 동남아시아 진출에 해당한다. 3개 사례를 통해 공통적으로 확인할 수 있는 진출의 특징은 현지화 전략과 사회공헌으로 정리할 수 있다.

여타 산업의 경우 현지의 라이프 스타일, 정치·경제적 측면 등을 고려하여 현지에 적절히 활용할 수 있는 전략을 수립하는 것이 일반적이다. 금융 산업의 경우 현지인을 전체 인력의 90% 이상으로 유지하고 있다는 점이 상당히 특징적이다. 현지 채용 인력에 대한 꾸준한 교육과 투자를 통해 신뢰성을 확보하는 전략이라 볼 수 있다. 특히 미래에셋증권은 우수한 현지 인력을 채용하고, 우수한 인력자원을 양성한다는 목표를 수립하여 다양한 교육 프로그램을 통해 높은 수준의 현지화 전략을 펼치고 있다는 점이 상당히 인상적이다.

현지 맞춤형 금융서비스 또한 특징적인 진출 전략으로 볼 수 있다. 하나은행의 경우 대출심사 기간을 단축하여 대출을 빠르게 진행한다는 점이다. 현지 심사 방식을 통해 한국과 주고받는 심사 절차를 축소하는 방식으로 심사 기간을 단축하였다는 점이 특징적이다. 신한은행의 경우 현지에서 활용 가능한 대출심사 모형을 개발하여 연체율을 상당히 낮은 수준으로 유지하고 있다는 점이 특징이다.

금융업의 성공적인 진출을 위해서는 차별화된 현지화 전략이 필요하다. 금융업이 신뢰에 기반을 둔 대출과 다양한 서비스 제공이라는 측면에서, 신뢰의 수준을 높일 수 있는 다양한 방안이 모색되어야 한다. 한국과 현지를 연결하는 금융서비스를 제공하는 것만을 목적으로 진출하는 경우 성공 여부는 장담할 수 없음을 사례를 통해 확인할 수 있다. 현지 인력의 채용, 사회 공헌활동, 현지 특징을 고려한 서비스 개발 등 다양한 전략을 통해 현지화 전략을 수립하는 것이 필요하다.

1 아세안은 2006년 아세안 경제장관회의에서 아세안 경제공동체를 구현하기 위한 일관적인 계획안의 필요성을 인정하고, 아세안 내의 작성 팀을 구축하고 작성하기 시작하여, 2007년 11월 싱가포르에서 개최된 제13차 아세안 정상회의에서 채택되었다. 이때 보다 구체적인 금융서비스 시장 개방 방식으로 'ASEAN minus X' 방식이 채택되었고, 자유화 속도는 각국의 정책 목표와 경제 및 금융산업 발전 정도와 조화를 이루면서 이루어져야 한다고 그 원칙을 주장하였다.

2 아세안 단일시장 확보는 상품 및 서비스의 단일시장과 역내 투자 자유화 및 자본자유화, 숙련노동 이동 자유화 등으로 구성된다. 금융시장 통합 실현을 위해 필수적인 자본자유화는 각국의 증권 관련 규제를 조화롭게 조정하고, 자본시장 개방을 추진하여 자본이 보다 자유롭게 이동할 수 있어야 하며 각국의 거시경제정책의 안정성을 유지하는 전제 하에서 이루어져야 한다는 원칙을 제시하였다.

3 예를 들어, 역내 A국의 금융기관이 B국에서 영업활동을 할 수 있도록 제도적으로 허용이 된다고 하여도, 실제로 B국의 경제주체들이 A국 금융기관 서비스를 이용하는 것에는 상당한 시간이 소요될 수 있다. 즉 A국 금융기관이 B국의 경제 및 금융현황을 조사하고, 지점을 개설하고 금융서비스를 제공하는 것에는 수년이 걸릴 수가 있기 때문이다. 따라서 제도적으로 통합이 이루어진 이후 실제 금융시장이 통합되기까지에는 수년이 소요될 수 있다.

4 이후 1984년 1월 브루나이가 가입하였고, 1995년 7월 베트남이 가입하였으며, 1997년 7월과 1999년 4월 라오스와 미얀마가 가입하였고, 1994년 4월 캄보디아가 가입하여 현재 총 10개 회원국으로 구성된다. 아세안 헌장에 기록된 아세안 설립 목적은 크게 (1) 동남아시아 지역의 경제 성장과 사회, 문화 발전 도모, (2) 지역안보 및 평화유지를 위한 협력 증진, (3) 동남아시아 지역 내 제반문제의 해결 등으로 구성된다.

5 아세안이 경제공동체로서의 첫발은 1976년 발리에서 인도네시아, 말레이시아, 필리핀, 싱가포르, 태국 등 당시 아세안 5개국이 경제발전을 위하여 무역 분야에서 협력하겠다는 제1차 발리선언에서 시작하였다. 그러나 실제로 이러한 제1차 발리선언이 구체적인 형태를 나타낸 것은 1992년 1월 브루나이, 인도네시아, 말레이시아, 필리핀, 싱가포르, 태국 등 아세안 6개국이 역내 국가들에게 상호관세를 줄이는 협의안을 1992년 1월 28일 싱가포르 경제장관회의에서 도출하면서 시작되었다.(Agreement on the Common Effective Preferential Tariff Scheme for the ASEAN Free Trade Area, 1992년 1월 28일)

6 아세안 비전 2020은 1997년 12월 14~16일 동안 말레이시아에서 개최된 제2차 특별 아세안 정상회의에서 채택되었다.

7 당시 통화스왑협정은 아세안 5개국간 이루어졌고, 양해각서는 통화스왑의 목적, 스왑형태, 자금 지원 기간과 규모 등이 제시되어 있다.(Memorandum Of Understanding On The ASEAN Swap Arrangements, Kuala Lumpur, 5 August 1977)

8 이밖에 추가적으로 아세안+3의 협의체하에서 급격한 외화유동성 부족 현상이 발생할 경우, 이에 대처하기 위한 통화스왑협정의 형태로 1999년 시작된 치앙마이이니셔티브가 있다. 이는 금융시장 통합보다는 아세안+3 국가들 사이에서 급격한 외화유동성 부족현상 발생시 각

국이 보유하는 외화유동성을 제공하여 환율안정을 취하고자 하는 협력 형태로 금융시장 통합과는 다소 거리가 있으나 금융감독기관의 협의체라는 점에서 의의가 있다고 할 수 있다. 치앙마이이니셔티브는 당초 역내 양자간 통화스왑을 체결하는 것으로 시작하였으나, 2010년부터 다자간통화스왑형태로 발전하였고, 위기 발생을 미연에 방지하고 상호간의 협력을 위하여 2011년에는 연구기관으로 ASEAN+3 Macroeconomic and Research Office (AMRO)이 개설되는 등 지속적으로 발전하고 있다.

9 인도네시아 KEB 하나은행 (PT Bank KEB Hana Indonesia) 은행안내 금융네트워크

10 PT는 Perseroan Terbatas의 약자이며, 유한주식회사를 말한다. 인도네시아에서는 외국인 직접명의 주식회사를 의미하는 것으로 현지법인이라는 의미로 통용된다.

11 하나은행, 인도네시아에 PB센터 개설, 데일리 인도네시아, 2013. 5. 3

12 KEB하나은행, 印尼 소매시장 공략···카드 · 자산관리부문 진출, 머니투데이, 2015. 12. 14

13 국내 은행 해외 현지화 전략, 포브스코리아, 2015. 5. 23

14 인도네시아에서 하나 된 하나외환은행, '로컬뱅크' 꿈꾼다, 아시아경제, 2014. 9. 12

15 (사진) 신한베트남은행 소개 연혁

16 신한베트남銀 영업력, HSBC보다 '한수 위', 아시아경제, 2014. 9. 24

17 [세계로 뛰는 금융]신한은행, 베트남 현지고객 비중 90% 돌파, 동아일보, 2016. 4. 1

18 신한베트남은행, 소매금융 중심 현지화 전략 '성공'···순익 144% '껑충', The CEO ScoreDaily, 2016. 1. 6

19 신한베트남은행, 핀테크와 콘텐츠가 결합된 모바일 전문 Sunny Bank 출시, 매일경제, 2015. 12. 29

20 [베트남 진출 한국 기업] 신한은행, 서울신문, 2013. 9. 6

21 박현주 미래에셋그룹 회장 "ELS 줄이고 베트남 투자 늘려라", 레이더A, 2016. 4. 6
http://www.raythea.com/newsView.php?cc=330002&page=0&no=5111

22 미래에셋증권, 베트남 랜드마크72빌딩에 4000억원 투자, 전자신문, 2016. 4. 12
http://www.etnews.com/20160412000338

23 골드만 겪고 베트남빌딩 투자 '딜던'···미래에셋 막전막후, 연합인포맥스, 2016. 4. 14
http://news.einfomax.co.kr/news/articleView.html?idxno=219206

24 국내 저성장-저금리에 수익 정체···해외법인-합작사 설립 돌파구 모색, 동아뉴스, 2015. 1. 19
http://news.donga.com/List/Se/3/all/20150118/69152158/1

25 미래에셋證, 베트남서 의료 봉사 활동, 아시아경제신문, 2010. 11. 15
http://www.asiae.co.kr/news/view.htm?idxno=2010111509523314245

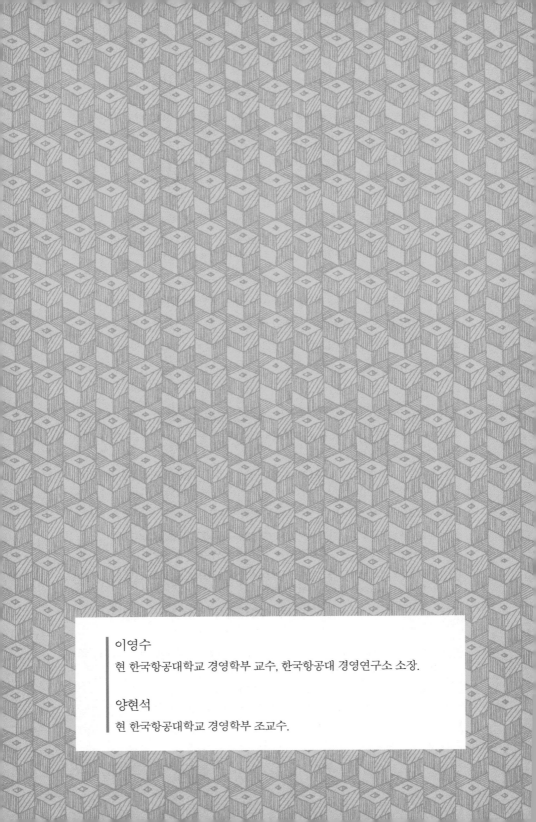

이영수
현 한국항공대학교 경영학부 교수, 한국항공대 경영연구소 소장.

양현석
현 한국항공대학교 경영학부 조교수.

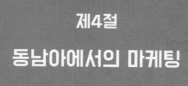

제4절
동남아에서의 마케팅

1. 해외 마케팅 전략 수립에 관한 일반이론[1]

해외 마케팅 전략 수립을 위해서는 기업이 통제하기 어려운 국내외 환경 속에서, 제품, 가격, 유통, 촉진 등 마케팅 요소를 활용하여 이윤을 추구하는 것이 필요하다. 해외 마케팅의 성공적인 수행을 위해서는 국내 환경뿐 아니라 기업이 활동하고 있거나 활동하고자 하는 국가의 환경을 분석하여 마케팅 전략을 수립해야 한다.

그림 1_국내외 마케팅 환경 및 마케팅 믹스

가. 해외 마케팅 환경

(1) 정치적, 법적 환경

해외 진출을 하는 기업은 그 활동 범위가 국경을 초월하여 이뤄지기 때문에 현지국의 영향을 받게 된다. 현지국의 정치적 환경은 예측이 어려우며, 심할 경우 기업의 활동에 부정적인 영향을 미치거나 기업의 존립에도 영향을 미칠 수 있다. 이러한 정치적 환경은 다음과 같이 구성되어 있다.

해외 진출을 하는 기업은 본국뿐 아니라, 현지국의 법률적 상황에 영향을 받기 때문에 현지국의 법적 환경을 이해하는 것이 매우 중요하다. 일반적으로 어떤 국가의 법체계는 성문법 civil law 과 불문법 common law 중 하나에 근거하여 구성된다. 성문법은 입법기관에 의해서 만들어지고 내용이 문서로 작성돼 일정한 형식과 절차를 거쳐 공포된 법(헌법, 법률, 명령, 조례, 규칙, 조약 등)을 말하며, 불문법은 법 제정기관의 절차를 거치지 않고 형성된 법(관습, 판례 등)을 말한다.

표1 정치적 환경

구분	내용
정치적 이념	공산주의, 사회주의, 자본주의, 보수와 진보
국유화	국영기업에 대한 특혜나 우대
민영화	국영기업의 매각을 통한 민영화
국내외 경제활동 보호	정치적, 군사적 개입, 테러방지
정부의 안정성	정부의 권력유지, 정책의 안정성
적대감	역사적, 종교적, 민족적, 인종적 적대감
국제기구	IMF, WTO, OPEC, OECD 등의 정책 및 규제
노동조합	이념적 성향의 노동조합

해외 진출 시 고려해야 하는 것에는 상법, 경제법, 기업법, 노동법, 세법 등이 있으며, 기업의 소유 지분 규제, 현지 종업원 고용, 투자원금 회수와 본국 송금, 특허, 브랜드 지적재산권, 가격 통제, 반덤핑규제, 제품의 품질, 규격, 안전 등과 관련하여 매우 중요하게 작용할 수 있다. 이외에도 이슬람 국가에서는 이슬람법을 준수해야만 기업이 법적인 불이익을 당하지 않는다. 이슬람법은 코란과 마호메트의 언행을 중심으로 한 관습법의 하나로, 이슬람 사회의 정치, 경제, 사회 등에 걸쳐 영향을 미치고 있다.

현지국의 법률에 대해서는 기업의 법무팀, 현지국의 변호사, 법무법인 및 경영컨설팅 회사 등에 의해 검토가 이뤄질 수 있다. 그리고 법률이나 규칙으로 제정되어 있지 않는 상관습에 대해서도 분석하는 것이 필요하다.

(2) 경제적 환경

경제적 환경은 기업이 진출했거나 진출을 계획하고 있는 국가의 잠재성과 성장 가능성을 예측하는 데 있어 매우 중요한 역할을 한다. 경제적 환경은 크게 거시 경제적 환경과 사회경제적 환경으로 나누어진다. 거시 경제적 환경은 국가의 시장규모, 거시경제지표 등으로, 사회경제적 환경은 총인구, 연령분포, 인구밀도 등으로 이루어져 있다.

표 2 경제적 환경

구분	내용
거시 경제적	시장규모-국민총생산(GNP), 1인당 국민소득(GNP/인구수), 소득 분포 거시경제지표-경제성장률, 인플레이션, 이자율, 환율, 국제수지(BOP), 외채
사회 경제적	총인구, 연령분포, 인구밀도와 분포

(3) 사회문화적 환경

해외 진출을 하는 기업은 문화적 전통과 배경이 다른 국가에서 활동하게 되기 때문에 현지국의 문화를 파악하고 분석해야 한다. 이는 기업이 현지국의 기업 및 국민과 우호적인 관계를 유지하고, 이를 통해 해당 국가의 문화에 대한 이해 또한 성과를 증대시키는데 중요하다.

표 3 사회문화적 환경

구분	내용
언어	음성언어, 비음성언어(제스처, 표정 등)
미학	디자인, 색채, 음악, 브랜드명
가치관 및 태도	일, 시간, 부, 변화와 혁신에 대한 태도, 특정 제품을 대하는 태도
종교	종교별 금기 제품, 광고 활동, 다종교 국가에 대한 시장 세분화 종교에 따른 직업윤리 및 직장생활 정부기관 및 공공기관과의 관계(정교일치, 정교불일치)
사회제도	사회계급, 사회조직(핵가족, 대가족 제도 등)

(4) 기술적 환경

국가의 기술적 환경은 제품 및 서비스에 대해 수요, 기술, 제품 수명주기 관점에서 평가될 수 있으며, 기술적 환경은 다음과 같이 3가지로 분류할 수 있다.

표 4 기술적 환경

구분	내용
안정된 기술 환경	긴 제품 수명 주기를 가진 사업으로 구성됨. 수요를 충족시킬 수 있는 제품이 안정적으로 판매되고 있는 상황.
비옥한 기술 환경	긴 제품 수명 주기를 가진 사업으로 구성됨. '안정된 기술 환경'에 비해 제품 수명 주기를 가진 제품을 더 많이 보유함.
혼란한 기술 환경	짧은 제품 수명 주기로 제품 진부화가 발생할 수 있음. 기초 기술이 아닌 핵심 기술이나 선도 기술이 중요시 됨.

나. 해외 시장 세분화

해외 진출을 하는 기업은 제품이나 서비스를 판매하려고 할 때, 잠재적 소비자를 파악해야 한다. 기업이 활동하거나 진입하기를 원하는 국가는 서로 다른 욕구를 가진 소비자들로 구성되어 있다. 따라서 다양한 욕구를 가진 소비자를 일정한 기준에 따라서 분류하고 시장을 세분화해야 한다. 시장을 세분화 하는데 고려해야 할 기준은 다음과 같다.

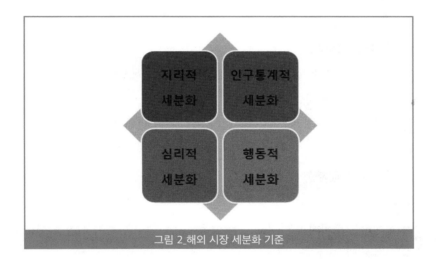

그림 2_해외 시장 세분화 기준

(1) 지리적 세분화

해외 시장을 지리적 기준에 따라 나누는 것은 지리적 인접성을 바탕으로 하기에 해외 마케팅 활동에 대한 관리가 쉽고, 교통이 편리하며, 커뮤니케이션이 원활하게 이뤄질 수 있다는 장점이 있다.

(2) 인구 통계적 세분화

연령, 성별, 직업, 학력, 소득, 종교, 인종, 가족구성 등 인구 통계적 변수를 기초로 시장을 나누는 것이다. 연령과 관련된 제품(유아용품, 노인용품 등)을 판매하는 것, 성별에 따른 의류 및 화장품을 판매하는 것, 가족의 구성에 따라 제품 포장의 크기(대량 포장, 소량 포장 등)를 결정하는 것, 소득 및 구매력에 따라 가격을 책정하는 것, 직업과 관련된 제품을 판매하는 것, 종교에 따라 제품(식품의 재료, 첨가물 등)을 차별화하는 것 등이 이에 해당된다.

(3) 심리적 세분화

사회계층, 생활방식, 개성 등과 같은 심리적 측면에 근거해 시장을 구분하는 것이다. 사회계층, 라이프스타일, 태도, 가치관, 취미, 태도, 사고방식 등에 따라 제품, 가격, 촉진 등을 차별화하는 것이 이에 해당된다.

(4) 행동적 세분화

구매 시기, 사용 시기, 사용 경험, 사용량, 추구하는 편익, 브랜드 충성도 등에 대하여 소비자가 가지고 있는 행동적 측면에 기반하여 시장을 구분하는 것이다. 구매 시기와 사용 시기는 제품 생산량과 촉진 시점에, 사용 경험은 촉진의 차별화에, 사용량은 제품생산량과 포장규격에, 추구하는 편익은 제품과 촉진의 차별화에, 브랜드 충성도는 브랜드 촉진 전략에 영향을 주는 것으로 나타난다.

다. 해외 표적시장 선정과 포지셔닝 전략

해외 진출을 하고자 하는 표적시장을 선정하는 기준은 크게 4가지로 나눌 수 있다.

표 5 세분 시장 마케팅 전략

구분	내용
비차별적 마케팅	각 세분 시장 간의 차이를 무시하고, 각 시장에서 동일한 마케팅 전략을 수행하는 것. 규모의 경제와 경험곡선의 효과를 누리고자 하는 경우에 수행함.
차별적 마케팅	여러 국가나 지역에 존재하는 복수의 세분 시장을 표적으로 선정한 후, 차별화된 마케팅 전략을 수행하는 것. 더 많은 매출액을 창출하고, 더 높은 시장 점유율을 확보할 수 있으나, 비용이 높음.
집중적 마케팅	단일 세분 시장에 초점을 맞추어 마케팅 전략을 수행하는 것. 인적, 물적 자원의 제약이 있는 경우 실행함. 단일 세분 시장에 집중하기 때문에 전략이 실패할 경우 위험부담이 가중될 수 있음.
고객맞춤 마케팅	단일 고객을 대상으로 마케팅 전략을 수행하는 것. 보험, 금융 등의 금융서비스나 플랜트 수출, 턴키프로젝트 등에 적용됨. 고객의 개별적인 욕구를 잘 충족시켜줄 수 있으나, 비용이 높음.

① 현지국의 정치적, 법적, 사회문화적 요인 등을 보았을 때 시장 진입이 가능한지 판단하는 것이다. ② 경제적 요인 분석을 통해 시장의 규모와 성장 잠재력을 판단하는 것이다. ③ 기존의 경쟁구도에 새로운 시장 진입자가 나타날 가능성을 예상하는 것으로, 잠재적 경쟁이 예상되면 기업은 시장을 포기하거나 경쟁우위(기술, 가격 등)를 확보한 후에 표적 시장으로 삼아야 한다. ④ 특정 세분 시장에서 기업의 목적이 달성될 수 있는지, 마케팅 활동의 실행이 가능한지 고려해야 한다.

이와 같은 기준이 충족되면 표적 시장으로 선정을 하고, 그 다음 단계로 포지셔닝 전략을 수행해야 한다. 포지셔닝 전략은 기업이 활동하고 있는 전 세계에 동일한 포지셔닝을 수행하는 방법표준화과 국가나 지역별 시장에 서로 다른 포지셔닝을 수행하는 방법현지화으로 나눌 수 있다.

라. 해외 시장 진입

기업이 해외 진출할 국가를 선정한 후에는 진입 시점과 방법을 결정해야 한다. 진입 시점은 최초 진입자와 후발 진입자 전략, 폭포형 진입 전략과 스프링클러형 진입 전략으로 구분할 수 있다.

① 최초 진입자 전략은 시장 선점, 기술 주도권 확보, 희소 자원 선점, 후발 진입자에 대한 진입장벽 구축, 고객 충성도 제고 등의 이점이 있으며, ② 후발 진입자 전략은 최초 진입자의 투자경험 활용, 기술 및 시장의 불확실성 해결, 안정적 원재료 및 부품의 조달 가능, 관련된 지원 사업과의 협력 가능 등의 이점이 있다.

① 폭포형 진입 전략은 순차적으로 해외 시장에 진입하는 것으로, 우선순위가 높은 시장에 진입해 시장경험을 축적한 후, 다른 국가에 점차적으로 진입하는 것이다. 이 전략은 각 국가의 특수성을 고려한 집중이 가능하고, 축적된 투자경험을 활용할 수 있어 투자 위험이 줄어들기 때문에 국제화 경험과 자원이 부족한 기업에 유리하다. ② 스프링클러형 진입 전략은 다수의 해외 시장에 동시에 진입하는 것으로, 여러 국가나 지역에 시장을 선점하여 경쟁우위를 확보할 수 있으며, 국제화 경험과 자원이 풍부한 기업에 유리하다.

진입 방법은 일반적으로 수출, 라이선싱, 프랜차이징, 해외직접투자, 전략적 제휴 등으로 구분할 수 있으며, 자세한 내용은 다음과 같다.

표 6 해외 시장 진입 방법

구분	내용
수출	• 기업이 생산한 제품이나 서비스를 외국에 판매하는 것 • 간접수출: 기업이 생산한 제품을 국내의 수출 중간상을 통해 해외로 판매하는 것 • 직접수출: 수출 업무를 중간상이나 다른 기업에 위임하지 않고 내부의 수출 조직을 통해 수행하는 것
라이선싱과 프랜차이징	• 라이선싱: 라이선서가 보유한 특허, 노하우, 브랜드, 저작권, 디자인 등을 라이선시에게 제공하고, 그 대가로 로열티를 받는 계약 • 프랜차이징: 프랜차이저가 프랜차이지에게 브랜드, 설비, 제품, 서비스, 경영기법 등을 제공하고 로열티를 받는 계약
해외직접투자 (FDI)	• 기업이 기술, 노동력, 토지, 공장 등 자산의 취득을 통해 해외에 기업을 설립하는 전략 • 단독투자: 기업이 완전소유 자회사를 해외에 설립하는 것 • 합작투자: 둘 이상의 개인, 기업, 국가 기관이 기업을 설립하여 공동으로 경영하는 것 • 인수 및 합병: 인수는 주식의 일부나 전부를 매수하여 경영권을 획득함. 합병은 둘 이상의 기업이 법적인 절차를 통해 단일 기업이 됨.
전략적 제휴	• 둘 이상의 법적으로 독립된 기업이 협력하는 것

마. 해외 마케팅 믹스 전략

기업은 해외 마케팅 목표의 달성을 위해 제품, 가격, 유통, 촉진 전략을 실행해야 하는데, 이러한 전략은 환경 분석과 기업 상황을 고려하여 표준화되거나 차별화된다. 전략이 실행되면 구체적인 해외 마케팅 성과가 나타나게 되며, 그 결과에 따라 마케팅 목표와 전략은 조정된다.

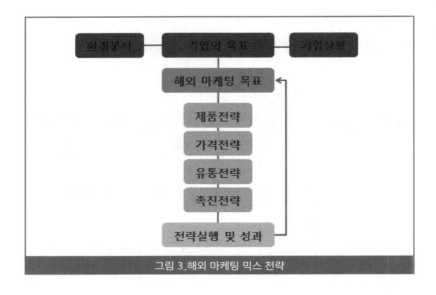

그림 3_해외 마케팅 믹스 전략

(1) 제품 전략

해외시장에서 고객의 니즈를 만족시키기 위해 제품과 서비스를 판매하는 전략을 의미하며, 제품은 세 가지 차원으로 분류된다. ① 핵심 제품: 제품의 핵심 편익이나 서비스(기본 기능, 이미지) ② 유형 제품: 핵심 제품을 형상화한 제품(브랜드, 디자인, 포장) ③ 확장 제품: 추가로 제공되는 서비스나 혜택 제품 보증, AS)이다.

기업은 제품의 속성 및 정책에 관련하여 의사결정을 할 수 있다. 제품 속성에 대해서는 표적 시장에서 유형 제품 및 확장 제품에 대한 결정을 할 수 있다. 제품 정책에 대해서는 해외 시장에 신제품을 개발하여 도입할지, 해외 시장의 고객의 욕구와 기업의 전략적 선택 등에 따라 제품의 일부분을 변경할지, 해외 시장에서 매출 및 시장점유율의 감소, 제품 혁신 및 제품 변경 등의 이유로 특정 제품을 퇴출할지 등을 결정하게 된다.

(2) 가격 전략

해외 시장에서의 가격 전략은 기업이 판매하려는 제품이나 서비스의 가치를 현지의 통화로 결정하는 것을 말한다. 해외 시장에서는 서로 다른 시장을 대상으로 이뤄지기 때문에 다양한 요인이 검토되어야 한다. ① 기업 요인: 기업의 목표 및 가격 전략, 원가, 추가 비용(유통비용, 운송비, 관세, 세금 등) ② 시장 요인: 수요(소득 수준, 구매력 등), 경쟁(독점, 과점, 완전경쟁 등), 회색시장(병행수입 등 비공식적 유통채널) ③ 환경 요인: 환율 및 인플레이션율, 정부규제(가격통제, 덤핑규제 등) 등의 영향을 받을 수 있다.

기업은 위와 같은 요인을 고려하여, 특정 제품의 판매 가격을 결정하고, 제품의 수요, 고객, 국가, 지역 등에 따라 가격을 조정하거나, 환율, 인플레이션, 원가, 경쟁자의 가격, 수요 등에 따라 기존의 가격을 변경할 수 있다.

(3) 유통 전략

해외 시장에서의 유통 경로는 제품이나 서비스가 생산자로부터 국경을 초월하여 해외 고객에게 전달되는 과정에 참여하는 개인, 조직, 기업 등을 포함한다.

해외 시장의 유통경로는 여러 요인을 고려하여, 유통경로의 길이(제조업체, 도매업체, 소매업체, 소비자 등), 폭(제조업체와 거래하는 도매업체 수 등), 통제수준(제조업체가 유통경로 구성원에게 미치는 영향력의 정도)을 결정한다.

표 7 해외 시장 유통 경로의 영향 요인

구분	요인	주요 관련 변수
기업내부요인	기업특성	기업전략, 인적 및 물적 자원, 해외활동의 중요성
	제품특성	제품 복잡성의 정도, 사용빈도, 보관 가능성, 수송 가능성
기업외부요인	시장과 고객	시장규모, 시장 성장률, 고객 수, 지리적 분포, 구매 습관
	경쟁	경쟁업체 유통경로, 경쟁의 심화정도, 경쟁제품의 특성
	정부규제	시장 진입 규제, 유통에 대한 법적 규제
	경로환경	중간상의 이용 가능성, 중간상의 입지, 유통 비용

(4) 촉진 전략

해외 시장에서의 촉진 전략은 해외 고객들이 기업의 제품이나 서비스를 구매하도록 하기 위해 이에 대한 정보를 제공하고, 소비자를 설득하여 그들의 생각, 태도, 행동 등에 영향을 주는 활동이다.

구체적인 수단으로는 해외 고객을 대상으로 하는 광고, 인적판매, 판매촉진(할인쿠폰, 경품권, 리베이트, 사은품, 세일, 보너스 팩 등), 홍보(회사 간행물 발행, 회사 홈페이지, 언론매체, 사회적 기여, 학술대회 참가 등), 직접 마케팅(다이렉트 메일, 텔레마케팅 등), 스폰서십 등이 있다.

이러한 촉진 전략에 있어서 고려해야 할 사항으로는 ① 음성언어나 비음성언어, ② 광고, 매체사용, 메시지 내용 등에 대한 정부의 규제, ③ 국가별 경제발전 수준에 따른 TV, 라디오, 신문, 인터넷 등 기술 수준, ④ 국민총생산, 1인당 국민소득, 경제성장률, ⑤ 상관습, 유통 구조, 시장 특징, ⑥ 고객의 취향과 행동 방식, ⑦ 현지 광고 대행사의 존재 및 이용 가능성이 있다.

2. 동남아 마케팅 성공 및 실패 사례

가. 성공 사례

(1) (태국) 전략적인 시장 진입 및 다양한 마케팅 활동[2, 3]

태국 헬스케어 진입을 위해서는 1년 이상 제품 허가를 위해 투자해야 하고, 제품 허가를 받은 후에도 유통망 확보가 중요하다. 대웅제약은 2008년 태국에 법인을 설립하였으며, 태국에서 의약품 허가를 진행함과 동시에 의약품 허가가 나오기 전까지 수익 창출을 위해 허가 기간이 짧은 화장품, 의료기기 등의 허가를 진행했다. 2008년 하반기부터 화장품, 의료기기를 중심으로 판매를 진행했고, 2009년 하반기에 의약품의 허가가 나오면서 의약품 판매를 시작했다. 2011년부터는 직접 판매 조직을 구성하여 오리지널 의약품을 직접 판매하고 있다. 우수한 인재의 채용 및 활용은 대웅제약의 많은 제품들이 허가 받을 수 있었던 이유이다. 2011년부터 제약시장에 본격적인 진출을 하기 위해 30명의 우수한 약학대학생과 대학원생 등에게 장학금을 제공했고, 이와 같은 장학금 지원사업은 주 고객인 약사에게 대웅제약의 브랜드 이미지를 높일 수 있었다. 그리고 2010년 태국 최고 국립병원인 실리락 병원과 한국의 아산병원과의 MOU를 체결

할 수 있도록 했으며, 2011년 부터는 태국의 최고 의사들이 서울대병원, 아산병원, 경희대병원 등에서 트레이닝 프로그램을 참여할 수 있도록 해 대웅제약의 브랜드 이미지를 높일 수 있었다.

(2) (인도네시아) 한국적 마케팅 방법의 접목 및 현지화[4, 5]

롯데마트는 국내 대형마트 시장이 곧 포화상태에 이르게 된다고 판단하고, 발전 가능성이 큰 동남아 시장에 진출하기로 결정했다. 동남아 유통시장 진출을 통해 글로벌 기업으로 성장하기 위해 2008년 19개 매장을 보유한 인도네시아 대형 마트 Makro 인수를 통해 인도네시아 시장에 진출했다. 2010년 소매 1호점인 간다리아시티점을 오픈했으며, 2011년 하이브리드형(도소매) 매장인 끌라빠가딩점을 오픈하는 등 인도네시아 전역에 41개 매장을 운영 중이다15년 기준. 롯데마트는 이전의 Makro 매장의 이미지 변화를 위해 밝은 조명을 사용하고 고급 인테리어를 적용하는 등 쾌적한 쇼핑 환경을 형성하여 기존 업체와의 차별화에 성공했다. 또한 멤버십 제도, 매장 내 놀이방 시설, 다양한 상품 지급, 경품 및 할인행사 등 한국에서 쉽게 볼 수 있는 마케팅 방법을 현지 유통업계에 도입하여 인도네시아 내 새로운 쇼핑 문화를 선도하게 됐다. 또한 모든 임원 및 경영진에 현지인을 임명하며 인력을 현지화하고 있으며, 현지인의 기도 시간을

존중하고, 인도네시아 문화에 대한 이해와 존중을 실천했다.사회공헌의 일환으로 초등학교 시설 지원, 엠뷸런스 기증 등을 진행하고 있으며, 저소득층의 자립을 지원하기 위한 창업컨설팅 및 장학사업 활동을 통해 기업의 이미지를 제고하고 있다.

(3) (싱가포르) 메뉴의 현지화 및 웰빙 이미지 강조[6, 7]

제네시스 BBQ는 닭요리에만 집중하여 13여 년간 기술개발에 노력해왔으며, 해당 사업을 해외로 확장하여 인프라를 구축한 한국 식품기업으로서 미국, 호주, 일본 등 전세계 30여 국가에 걸쳐 진출해 있다. 동남아 시장 개척을 위해서 2007년 8월 싱가포르에 직영 1호 매장을 오픈했다. 1호점 개장 후, 현지인들의 닭고기에 대한 선호와 올리브유로 튀긴 웰빙식품의 이미지가 잘 결합되어, 싱가포르의 중심지인 오차드 로드에서 시작된 인기를 바탕으로 지속적으로 매장이 증가하고 있다. BBQ는 현지인의 입맛과 식습관을 조사하여 40여 가지 메뉴를 개발하고, 웰빙 식품의 이미지를

강조했으며, 중화권 사람들이 위신을 중시한다는 특성을 고려하여 매장 영업만 하는 등 현지 맞춤 전략을 바탕으로 시장에 접근했다. 또한 매장 내에 한국 가요와 뮤직비디오 재생 등 현지의 K-POP 및 한류의 인기를 이용한 마케팅을 적극적으로 활용함으로써, 지속적인 사업의 확대가 가능했다.

나. 실패 사례

(1) (싱가포르) 한류 맹신, 무리한 확장으로 철수[8]

동대문 패션숍 S사는 싱가포르 패션 시장의 성장과 한류 열풍을 염두에 두고 싱가포르에 진출하였고, 공격적으로 사업을 확장하며 매장 수를 확대했다. 탄탄한 시스템 및 브랜딩이 부재한 상황에서 무리하게 확장을 이어나갔고, 이는 매출실적 기대치 달성 실패로 이어졌다. 종내에는 투자비 회수가 불가능한 상황이 되었고 결국 철수했다. 싱가포르에서 한류 열풍이 있기는 하지만 기업의 차별화된 셀링 포인트 없이 한류 자체에만 의존하여 진출한다면 성공 가능성이 희박하다. 현지에 대한 철저한 사전 조사와 진출 전략이 기반이 되었을 때 한류를 활용하여 시너지 효과를 창출할 수 있다.

(2) (말레이시아) 수출 제반 사항에 대한 지식 부족[9]

하수처리 플랜트 부품 생산업체인 A사는 해외 수출을 모색하던 중 말레이시아 시장을 타겟 시장으로 선정하고 적극적인 진출을 추진했다. 말레이시아의 대형 하수처리 기업 B사에서 A사 부품을 보고 품질에 만족하여 구매에 관심을 표시했다. 이에 A사는 제품 견적, 납기일 등을 정리하여 대형 하수처리 기업 B사에 전달했다. 제품에 대한 검토를 마친 B사는

A사 제품이 어떤 경로로 말레이시아 SPAN National Water Services Commission, 국가 수자원 서비스 위원회에 등록했는지 물어봤다. 하지만 A사는 말레이시아 물 산업 관련 등록에 대한 사항은 전혀 모르고 있었기 때문에 적절한 답을 할 수 없었다. SPAN에 등록할 수 있는 자격은 말레이시아 회사만 가지고 있기에, 외국기업이 직접 물 산업 제품을 납품하는 것을 불가능하다. 이에 적정한 현지 파트너 없이 사업을 추진하던 A사는 납품이 취소될 수밖에 없었다.

(3) (미얀마) 정부 입찰에 대한 정보 부족[10]

건축기자재 업체인 B사는 미얀마 정부에 제품을 납품하고자 하였다. 정부 입찰에 대해 정보가 부족했던 B사는 현지 군부 인사와의 인맥을 통해 입찰권을 따게 해주겠다는 현지 브로커의 말에 따라 상당액의 커미션을 지급했으나, 브로커는 자금 수령 후 연락이 두절됐고, 정부입찰도 다른 업체에게로 넘어갔다. 미얀마에서는 여전히 군부나 정부 주요인사와의 인맥을 이용하여 커미션을 요구하는 기업이나 브로커들이 많다. 하그러나 사실이 아닌 경우가 대부분이며, 커미션을 받은 후에 잠적하는 경우가 발생하기도 한다. 핵심 인사와의 인맥이 미얀마에서의 사업에 있어 도움이 될 수는 있으나, 허수가 많음에 유의해야 한다.

다. 성공 및 실패 사례를 통한 시사점

동남아에서는 중산층의 소득이 증대되고 있으며, 서구식 생활 양식을 접하며 성장한 젊은 층의 비율이 증가하고 있는 가운데, 한류의 영향으로 국내 기업의 진출이 지속적으로 증가하고 있다. 성공적인 동남아 시장으로의 진출을 위해서는 현지에 맞는 마케팅 전략과 탄탄한 사전준비를 바탕으로 해외 진출을 진행하는 것이 필요하다. 앞에서 언급한 기업들의 마케팅 성공 및 실패 사례를 통해 동남아 시장에 진출하는데 있어서 다음의 사항들을 고려할 필요가 있다.

(1) 해당 시장의 환경(정치적, 법적, 경제적, 사회문화적, 기술적) 및 경쟁사에 대한 풍부한 지식과 정보

동남아 시장에 진출했으나 실패한 경우를 살펴보면, 시장 및 경쟁사에 대한 정보의 부족이 큰 원인 중 하나이다. 동남아 시장은 높은 성장 잠재력에도 불구하고, 정치적, 사회적 특수성에서 비롯되는 리스크와 시장 장벽이 존재한다. 또한 각 국가의 주요 도시 지역과 외곽 지역의 경제와 기술 발달 수준에도 큰 차이가 있는 편이다. 따라서 이와 같은 상황들을 충분히 조사한 후에, 전략적으로 해당 시장에 진입할 때 성공적인 해외 진출이 가능할 것이다.

(2) 전략적인 시장 진입 및 다양한 마케팅 활동

대웅제약의 경우, 현지 시장의 제반 사항에 대한 이해와 투자를 바탕으로, 의료기기 > 화장품 > 의약품 순으로 전략적으로 제품 판매를 진행하며 수익을 창출하였고, 주 고객층인 약사와 의사들을 대상으로 한 다양한 마케팅 활동을 통해 브랜드 이미지를 제고할 수 있었다.

(3) 한국적 마케팅 방법의 접목 및 제품, 기술, 제도의 적절한 현지화

동남아 시장은 인근 지역이나 한 국가 내에서도 다인종, 다종교, 다문화

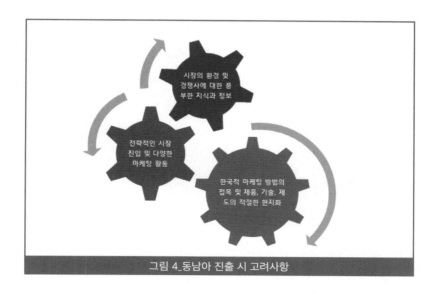

시장의 환경 및
경쟁사에 대한 풍
부한 지식과 정보

전략적인 시장
진입 및 다양한
마케팅 활동

한국적 마케팅 방법의
접목 및 제품, 기술, 제
도의 적절한 현지화

그림 4_동남아 진출 시 고려사항

로 이뤄진 사람들이 모여 있기 때문에, 이에 대한 이해를 바탕으로 우수한
한국적 마케팅 방법은 접목하되, 현지 시장과 소비자에 맞게 현지화 하는
전략이 필요하다.

3. 동남아 마케팅과 비즈니스 한류[11]

가. 비즈니스 한류

한류는 한국의 대중문화 열풍에서 시작하여 한국 자체를 동경하고 선
호하는 현상으로 발전해왔다. 한류는 드라마 촬영지 관광, DVD, 캐릭터
제품 등 콘텐츠 중심의 제품 구매에서 전자제품, 화장품, 패션의류와 같은
한국 제품 구매 단계로 확산되었다. 한류 스타를 광고에 기용하는 등 적극

적인 한류 마케팅을 펼친 결과 한국산 전자제품과 화장품 등은 해외 시장에서 높은 인기를 끌고 있다. 한국의 대중문화를 통해 얻은 선호도가 한국 제품으로 이어져 한국의 제품 품질에 대한 신뢰도를 제고하는 효과를 가져 오고 있다. 이처럼 한국 제품이 현지 소비자를 대상으로 높은 판매를 기록하는 등 한국 제품의 인기가 높아지는 현상을 보이고 있다. 한국 대중문화에 대한 열풍을 '한류'라고 한다면, 이것이 한국 제품의 구매로 이어져 한국 제품 구매가 유행하게 된 현상을 '비즈니스 한류'라고 한다.

나. 동남아에서의 비즈니스 한류

동남아 국가에서는 한국 대중문화에 대한 열풍이 지속되고, 이를 통해 한국과 한국 문화에 대한 동경이 증가하면서, 전자제품, 화장품, 식품 등 한국 제품에 대한 인기도 높아졌다. 한국 제품의 합리적인 가격, 우수한 품질과 디자인을 바탕으로 비즈니스 한류 현상이 나타나고 있다.

한류의 인기는 한국식 쇼핑문화로도 이어져 유통업 분야에 있어서도 한국 기업이 동남아 시장에 진출하는 계기가 되었다. 한국의 대형마트는 깔끔한 진열과 빠른 배송을 통해 동남아 시장을 공략하고 있으며, 홈쇼핑 업체는 현지에 법인을 세우고 방송을 개시했다. 또한 한식이 인기를 끌면서 식품 분야에서는 프랜차이즈 사업이 활발하며, 최근에는 한식 프랜차이즈를 운영하는 외국 기업이 있을 정도로 현지의 관심이 높다. 화장품 분야에서도 한국의 화장품 기업이 많이 진출했으며, 드라마와 K-POP 등으로 인지도가 높은 한류 스타를 활용해 매출을 올리고 있다. 주요 유망 분야에서 비즈니스 한류는 다음과 같이 나타나고 있다.

(1) 유통업 분야

유통업 분야에서는 대형마트와 홈쇼핑 사업이 동남아 시장에서 급성장하고 있다. 한류의 인기는 한국 쇼핑문화로도 이어져 한국형 종합쇼핑몰이 동남아 시장에 자리 잡게 되었다. 깔끔한 진열, 빠른 배송 등 국내에서 검증된 방식을 통해 현지화에 성공했다.

한국 대형마트는 동남아 시장에 공격적인 마케팅을 하고 있다. 롯데마트는 2008년 11월 인도네시아 대형마트 Makro 19개점를 운영하는 PT Makro Indonesia社의 지분을 100% 인수하여, 국내에서는 최초로 인도네시아 유통시장에 진출했으며, 지속적인 성장세를 기록하고 있다.

최근 롯데그룹은 인도네시아 살림 Salim 그룹과 함께 2017년 온라인 유통 시작을 계획하고 있다. 인도네시아 내 온라인 유통은 약 3조 2000억원 14년 기준 규모로, 2020년 25조원 규모가 될 것으로 예상된다. 아직 스마트폰 보급률이 21.3% 14년 기준 수준이고, 2015년에 LTE 서비스가 도입돼 2016년에는 보급률이 40%대를 넘을 것으로 전망되며, 이에 따라 온라인 유통도 증가할 것으로 보인다.[12]

롯데마트는 2008년 국내 유통업계로는 처음으로 베트남에 진출하여 '남사이공점'을 열었다. 2010년 8,020억 동약 410억 원이던 매출은 2015년 4조 9,450억 동을 기록하며 6배로 크게 증가했다. 이러한 성장세를 바탕으로 롯데마트는 2020년까지 주요 도시인 하노이, 호치민, 다낭 등에 14개 점포를 추가로 신설하여 총 25개 점포를 운영할 계획이다. 더불어 롯데마트는 현지 마트체인 인수에도 관심을 보이고 있는데, 최근 빅 씨Big C라는 베트남의 2위 마트체인 인수입찰에 참여한 상태다.

반면 신세계 이마트는 롯데마트보다 뒤늦은 2015년 12월에 베트남 고밥점을 신설하면서 베트남 유통시장에 진출했다. 이마트 고밥점은 2011이후 4년 만에 해외에 낸 신규점포로 현재 현지화 전략 등을 활용하여 매출 목표치 달성에 노력하고 있다.[13]

한편 한국산 소비재 인기에 힘입어 홈쇼핑 업체도 동남아에 진출하고 있다. GS샵은 2011년 태국, 2012년 베트남, 인도네시아, 2014년 말레이시아에 진출했다. 2009년 700억 원에 불과했던 해외 홈쇼핑 취급액은 2014년 9,200억 원까지 늘어났다. 특히 엔터테인먼트 요소를 가미한 한국 홈쇼핑 운영 방식을 그대로 해외에 적용, 상품만을 판매하던 현지 홈쇼핑과 차별화된 방송으로 현지인들의 호평을 얻고 있다.

또한 대중소 협력재단, 코트라와 함께 '동남아 홈쇼핑 시장개척단' 행사를 열기도 했다. 경쟁력 있는 제품들을 확보하고, 중소기업이 재고 부담과 수출, 현지 유통과정의 위험요소를 줄이면서 해외에 진출할 수 있도록

하였다. 이를 통해 중소기업들은 말레이시아, 태국, 베트남 등 GS샵 동남아 지역 홈쇼핑 합작사 MD나 현지 바이어들과 직접 만나 상담을 하고 계약이 이뤄질 수 있는 기회를 얻었다.[14, 15]

CJ오쇼핑은 2004년 중국을 시작으로 베트남, 태국, 말레이시아 등 해외 9개국 11개 지역에서 홈쇼핑을 운영하고 있다. 해외 실적이 2011년 1조원에서 2015년에는 2조원을 돌파했다. 현대홈쇼핑은 중국, 태국, 베트남 총 3개국에 진출해 있으며, 추가적인 동남아 지역 진출국으로 말레이시아와 인도네시아 등을 고려하고 있다.[16]

온라인 유통기업 SK플래닛은 2015년 4월 한류스타 이민호와 현지 스타 에밀리 챈을 앞세워 말레이시아에서 론칭했다. 말레이시아 '11street'는 24시간 고객센터 운영을 통해 핵심 경쟁력을 확보하고, 판매자 교육, 오픈마켓 운영 컨설팅, 상품 촬영지원 등 다양한 무료 프로그램을 제공하여 판매자들을 지원하고 있다. 이러한 노력의 결과 성공적으로 해당 시장에 정착했다. 현지 경쟁사와의 차별성 확보를 위해 플랫폼에 고객의 이용 편이성을 높인 깔끔하고 쉬운 웹디자인 적용하고 꾸준한 할인혜택 등을 제공하고 있으며, 이를 바탕으로 성장을 꾀하고 있다.[17, 18]

(2) 식품 분야[19]

식품 분야에서는 한식 인기를 바탕으로 프랜차이즈 사업이 활성화되고 있다. 베트남 내에서 외국계 식당 중 한식당의 비중은 중식당 다음으로 높으며, 고객의 다수가 현지인이다. 2000년대 중반부터 CJ, 롯데리아 등의 기업이 동남아 식품 시장에 진출했다.

또한 한식 프랜차이즈 운영하는 현지 기업과 외국 기업이 증가하고 있다. Korean Shab Noodle은 베트남 기업 Model Line이 운영하며 호치민에 9개 체인점을 확보하고 있으며, 싱가포르 기업 ZingriU의 브랜드인 Seoul Garden은 2009년 1호점 신설을 시작으로 하노이와 호치민에 걸쳐 4개 점포를 운영 중이다.

동남아 시장에 진출하는 많은 식품기업이 맛은 그대로, 서비스는 현지화를 이루고 있다. 뚜레쥬르는 오토바이 인구가 많은 베트남 시장 특성을 고려해 발레파킹이 가능한 주차장을 마련한 후 매출이 크게 증가했다.

한국산 가공식품의 인기도 지속되고 있다. CJ와 농심의 밥, 만두, 라면, 과자 등이 인기가 있으며, 특히나 농심 라면은 동남아 전지역에 걸쳐 대중화에 성공했다.

필리핀에서는 한국산 에너지드링크가 강세이다. 2007년에 필리핀에 출시된 광동제약의 '비타500'은 2010년까지 약 1120만개 병 제품 810만개, 캔 제품 310만개 의 제품이 판매되었다. 동아제약은 현지화 전략과 함께 '박카스'를 출시하여 연간 500만 캔 이상을 판매하며 필리핀 에너지드링크 시장에서 입지를 강화하고 있다.

(3) 화장품 분야

화장품 분야에서는 한국산 중저가 화장품 브랜드미샤, 더페이스샵, 스킨푸드, 에뛰드가 동남아 전반에서 인기를 끌고 있다. 진출 기업들은 한류스타를 마케팅에 적극 활용하고 있다. 또한 고급 화장품 시장에서의 매출도 지속적으로 증가하고 있다. 특히 베트남과 말레이시아에서 한국산 화장품이 선전하고 있다.

베트남의 화장품 시장은 연간 평균 12.7%의 성장을 보이고 있으며, 스킨케어와 메이크업에서 강세를 보이고 있다. 현재 베트남 화장품 시장에는 미국, 일본, 유럽 브랜드들이 진출해 각축전을 벌이고 있다. 유로모니터 발표자료에 따르면 2015년 스킨케어 화장품 브랜드 순위에서 라네즈, 더페이스샵, 오휘가 각각 5위, 6위, 8위를 차지했으며, 더페이스샵이 2005년에 진출해 현재 48개 매장을 운영중이다.

말레이시아 화장품 시장은 연평균 7.1%의 성장률을 보이고 있으며, 스킨케어에서 강세를 보이고 있다. 라네즈는 2004년에 진출해 27개 매장이 대형쇼핑센터나 백화점에 입점해 운영중이며, 스킨푸드는 이듬해 2005년 진출해 27개 매장을 운영하고 있다. 2014년에 진출한 이니스프리는 최근 말레이시아 브랜드로 OEM 업체가 진출하면서 눈길을 끌고 있다. 무슬림이 대부분인 말레이계 소비자들은 화장품의 할랄 여부를 중시하기 때문에 할랄 인증이 중요하게 작용하고 있으며, 베트남과 말레이시아 모두 짝퉁 제품에 대한 우려가 높아 정품 보증서, 유통기간 확인서 등을 제공하는 것이 필요하다.[20]

한편, 필리핀 최고 상권 지역인 글로리에타 쇼핑센터에 오픈한 더페이스샵은 2006년 3월 첫 매장 개설 후 5년 만에 급성장했다. 2011년 11월을 기준으로 마닐라, 세부 등 주요 도시에 26개의 독립 매장을 운영 중이다.

더페이스샵은 동남아에서 인기가 높은 한류스타의 아시아 투어 행사를 후원하는 등 홍보 활동을 강화하며, 한류 열풍을 마케팅에 활용했다. 그리고 소비자가 가격 매력을 느낄 수 있는 중저가 상품을 비롯하여 1,000여 개의 다양한 제품을 선보이면서 인기를 끌었고, 타 브랜드의 마케팅과 차

별화 했다. 또한 자연성분을 활용하면서도 가격 및 품질 경쟁력 유지했고, 재활용 용기의 사용 등을 통해 제품이 환경친화적임을 강조하여 홍보했다.[21]

한국 드라마와 K-POP 등 대중문화의 인기에 힘입어 동남아 국가에서 K뷰티에 대한 관심이 계속 높아지고 있다. K-뷰티는 빠르게 변화하는 글로벌 뷰티 트렌드에 따라 혁신을 거듭하며 성장해 나가고 있다. 국내 화장품 브랜드 고유의 아이덴티티를 유지하면서, 해외 시장의 다양한 상황과 조건에 부합할 수 있는 제품을 끊임없이 개발한다면, 앞으로 동남아 시장에서의 지속적인 성장이 이어질 것으로 예상된다.

다. 비즈니스 한류에 대한 시사점

한류 열풍은 동남아 시장에 폭넓게 전파되어 있으며, 이를 통해 한국 제품이 현지인의 관심사가 되고 있다. 한류가 비즈니스에 미치고 있는 영향은 긍정적이며, 비즈니스 한류는 관심 단계를 넘어 유통, 화장품, 식품 분야 등에서 다양한 수요가 창출되고 있으며, 앞으로도 비즈니스 한류의 범

위가 지속적으로 확대될 것으로 보인다.

　동남아 시장은 아직 대부분의 국가가 저소득국이다. 따라서 가격이 중요하므로 동남아 시장 공략을 위해서는 가격경쟁력을 가져야 한다. 실제 한국 패션 브랜드의 인기는 베트남 내에서 높지만, 높은 가격으로 인해 중국산 모조품이 더 많이 판매되고 있다. 따라서 품질경쟁력은 물론이고 가격경쟁력을 가질 수 있도록 해야 한다.

　또한 현지 소비자의 다양한 니즈를 충족시키기 위해 해당 국가의 정치, 경제, 사회문화에 따른 현지화를 수용하고, 현지 인력이 의사결정에 적극적으로 참여할 수 있도록 권한을 주고, 현지 전문 인력을 양성하는 등 현지화 전략이 중요하다. 또 사회공헌CSR을 통해 긍정적인 기업 이미지를 구축하고 지속가능한 발전을 도모해야 한다.

　한류 열풍 이후, 동종업계의 한국 브랜드들이 동남아 시장에 진출을 시도하면서 국내 기업 간의 경쟁이 가속화되고 있다. 동남아 시장에서 한국 제품에 대한 인식은 좋은 편이지만 고급화 이미지는 부족하여 마케팅 전략의 다변화가 필요한 시점이다. 또한 기존의 한류 문화 콘텐츠의 영향력에 의지하는 것에서 벗어나 한류를 활용한 새로운 비즈니스 모델의 적극적인 개발이 필요하다.

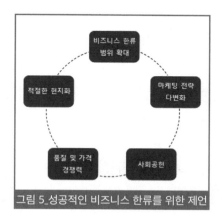

그림 5_성공적인 비즈니스 한류를 위한 제언

4. 동남아 마케팅 SWOT 분석

가. 국가별 마케팅 환경

(1) 인도네시아[22]

- 인구가 약 2억 5,360만 명으로 세계 4위, 동남아 1위이다14년 기준.
- 한국 문화에 대한 친밀감이 있어 향후 발전 가능성이 높다.
- 내수시장은 고소득층과 중산층이 전체 소비의 약 85% 이상을 차지하고 있으며, 제품 및 브랜드 선호도, 유통방식 등 여러 분야에서 고급화 트렌드가 나타나고 있다.
- 소비자들이 기존의 전통 재래시장보다 대형마트, 홈쇼핑, 인터넷 쇼핑 등 현대적 유통망을 선호하는 추세가 나타나고 있다.
- 정부의 3차 국가중기개발계획2015-2019과 해양고속도로 건설 계획에 따라 도로, 철도, 공항, 항만, 교통 인프라를 신설하고 보수할 계획을 가지고 있다.
- 외국인에게 개방된 사업이 레스토랑, 슈퍼마켓, 비정규 교육 등으로 한정되어 있다.
- 전통적으로 미국, 싱가포르계 프랜차이즈의 진출이 많았으며, 2007년 이후 일본, 싱가포르, 말레이시아, 중국 외식기업이 진출하였다.
- 외국인 투자기업은 인도네시아 투자조정청BKPM의 투자법과 규정을 따라야 한다.
- 자카르타와 기타 도시의 경제적 수준차가 크다.
- 이슬람의 비중이 높아 사업 착수 전에 할랄 인증이 필요하다.

(2) 말레이시아[23]

- 수도권 지역Klang Valley을 중심으로 급속한 도시화와 라이프스타일의 서구화가 진행되고 있다.

- 2008년 금융위기에서 회복한 후, 1인당 국민소득은 매년 5%대 이상 성장률을 보여줬고, 2012년에는 1인당 국민소득이 1만 달러를 돌파하는 등 전반적인 소득수준이 증가하고 있다

- 아세안에서 중산층이 가장 발달한 지역 중 하나이며, 글로벌 트렌드를 적극적으로 수용하는 시장이다.

- 경제성장, 도시화 등으로 중산층이 증가했고, 해외 고급 브랜드에 대한 수요가 증가하고 있다, 이에 따라 가전, 자동차 등 고급 소비재에 대한 소비가 증가하고 있으며, 친환경 제품에 대한 관심 또한 증가하고 있다.

- 식품 시장은 매년 2% 이상 꾸준히 성장하고 있으며, 소득 수준이 높아지고 맞벌이 가구가 증가하면서 외식 수요는 지속적으로 커질 것으로 예상된다.

- 화장품 시장은 생활수준의 향상으로 지속적으로 커질 것으로 전망된다.

- 외국인 투자유치 및 국제화 정책을 추진하여 5천여 글로벌 기업이 진출하고 있다.

- 소매유통업 진출에 대한 제한이 많으며, 편의점의 경우 외국인 참여가 불가능하다.

- 화장품 시장은 주로 미국, 유럽, 일본과 같은 선진국의 브랜드인 Procter&Gamble, Loreal, Johnson and Johnson, Shiseido 등이 점유하고 있다.

- 이슬람이 국교이므로 사업 착수 전에 할랄 인증이 필요하다.

(3) 필리핀[24]

- 인구가 1억 767만 명으로 세계 12위, 동남아 2위이다.14년 기준
- 2014년 기준 인구분포가 수도권인 마닐라에 약 1,500만 명, 세부와 다바오와 같은 주요 지방도시를 중심으로 집중되어 있어 소매업이 발달하기에 이로운 조건을 지니고 있다.
- 스페인 식민시절의 라틴문화 영향으로 미래를 위한 대비보다는 현재의 소비를 선호한다.
- 국민 소득수준의 향상에 따라 소비욕구가 지속적으로 증가하고 있다.
- 제조업 기반이 취약하여, 공산품을 비롯한 소비재 대부분을 수입에 의존하고 있다.
- 유창한 영어 구사력, 양질의 풍부한 노동력, 안저된 임금을 바탕으로 세계 1위 BPOBusiness Process Outsourcing 산업국으로 부상하고 있다. BPO 산업인구는 소득이 높고 소비 성향이 강해 필리핀의 신 소비계층으로 떠오르고 있다.
- 필리핀인들은 가격이 조금 높더라도 소규모 상점보다는 인지도 높은 브랜드점에서의 구매를 선호한다.
- 한국 교민 20만여 명, 연간 100만 명 이상의 한국 관광객, 한류 열풍, 국내 대기업의 진출 등은 필리핀 내 한국 브랜드 인지도에 대한 향상으로 이어지고 있다. 특히 화장품 및 외식 분야에 대한 수요가 급속하게 증가하고 있다.
- 지역 간, 계층 간 빈부격차가 존재하며, 구매력 있는 소비계층이 한정되어 있다.
- 외국인의 소매유통시장 진출을 허용하고 있으나, 조건이 까다로워 단독 시장진출이 쉽지 않다.

(4) 베트남[25]

- 베트남은 내수시장의 성장 잠재력과 지정학적인 위치로 인해 포스트 차이나로 주목받고 있으며, 차세대 아세안 경제성장을 견인할 국가로 부상하고 있다.
- 인구가 9천만 명으로 동남아에서 세 번째로 인구가 많으며, 30세 이하의 젊은 인구가 전체 50%를 차지하고 있다.
- 젊은 층이 한국 영화, 드라마, K-POP 등 한국 문화에 대한 호감도가 높다.
- 한류스타의 영향으로 한국 화장품, 패션의류, 잡화 등이 도시 거주자들을 중심으로 인기를 끌고 있다.
- 1인당 GDP가 지속적으로 성장하고 있으며, 태국, 필리핀 등 다른 동남아 국가에 비하여 성장률이 높다.
- 중산층이 증가하고 있으며, 고소득층의 경우 품질이 우수한 외국산 제품을 사용하는 소비경향이 강하다.
- 향후 10년 간 기존의 재래시장은 슈퍼마켓이나 하이퍼마켓이 대체해 나갈 것으로 예상되며, 길거리 숍은 미니 슈퍼마켓과 편의점이 대체해 나갈 것으로 예상된다.
- 한-베트남 FTA 체결로 인해 이후 베트남의 서비스 장벽은 낮아질 것으로 보이며 이에 국내 기업의 베트남 진출이 확대될 것으로 전망된다.
- 2007년 WTO 가입과 함께 외국 투자기업에게도 서비스 시장이 개방되었으나, 아직은 자국 기업을 보호할 권리를 행사하고 있다.
- 2009년 이후 외국인 투자자에게 유통업 시장을 개방하였으나 품목 수 제한, 과도한 투자금 요구 등 시장 진입을 어렵게 하는 제한들이 있다.
- 불투명한 행정시스템, 사회주의 등으로 인해 실질적 진입장벽이 높다.

(5) 태국[26]

• 인도차이나 반도의 중앙에 위치해 물류산업이 발달하기 좋은 조건을 갖추고 있다.

• 구매력이 어느 정도 있는 중산층이 있어서 화장품, 소형가전 등 소비재 수출이 가능하다.

• 여성의 경제활동 참가율이 높은 편이며, 한류의 영향으로 한국산 화장품 등 뷰티제품에 대한 수요가 높다.

• 페이스북, Line 등 SNS 이용이 활발하며, 지인 등의 추천에 영향을 많이 받는다.

• 빈부격차가 심한 편이여서 시장 구조도 프리미엄, 중저가, 저가 시장으로 세분화되어 있다.

• 제조업은 주로 외국기업 투자에 의존하여 발달하였으며, 일본기업 비중이 높다.

• 서비스업은 외국기업 지분율이 49%로 제한되어 있어서, 방송, 통신, 유통, 호텔, 레스토랑, 은행 등 주요 서비스업은 태국 대기업이 장악하고 있다.

(6) 미얀마[27]

• 중국, 인도 등 신흥 경제권과 아세안을 잇는 요충지이다.

• 지질학적으로 다양한 구조를 지니고 있어 풍부한 에너지 및 광물자원이 매장되어 있다.

• 2012년까지 경제 제재로 일부 자원만이 발굴되었으며, 그 외의 에너지 및 광물자원에 대한 탐사활동이 미미하였다. 이 때문에 동남아 지역에서는 마지막 천연자원의 보루로 여겨지고 있다.

• 최근 최저임금이 증가하고 있으나 여전히 낮은 구매력과 전기, 물류, 금융

등 소비를 위한 인프라 부족으로 단기간 내 수요 급증에는 한계가 있다.

- 2011년 신정부가 출범하면서 경제를 개방하였고 이에 민간산업이 급속도로 성장하고 있으나, 여전히 국영산업 이외의 대다수 민간 산업은 영세한 실정이다.
- 사회주의 경제운영과 서방의 경제 제재로 전 산업에 걸쳐 발전이 지연되어 왔다.
- 지나친 정부의 간섭은 산업 성장 및 경제구조가 합리화되는데 장애물로 작용하고 있으며, 언더밸류, 불법 및 비밀거래와 같은 비합리적인 거래 관행 또한 여전히 존재하고 있다.
- 외국인 투자법1998년을 통해 외국인에게 도소매업 진출을 허용하지 않아 정상적인 방법으로는 외국계 프랜차이즈 진출이 불가능했다. 근래에 문구점, 편의점 등을 중심으로 프랜차이즈 기업의 진출이 증가하고 있으나 아직까지는 활발하지 않다.
- 외국계 기업에 대한 차별, 뒤쳐진 행정 및 낙후된 인프라는 투자에 걸림돌로 작용하고 있다.

(7) 라오스[28]

- 2009년 이후 인도차이나 반도에서도 8%대 이상의 경제 성장률을 유지하고 있다.
- 라오스의 WTO 가입으로 인해 광산 및 수력발전소 개발에 집중 투자되던 외국 자본의 투자가 지속적으로 증가하고 있다.
- 경제성장과 소득증가에 따라 라오스 소비자들의 구매력이 증가하고 있다.
- 주요 소비계층인 청장년층이 인구의 59%를 차지하고 있는 젊은 시장

으로 높은 성장 잠재력을 지니고 있는 시장이다.

- 경제성장으로 소득수준이 증가함에 따라 소비인구가 늘어나고 있는 추세이나, 이들의 소비 니즈를 만족시킬 만한 충분한 편의시설이 갖춰져 있지 않다.
- 제조업이 발달하지 않아 수입의 대부분이 소비재로 구성되며, 국가 안전, 공공질서, 국민건강을 위협하는 물품 외에는 수입규제가 심하지 않다.
- 유명 브랜드를 선호하며, 가격 또는 품질로 구매가 결정되지 않고 제품의 성격에 따라 다양한 요인을 고려한다.
- 외국인 투자 유치가 경제 성장에 필요함을 인지하고 있으며, 산업 시설이 부족하여 외국 기업의 서비스 산업을 장려하고 있다.
- WTO 가입 후 서비스 시장이 일부 개방되었으나, 내수 산업의 역량 강화가 필요한 분야는 자국민 보호업종으로 지정하고 외국인 투자를 제한하였다.
- 내륙에 위치해 물류비의 부담이 큰 편이다. 중국, 베트남, 캄보디아, 태국, 미얀마 5개국에 둘러싸여 내륙에 위치한 라오스는 지리학적 입지 때문에 자재 조달 비용과 같은 물류비가 높다. 이는 가격경쟁력 저하로 이어지기 때문에 시장 진입에 어려움이 있다.
- 태국과는 언어와 문화가 상당 부분 일치하며, 태국과 국경을 접하고 있어 물류비, 제품 설명, 광고 등에서 한국제품의 경쟁력이 약하게 작용할 수 있다.

(8) 싱가포르[29]

- 국토가 좁고 지하자원이 부족해 일찍부터 정부 주도의 대외 개방형 경제를 추구하여 세계적인 비즈니스 중심지로 발전해 왔다.

- 국제투명성기구TI에서 발표하는 부패지수 국가순위에서 세계 7위, 아시아 1위14년 기준를 차지하는 등 투명성이 높아 글로벌 기업들이 동남아 시장 진출 거점으로 활용하고 있다.
- 영어, 중국어, 말레이어, 타밀어 등 4개 언어를 공용어로 지정하여 외국 기업들에게 편리한 사업 환경을 제공하고 있다.
- 정치적 안정성, 선진화된 사회 인프라, 편리한 생활여건 등의 장점을 가지고 있다.
- 한국의 수출대상국 5위, 수입대상국 13위14년 기준이며, 한국과 싱가포르는 양국에게 서로 중요한 교역 파트너이다.
- 차량, 담배, 석유, 주류 제품 외의 물품에 대해서는 무관세를 적용하는 등 진입장벽이 낮은 편이다.
- 다양한 글로벌 기업들이 진입해 있어 경쟁이 치열하며, 글로벌 스탠다드 준수 등이 중요하므로 이에 대한 준비가 필요하다.
- 다른 동남아 국가에 비해 물가가 높은 편이며, 최근 정부가 외국인 근로자수를 제한하는 움직임을 보이고 있다.

나. 동남아 마케팅 SWOT 분석

동남아는 인도네시아, 말레이시아, 필리핀, 베트남, 태국, 미얀마, 라오스 등 각 국가 간에 서로 차이는 있으나, 대체적으로 한국과 지리적으로 가깝고, 한류 열풍을 통한 한국에 대한 선호도가 증가하면서 국내 기업의 진출이 유리하게 작용하고 있다. 또한 소득 수준이 높아지면서 중산층의 비중이 증가하고 있으며, 전체 인구에서 30대 이하의 젊은 층의 인구 비중이 높은 편이어서, 새로운 소비 트렌드에 민감한 편이다. 또한 최근 선진화된 유통 방식 및 온라인 유통에 대한 관심도 증가하고 있어서 이에 대한 지속적인 성장도 예상되고 있다. 그러나 국가별로 종교, 제도, 문화가 다양하여, 각 국가에 대한 충분한 이해를 바탕으로 기업의 마케팅 전략을 현지화시키는 노력이 필요할 것으로 보인다.

한편, 아직은 정치적인 불안정과 불투명한 행정 절차로 인해 신뢰성이 낮게 나타나는 국가가 있고, 국가별로 자국 기업을 보호하기 위해 보호무역주의, 수입억제 정책, 수입 인증절차 강화 등을 실행함에 따라 진입장벽이 존재하고 있다. 지금까지 열악한 교통, 통신 등의 인프라 환경도 한계점으로 제시되어 왔으나, 현재 대부분의 국가에서 정부 주도하에 인프라를 확충하고자 하는 노력을 하고 있다. 또한 역내 경제통합AEC 및 FTA 등이 추진되고 있어 향후 국내 기업의 진출에 긍정적인 영향을 미칠 것으로 예상된다.

표 7 동남아 시장의 SWOT 분석

Strength	Weakness
• 풍부한 천연자원 • 성장 잠재력이 큰 내수 소비시장 • 젊은 인구의 높은 비중 • 동서양을 잇는 전략적 요충지	• 열악한 인프라 환경 • 낮은 정부 신뢰도 및 정치적 불안정 • 제도적 투명성 미흡
Opportunity	Threat
• 소비시장의 질적, 양적 성장의 가속화 • 한류 열풍 • 정부주도의 인프라 확충 • 역내 경제통합(AEC) 및 FTA 추진	• 보호 무역주의 및 비관세 장벽 정책 잔존 • 수입 억제 정책 및 수입 인증 절차 강화 • 최저임금 상승으로 인한 생산 비용 증가

┃주: 싱가포르는 해당 시장의 특수성으로 제외하고 분석

5. 결론 및 시사점

우리나라 기업들의 동남아 시장에서의 마케팅 경험을 살펴본 결과 다음과 같은 결론이 제시된다.

첫째, 동남아 시장에서의 구매력 상승에 따른 수출 확대효과이다. 전체 아세안 국가의 중상류층 인구는 2008년에 2억 명인 것으로 조사되었으며 이 수치는 2020년에는 2배 증가한 4억 명으로 증가할 전망이다.일본 미즈호 은행. 이와 같이 구매력을 갖춘 중산층 인구가 증가함에 따라 소비 시장도 확대될 것으로 예상된다. 그리고 소득 증대에 따른 소비 행태의 고급화·서구화로 외국산 제품에 대한 소비도 지속적으로 증가할 것으로 예상되며, 식품, 화장품, 패션, 가전제품 등 소비 품목 또한 다양화될 것으로 보인다. 따라서 국내 기업이 경쟁력을 가진 품목에 대한 수출의 확대 및 수출국의 확대를 고려해 보는 것이 필요하다.

둘째, 시장 환경 및 경쟁사에 대한 정확한 분석의 필요성이다. 아세안 시장에서 성공하기 위해서는 기업의 내부 역량에 대한 분석뿐 아니라 기업의 외부 환경 시장의 정치적, 법적, 경제적, 사회문화적, 기술적 환경과 경쟁사 등에 대한 정확한 파악과 분석이 필수적이다. 동남아 시장에서 실패한 경우를 살펴보면 해당 시장에 대한 지식과 정보의 부족이 원인인 경우가 많다. 동남아 시장은 높은 성장 잠재력을 가지고 있지만, 정치적인 불안정, 불투명한 행정절차, 보호무역주의, 현지기업 우대, 수입억제 정책, 수입 인증절차 강화 등의 리스크와 시장 진입장벽이 존재한다. 또한 각 국가의 주요 도시지역과 외곽지역의 경제와 기술 발달 수준에도 큰 차이가 있는 편이다. 따라서 이러한 상황에 대한 정확한 이해와 분석이 필수다.

셋째, 전략적인 시장 진입 전략의 수립이다. 대웅제약의 성공사례는 현지 시장에 대한 이해를 바탕으로 전략적으로 제품 허가 및 판매를 진행하며 수익을 창출하였다. 또한 주 고객층인 약사와 의사들을 대상으로 한 프로그램을 통해서 해당 시장에서의 브랜드 이미지를 제고할 수 있었다. 반면, 동대문 패션 편집숍 S사의 실패 사례는 진출국 시장에 대한 정확한 파악 및 이해 없이 패션의류 시장의 성장세와 한류 열풍만을 생각하고 공격적으로 사업을 확장하였으나, 시스템 및 브랜딩이 갖춰지지 않은 상황에서 매출이 기대치에 미치지 못하면서 사업을 철수하게 되었다. 따라서 동남아 시장에 진출하는 데 있어 기업의 내/외부 환경 분석을 통해 최초 진입자 전략이 좋을지, 후발 진입자 전략이 좋을지, 혹은 폭포형 진입 전략순차적이 좋을지, 스프링클러형 진입 전략동시다발적이 좋을지 등 적절한 전략을 파악하고 실행하는 것이 필요하다. 또한 각 국가의 상황에 따라 수출, 라이선싱, 프랜차이징, 해외직접투자, 전략적 제휴 중에서 어떤 것이 가장 효과적인지 비교한 후에 그에 맞게 진출하는 것이 필요하다.

넷째, 체계적이고 다각적인 마케팅 활동의 필요성이다. 동남아 각국 해당 시장에 대한 분석을 토대로 제품, 가격, 유통, 촉진 등 체계적이고 다각적인 마케팅 활동이 이뤄져야 한다. 동남아 소비시장 주도 계층은 중산층 여성이며, 이들은 최근 소득수준이 증가하면서 가격보다는 질을 우선시하고 미디어 광고 등을 통해 높은 브랜드 인지도를 쌓은 제품을 선호하는 경향을 보이고 있다. 따라서 이들을 타깃 소비자로 정한다면 이에 맞는 마케팅 전략이 필요하다. 또한 최근 동남아 국가에서도 오프라인 유통 채널 활용뿐 아니라 온라인 채널을 통한 정보 수집 및 구매가 활성화되는 움직임이 보이고 있으므로, 국내 오프라인 및 온라인 채널 운영 경험을 바탕으로 유통 부분에 대해서도 전략적인 접근을 한다면 현지 기업이나 다른 외국 기업에 비해 더욱 큰 경쟁력을 갖출 수 있을 것이다.

 다섯째, 한류 열풍을 통한 비즈니스 한류의 활성화이다. 동남아에서 한국 드라마, 한국 가요와 같은 한류 콘텐츠의 인기는 당분간 지속될 것으로 보이며, 이를 활용한 한류 스타 마케팅은 계속 유효할 전망이다. 이러한 한류 열풍과 연관되어 화장품, 식품, 패션의류, 생활소비재 등의 판매도 지속적으로 증가할 것으로 보인다. 한류 열풍 이후, 화장품, 식품, 유통 등 동종 업계에서 다수의 한국 브랜드가 동남아 시장에 진출을 시도하면서 국내 기업 간의 경쟁이 가속화되고 있다. 동남아 시장에서 한국 제품에 대한 인식은 대체로 좋으나 고급화 이미지는 부족하여 마케팅 전략의 다변화가 필요한 시점이다. 또한 기존의 한류 문화 콘텐츠의 영향력에 의지하는 것에서 벗어나 한류를 활용한 새로운 비즈니스 모델의 적극적인 개발이 필요하다.

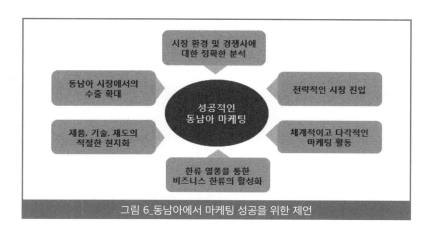

그림 6_동남아에서 마케팅 성공을 위한 제언

여섯째, 제품, 기술, 제도의 적절한 현지화이다. 동남아 시장은 인근 지역이나 한 국가 내에서도 다인종, 다종교, 다문화로 이뤄져 있다. 따라서 이에 대한 충분한 이해를 바탕으로 현지 시장과 소비자에 맞게 현지화 하는 전략이 필요하다. 롯데마트의 성공사례는 인력의 현지화와 인도네시아 문화에 대한 이해와 존중이 얼마나 중요한지 알려주고 있으며, BBQ의 성공사례는 현지인의 식습관 및 생활 문화를 파악하고 현지화하는 마케팅 전략을 통해 성공적인 결과를 가져올 수 있음을 보여주었다. 이처럼 현지 소비자의 다양한 니즈를 충족시키기 위해 국가의 정치, 경제 및 사회문화에 따른 현지화를 수용하는 전략이 필요하다. 또한 장기적으로는 사회 공헌CSR을 통해 긍정적인 기업 이미지를 구축하고 지속가능한 발전을 도모해야 한다.

1 박주홍, 글로벌마케팅, 유원북스, 2013

2 (사진) 남도영, 국내 제약사, '현지화 전략'으로 동남아 시장 공략 나선다, 디지털타임스, 2014. 9. 17

3 태국의 투자진출 성공실패 사례, KOTRA, 2013. 9. 30

4 (사진) 정헌철, 롯데마트 인도네시아 32호점 오픈..해외 141호점, 뉴스토마토, 2013. 2. 28

5 2016 인도네시아 진출전략, KOTRA, 2015. 11

6 (사진) 조진성, 제너시스BBQ그룹, 'BBQ 싱가포르 창업 설명회' 개최, 뉴시스, 2010. 9. 29

7 싱가포르의 수출 성공실패 사례, KOTRA, 2013. 6. 30

8 2016 싱가포르 진출전략, KOTRA, 2015. 12

9 말레이시아의 수출 성공실패 사례, KOTRA, 2013. 12. 20

10 미얀마의 수출 성공실패 사례, KOTRA, 2013. 12. 31

11 동남아 비즈니스한류 현황과 활용전략, KOTRA, 2011.12.16

12 김보미, 롯데, 인도네시아에 백화점 · 마트 · 면세점 이어 온라인 유통도…, 경향비즈, 2016. 2. 21

13 (사진, 내용) 윤정선, 롯데 vs 신세계 고밥 격돌.. 베트남 마트시장 판 키운다, 문화일보, 2016. 4. 1

14 (사진, 내용) 김유림, 위기의 홈쇼핑, 해외 진출만이 살길, 주간동아, 2016. 3. 9

15 백나영, GS샵, 우수 중기상품 해외 판로개척, 디지털타임즈, 2015. 4. 29

16 김아라, 홈쇼핑업계, 'TV 밖으로' · '해외로' 돌파구 찾아, 매일일보, 2016. 4. 18

17 2016 말레이시아 진출전략, KOTRA, 2015. 11

18 김현아, SK플래닛 11번가, 말레이시아 진출..터키 · 인니와 글로벌 삼각편대, 이데일리, 2015. 4. 26

19 (사진) 강규혁, 뚜레쥬르,베트남에서 '베이커리 한류' 이끈다, 아주경제, 2011. 6. 22

20 최지홍, 화장품 한류, 베트남과 말레이시아 넘었지만 호주는 이제 시작, 한국경제, 2015. 11. 30

21 (사진) 김성휘, 더페이스샵, 필리핀 진출, 머니투데이, 2006. 7. 18

22 2016 인도네시아 진출전략, KOTRA, 2015. 11

23 2016 말레이시아 진출전략, KOTRA, 2015. 11

24 2016 필리핀 진출전략, KOTRA, 2015. 10

25 2016 베트남 진출전략, KOTRA, 2015. 11

26 2016 태국 진출전략, KOTRA, 2015. 11

27 2016 미얀마 진출전략, KOTRA, 2015. 11

28 2016 라오스 진출전략, KOTRA, 2015. 11

29 2016 싱가포르 진출전략, KOTRA, 2015. 12

이충열

현 고려대학교 세종캠퍼스 공공정책대학 경제통계학부 교수 및 공공정책대학장.
고려대학교 경제학과 졸업, 미국 오하이오 주립대학 경제학 박사. 한국금융연구원 부연구위원, 한국동남아학회 부회장, 한국동남아학회 편집위원장, 한국지급결제학회 회장 등 역임

주요논저 : "Financial Accessibility and Economic Growth with Myagmarsuren Bold-baatar"(2015), "Assessing the Financial Landscape for the Association of Southeast Asian Nations Economic Community"(2015), "ASEAN 선도 3개국의 경기변동요인과 위기 극복 정책 : 동아시아 금융위기 이후와 이전의 비교 분석"(2014), "아세안 경제공동체 탄생에 대한 기대와 현실"(2014), "필리핀 방사모로 이슬람 자치지역의 경제 현황과 미래 개발정책수립을 위한 제언"(2014), "동아시아 금융협력의 현황과 과제"(2013), "기후변화를 고려한 논농업의 다원적 기능 가치"(2012) 등

이영수

현 한국항공대학교 경영학부 교수, 한국항공대 경영연구소 소장.
고려대학교 경제학과 졸업, 동 대학원 석·박사. 미국 워싱턴 주립대학 경제학과 교환교수, 한국산업경제학회 편집위원, 한국수출입은행 경영자문위원회 위원 역임

주요 논저 : "Does the Strengthening of IPRs widen the Growth gap?"(2015), "Technological Change and Service Industry Market"(2013), "The determinants of export market performance on Organisation for Economic Co-operation and Development service industries"(2012) 등

홍석준

현 목포대학교 문화인류학과 교수, 역사문화학회 편집위원장, 목포대학교 도서문화연구원 편집위원장.
서울대학교 인류학과 졸업, 동 대학원 문학 석사, 인류학 박사. (사)한국동남아연구소 소장, 한국동남아학회 부회장 및 연구위원장, 한국문화인류학회 이사 및 기획위원장, 역사문화학회 부회장 및 연구위원장 등 역임.

주요 논저 : 《한-아세안 관계: 우호와 협력의 25년》(2016, 공편저), 《베트남 전쟁의 유령들》(2016, 공역), 《ASEAN-Korea Relations: 25 Years of Partnership and Friendship》(2015, co-editor), 《맨발의 학자들: 동남아시아 지역전문가 6인의 현지조사 경험》(2014), 《글로벌 시대의 문화인류학》(2013, 공역), 《Southeast Asian Perceptions of Korea》(2011, co-author), 《동남아의 한국에 대한 인식》(2010, 공저), "How are we Teaching Anthropological Research Methods? Practices in Anthropological Fieldwork Courses at Mokpo National University"(2010), 《동아시아의 문화와 문화적 정체성》(2009, 공저) 등

심두보

현 성신여자대학교 미디어커뮤니케이션학과 교수.

고려대학교 사학과 졸업, 위스콘신대학교 언론학 석·박사. 한국소통학회 부회장, 한국언론학회 연구이사, 한국동남아연구소 연구부장, 한국동남아학회 국제이사, 미국 듀크대학 아시아학과 visiting professor 등 역임

주요논저 : 《미디어의 이해》(역) (2014), "케이팝(K-pop)에 관한 소고: 한류, 아이돌, 그리고 근대성" (2013), "대중문화 허브로서 서울의 부상: 최근 한국 대중문화 속 "동남아 현상"과 관련하여" (2012), "Whither the Korean Film Industry?"(2011), 《Pop Culture Formations across East Asia》 (2010), "아세안(ASEAN) 3개국 언론의 사회적 갈등이슈 보도에 대한 비교연구" (2010), "싱가포르의 한류와 디아스포라적 TV 드라마 수용"(2006), "Hybridity and the rise of Korean popular culture in Asia"(2006) 등

이종하

현 조선대학교 무역학과 조교수.

고려대학교 경제학과 졸업, 동 대학원 경제학 석·박사. IBK경제연구소 연구위원, 고려대학교 BK21 연구교수, 말레이시아 국제전략연구소(ISIS Malaysia) 초청연구원, 동남아시아연구 편집위원, 등 역임.

주요논저 : 《조세제도의 고용 효과 연구》(2016, 공저), "중국의 금융변동과 경기변동 : 31개 성별 자료의 실증분석"(2016), "외국인직접투자의 유형별 결정요인 분석"(2015), "Women's Education and the Timing and Level of Fertility"(2014), 《동아시아 공동체 : 동향과 전망》(2014, 공저), "Financial Deepening and Business Cycle Volatility in Korea"(2013), "Panel SVAR Model of Women's Employment, Fertility, and Economic Growth: A Comparative Study of East Asian and EU Countries"(2012), "동아시아 국가의 환율변동 요인 분석"(2012) 등

양현석

현 한국항공대학교 경영학부 조교수.

고려대학교 경제학과 졸업, 동 대학원 석·박사.

주요 논저 : "기후변화와 세계 식량생산"(2015), "불법담배유통량의 가격탄력성 추정연구"(2015), "The Implicit Price of PM2.5 by Using Hedonic Model : The Case of Incheon and Gyunggido"(2015) 등

이선호

현 IBK경제연구소 연구위원.

고려대학교 경제학과 졸업, 동 대학원 경제학 석·박사. 한남대학교 연구교수 역임.

주요 논저 : 《Asean-Korea Relations: Twenty-five Years of Partnership and Friendship》(2015, 공저), "말레이시아 이슬람 경제의 대두: 금융과 소비영역을 중심으로"(2014), "고급인력 국제이동의 결정요인 분석"(2014), "동남아 전자금융서비스 시장 진출 방향과 정책"(2009), "동아시아 국가의 무역수지와 거시경제충격"(2008) 등

디아스포라에서는 독자 여러분의 책에 관한 아이디어와 원고 투고를 기다리고 있습니다. 디아스포라는 종교(기독교), 경제·경영서, 일반 문학 등 다양한 장르의 국내 저자와 해외 번역서를 준비하고 있습니다. 출간을 고민하고 계신 분들은 이메일 diaspora_kor@naver.com로 간단한 개요와 취지, 연락처 등을 적어 보내주세요.

포스트 차이나, 아세안을 가다
(아세안 문화의 이해와 비즈니스 진출)

—

초판 1쇄 인쇄 2017년 10월 10일
초판 1쇄 발행 2017년 10월 16일

—

지은이 이충열 외 6인
펴낸이 손동민
편 집 이이재
디자인 황지영

—

펴낸곳 디아스포라
출판등록 2014년 3월 3일 제25100-2014-000011호
주 소 서울시 서대문구 증가로 18(연희빌딩), 204호
전 화 02-333-8877(8855)
팩 스 02-334-8092
이메일 diaspora_kor@naver.com
홈페이지 http://diaspora21.modoo.at

ISBN 979-11-87589-18-1 〔93300〕

* 본 도서는 한국문화예술위원회의 〈문예진흥기금〉을 통해 출간한 도서입니다.

* 디아스포라는 도서출판 전파과학사의 임프린트입니다.
* 이 책은 저작권법에 따라 보호받는 저작물이므로 무단전재와 무단복제를 금지하며, 이 책 내용의 전부 또는 일부를 이용하려면 반드시 저작권자와 디아스포라의 서면동의를 받아야 합니다.

* 이 도서의 국립중앙도서관 출판사도서목록(CIP)은 서지정보유통지원 시스템 홈페이지 (http://seoji.nl.go.kr)와 국가자료공동목록시스템(http://www.nl.go.kr/kolisnet)에서 이용하실 수 있습니다. (CIP제어번호 : CIP2017025805)

* 파본은 구입처에서 교환해 드립니다.